В ПУТИ

Lab/Workbook with readings

OLGA KAGAN
University of California, Los Angeles

FRANK J. MILLER
Columbia University, New York

Prentice Hall
Upper Saddle River, New Jersey 07458

Editor in Chief: Steve Debow
Executive Editor: Laura McKenna
Director of Development: Marian Wassner
Managing Editor: Debbie Brennan
Project Editor: Tünde A. Dewey
Manufacturing Buyer: Tricia Kenny
Assistant Editor: Maria F. Garcia
Editorial Assistant: Karen George
Cover Design: Ximena de la Piedra
Illustrator: Elizabeth McLendon

© 1996 by Prentice Hall, Inc.
A Simon and Schuster Company
Upper Saddle River, New Jersey 07458

Printed in the United States of America
10   9   8   7   6   5   4   3   2

ISBN   0-13-396854-5

Prentice Hall International (UK) Limited, *London*
Prentice Hall of Australia Pty. Limited, *Sydney*
Prentice Hall Canada Inc., *Toronto*
Prentice Hall Hispanoamericana, S. A., *Mexico*
Prentice Hall of India Private Limited, *New Delhi*
Prentice Hall of Japan, Inc., *Tokyo*
Simon & Schuster Asia Pte. Ltd., *Singapore*
Editora Prentice Hall do Brasil, Ltda., *Rio de Janeiro*

СОДЕРЖАНИЕ

ПРЕДИСЛОВИЕ ≈≈≈≈≈≈≈

The *Lab/Workbook* is an integral part of the textbook ***В пути́***. It is mainly a source of homework exercises, but the reading selections can also be used for classroom work. The "Review Exercises" at the beginning of the *Workbook* are keyed to the "Спра́вочный отде́л" at the beginning of the textbook and are designed to give a basic review of all noun, adjective, and verb endings.

Phonetics and Intonation. Only those areas of phonetics and intonation that are a source of constant and considerable difficulty for the English-speaking learner of Russian are reviewed.

Listening Comprehension. This section offers a variety of exercises for listening: dictations, overheard conversations, lectures on Russian speech conventions and culture, and radio programs.

Translations. The ability to interpret ideas from one language to another is one of the goals of language learning. Interpreting is a real life task, since a person who knows a foreign language may
be asked to translate or interpret from or into that language. Most of the English to Russian translations in the Workbook are contextual. Students should be creative and interpret ideas rather than use vocabulary and grammatical forms mechanically. Furthermore, translations are a useful tool for grammar and vocabulary reinforcement.

Verb Cards. Each chapter, except for chapters 7 and 12, contains a verb-card exercise. This is a self-test that will help students see if they need to work more on verb conjugations.

Readings. The Workbook offers newspaper texts (reading for information) and original (occasionally slightly shortened) literary texts (reading for pleasure). The readings are accompanied by questions, and can be used as homework assignments.

Как вы́учить слова́. This exercise at the end of each chapter is intended to proved strategies and ideas of how to learn the vocabulary of the chapter. Although these exercises are designed for independent work, they can also be done in class as a group activity.

Audiocassettes. Two sets of cassettes accompany the textbook. One set of cassettes contains the exercises in the workbook, and the other set contains the conversations and texts in the Язы́к в жи́зни sections of the textbook and all of the poems in the textbook.

We are greatly indebted to Mara Kashper, Peter Khazov, Evgenia Shatskov, Anatoly Shatskov, and Masha Volfovich, as well as to Hagens Studio in Princeton, N.J. for making the recordings.

•Declension Review:

Fill in the missing endings for the words in the white boxes. Be sure to mark the stresses.

N	кто–что	стол	ку́рс	врач	этаж	студент
A	кого́–что	сто́л	ку́рс	врач ___	этаж	студе́нт ___
G	кого́–чего́	стола́	ку́рс ___	врача́	этажа́	студе́нт ___
P	о ком–чём	столе́	ку́рс ___	врач ___	этаж ___	студе́нте
D	кому́–чему́	столу́	ку́рсу	врачу́	этажу́	студе́нту
I	кем–чем	столо́м	ку́рсом	врач ___	этаж ___	студе́нт ___

N	кто–что	стол	каранда́ш	ко́лледж	слова́рь	учи́тель
A	кого́–что	сто́л	каранда́ш	ко́лледж	слова́рь	учителя
G	кого́–чего́	стола́	карандаша́	ко́лледжа	словаря́	учител ___
P	о ком–чём	столе́	карандаш ___	ко́лледж ___	словар ___	учителе
D	кому́–чему́	столу́	карандашу́	ко́лледжу	словар ___	учителю
I	кем–чем	столо́м	карандаш ___	ко́лледж ___	словарём	учител ___

N	кто–что	окно́	письмо́	общежи́тие	упражне́ние	о́тчество
A	кого́–что	окно́	письм ___	общежи́тие	упражне́ние	о́тчество
G	кого́–чего́	окна́	письма́	общежи́ти ___	упражне́ни ___	о́тчеств ___
P	о ком–чём	окне́	письм ___	общежи́ти ___	упражне́ни ___	о́тчеств ___
D	кому́–чему́	окну́	письм ___	общежи́ти ___	упражне́ни ___	о́тчеств ___
I	кем–чем	окно́м	письмо́м	общежи́ти ___	упражне́ни ___	о́тчеством

N	кто–что	газе́та	сестра́	студе́нтка	дере́вня	Аме́рика
A	кого́–что	газе́ту	сестр ___	студе́нтк ___	дере́вню	Аме́рику
G	кого́–чего́	газе́ты	сестры́	студе́нтк ___	дере́вни	Аме́рик ___
P	о ком–чём	газе́те	сестре́	студе́нтке	дере́вн ___	Аме́рике
D	кому́–чему́	газе́те	сестр ___	студе́нтк ___	дере́вн ___	Аме́рик ___
I	кем–чем	газе́той	сестр ___	студе́нтк ___	дере́вн ___	Аме́рик ___

N	кто–что	газета	дача	лекция	Россия	Москва
A	кого–что	газету	дачу	лекцию	Россию	Москву
G	кого–чего	газеты	дач ___	лекции	России	Москв ___
P	о ком–чём	газете	дач ___	лекци ___	Росси ___	Москве
D	кому–чему	газете	дач ___	лекци ___	Росси ___	Москв ___
I	кем–чем	газетой	дач ___	лекци ___	Росси ___	Москв ___

N	кто–что	газета	женщина	мужчина	папа	дядя
A	кого–что	газету	женщин ___	мужчин ___	пап ___	дяд ___
G	кого–чего	газеты	женщины	мужчины	папы	дяди
P	о ком–чём	газете	женщине	мужчин ___	папе	дяд ___
D	кому–чему	газете	женщин ___	мужчин ___	пап ___	дяд ___
I	кем–чем	газетой	женщиной	мужчиной	папой	дяд ___

N	кто–что	дверь	вещь	ночь	осень	Любовь	Сергеевна
A	кого–что	дверь	вещь	ночь	осень	Любов ___	Сергеевн ___
G	кого–чего	двери	вещ ___	ноч ___	осен ___	Любов ___	Сергеевн ___
P	о ком–чём	двери	вещ ___	ноч ___	осен ___	Любов ___	Сергеевн ___
D	кому–чему	двери	вещ ___	ноч ___	осен ___	Любов ___	Сергеевн ___
I	кем–чем	дверью	вещ ___	ноч ___	осен ___	Любов ___	Сергеевн ___

Supply the missing adjective endings. **Be sure to indicate stress.**

1. Они́ живу́т в $\left\{\begin{array}{l} \text{но́в} \underline{\hspace{1cm}} \\ \text{ста́р} \underline{\hspace{1cm}} \\ \text{больш} \underline{\hspace{1cm}} \\ \text{хоро́ш} \underline{\hspace{1cm}} \\ \text{ма́леньк} \underline{\hspace{1cm}} \end{array}\right\}$ общежи́тии.

2. Я хорошо́ зна́ю его́ ста́рш ____ сестру́.

   Мы неда́вно познако́мились с его́ ста́рш ____ сестро́й.

   Я ничего́ не зна́ю о его́ ста́рш ____ сестре́.

3. Что́ она́ писа́ла в своём $\left\{\begin{array}{l} \text{пе́рв} \underline{\hspace{1cm}} \\ \text{после́дн} \underline{\hspace{1cm}} \end{array}\right\}$ письме́?

4. (у́тренняя газе́та) Я купи́л/а у́тренн ____ газе́ту.

   Я чита́ла об э́том в у́тренн ____ газе́те.

   Сего́дня не́ было у́тренн ____ газе́ты.

   Я ре́дко чита́ю у́тренн ____ газе́ты.

   Я ре́дко чита́ю у́тренн ____ газе́ту.

5. Я не привы́к/ла к
   (I'm not used to)

   больш ____ университе́там.

   больш ____ университе́ту

   ма́леньк ____ университе́там.

   ма́леньк ____ университе́ту.

4. Её бра́тья у́чатся в | больш _____ университе́тах.
больш _____ университе́те
хоро́ш _____ университе́тах.
хоро́ш _____ университе́те.
плох ____ университе́те.

6. Э́то { изве́стн ___
дорог ____
больш ____ } университе́т.
хоро́ш ____
плох ___

7. Она́ у́чится на { пе́рв ___
втор ____ } ку́рсе.
вече́рн ____

8. Э́то мой но́в ___ ру́сск ___ дру́г.

Ты знаком/а с мои́м но́в ___ ру́сск ___ дру́гом?

Где ты ви́дел/а моего́ но́в ___ ру́сск ___ дру́га?

Сего́дня ве́чером мы идём к моему́ но́в ___ ру́сск ___ дру́гу.

9. Я купи́л/а все́ кни́ги в кни́жн _____ магази́не.

Я тебя́ встре́чу в час перед кни́жн ____ магази́ном.

Остано́вка авто́буса нахо́дится недалеко́ от кни́жн ____ магази́на.

• **Review of Present-Future Forms of Verbs**.

Fill in the missing forms for the verbs in white boxes. **Be sure to indicate stress.**

идти́	расти́	жить	ждать	брать
иду́	расту́	жив	жду	беру́
идёшь	раст	живёшь	жд	бер
идёт	растёт	живёт	ждёт	берёт
идём	раст	жив	жд	бер
идёте	раст	жив	жд	бер
иду́т	раст	жив	жд	бер

Are the verbs in the above table first- or second-conjugation type? _____

чита́ть	пла́вать	бе́гать *(to run)*	отвеча́ть	слу́шать
чита́ю	пла́ваю	бе́га	отвеча́ю	слу́ша
чита́ешь	пла́ваешь	бе́гаешь	отвеча́	слу́ша
чита́ет	пла́ва	бе́гает	отвеча́	слу́шает
чита́ем	пла́ва	бе́га	отвеча́ем	слу́шаем
чита́ете	пла́ва	бе́га	отвеча́	слу́ша
чита́ют	пла́ва	бе́га	отвеча́	слу́ша

Are the verbs in the above table first- or second-conjugation type? _____

говори́ть	кури́ть	спеши́ть	стро́ить	звони́ть
говорю́	курю́	спеш	стро́	звон
говори́шь	ку́ришь	спеши́шь	стро́ишь	звони́шь
говори́т	кур	спеши́т	стро́ит	звони́т
говори́м	кур	спеш	стро́	звон
говори́те	кур	спеш	стро́	звон
говоря́т	ку́р	спеш	стро́	звон

Are the verbs in the above table first- or second-conjugation type? _____

Глава́ I «Дава́йте познако́мимся»

Фоне́тика и интона́ция

Hard and Soft Consonants. The consonants Ж, Ш, and Ц are always pronounced "hard," and the consonants Ч, Щ and Й are always pronounced soft. These consonants are called unpaired consonants. All other consonants are called "paired" consonants and are pronounced "soft" before a soft sign (-ь-) or the vowels **Я, Е, И, Ё** , and **Ю.** In all other instances, paired consonants are pronounced "hard." We will discuss and drill "hard" and "soft" consonants in future lessons.

1–1 Произноше́ние. *O* or *A* at the beginning of a word or in the syllable before the stress is pronounced as /a All other *o*'s and *a*'s are pronounced like *"uh"* as in the English words *but* or *cut*. This sound, which is called *shwa* , is often represented in phonetic transcription as/ə/.

Pronounce the following words and phrases after the speaker. Pay particular attention to the underlined vowels.

Аме́рика	хоти́м
америка́нец	полит оло́гия
большо́й	познако́миться
роди́тели	матем ати́ческий
поэ́тому	би ологи́ческий
пожа́луйст а	факульте́т
бассе́йн	пото му́ что
то гда́	получи́ть
конве́рт	хорошо́
пока́	роди́лся родила́сь
зову́т	полу́чит получи́ть
како́й	вт оро́й на вт оро́м ку́рсе
отку́да	како́й на како́м ку́рсе
наза́д	зн ако́миться позн ако́миться

1–2 Интона́ция. Повествова́тельные предложе́ния и вопро́сы без вопроси́тельного сло́ва. Listen to the tape and note the difference between a statement and a question without a question word:

1. Ты у́чишься в университе́те.

2. Это ваш дом.

3. Вас интересу́ет исто́рия.

4. Он пла́вает.

5. Она́ де́ржит соба́ку.

1. Ты у́чишься в университе́те?

2. Это ваш дом?

3. Вас интересу́ет исто́рия?

4. Он пла́вает?

5. Она́ де́ржит соба́ку?

6. Ко́ля лю́бит живо́тных.

6. Ко́ля лю́бит живо́тных?

1–3 Упражне́ние. Listen to the tape and put either a period or a question mark at the end of each sentence. Underline the word on which the speaker's voice rises or falls.

1. Его́ роди́тели живу́т на за́паде

2. Вы живёте в общежи́тии

3. Она́ игра́ет в те́ннис

4. Они́ мно́го раз переезжа́ли

5. В де́тстве Ни́на жила́ на восто́ке

6. Пе́тя лю́бит живо́тных

7. Она́ вы́росла в Каза́ни

8. Её интересу́ет матема́тика

9. Они́ о́ба преподаю́т в шко́ле

10. Ка́тя собира́ется стать программи́сткой

Примеча́ние.

There are a fixed number of intonational patterns in Russian. The two types of intonation you have just heard are the intonational patterns for declarative sentences and questions without question words. In Russian, unlike English, the word order for a declarative sentence and a question without a question word is the same; only the intonation distinguishes a declarative sentence from a question. In a Russian declarative sentence your voice should fall on the stressed syllable of the word emphasized. Unlike English, your voice should not rise slightly before it falls. In a question, your voice should rise sharply on the stressed syllable of the word in question. The syllable that your voice rises or falls on is called the **intonation center** [интонацио́нный центр] of a sentence or an utterance.

Э́то ва́ши кни́ги. Э́то ва́ши кни́ги. ‖ Э́то ва́ши кни́ги?

Их интересу́ет исто́рия. ‖ Их интересу́ет исто́рия?

or

Их интересу́ет исто́рия?

1–4 Listen and repeat. Underline the intonational center of each sentence:

Они́ мно́го переезжа́ли.	Они́ мно́го переезжа́ли?
Он лю́бит живо́тных.	Он лю́бит живо́тных?
Она́ у́чится на истори́ческом.	Она́ у́чится на истори́ческом?
Ты живёшь в общежи́тии.	Ты живёшь в общежи́тии?
Его́ мать адвока́т.	Его́ мать адвока́т?
Ка́тя вы́росла в Москве́.	Ка́тя вы́росла в Москве́?
Здесь есть бассе́йн.	Здесь есть бассе́йн?
Ни́на игра́ет на гита́ре.	Ни́на игра́ет на гита́ре?

1–5 Упражне́ние.

Mark ⌢ or ⌢ over the stressed syllable of the word in the intonational center in each sentence and read your sentences out loud. Check your answers with the tape.

Ка́тя мно́го переезжа́ла?

Они́ лю́бят живо́тных?

Она́ учи́лась на истори́ческом факульте́те.

Вы живёте в общежи́тии?

Их роди́тели адвока́ты.

Ни́на вы́росла в Москве́.

В университе́те есть бассе́йн?

Моя́ сестра́ игра́ет на роя́ле.

Примеча́ние

In questions without question words, depending on what you are asking, almost any word can be the intonational center. Note that answers beginning with "**да**" and "**нет**" have two intonation centers and are pronounced with falling intonation and with a pause after them.

Прослу́шайте сле́дующие вопро́сы и возмо́жные на них отве́ты.

— Ты у́чишься в университе́те?

— Нет, в институ́те.

— Ты у́чишься в университе́те?

— Да, учу́сь.

— Ты у́чишься в университе́те?

— Да, я.

•Listening Comprehension

1–6 Корреспонде́нт ру́сской газе́ты взял интервью́ у не́скольких студе́нтов, кото́рые хотя́т прие́хать учи́ться в на́шу страну́. Запо́лните анке́ты на ка́ждого из них, чтобы определи́ть [*determine*], кто из них хо́чет прие́хать учи́ться в ваш штат.

АНКЕТА
1. ФАМИЛИЯ ....
2. ИМЯ ....
3. ВОЗРАСТ ....
4. ГОРОД ....
5. ВУЗ[1] ....
6. ФАКУЛЬТЕТ ....
7. КУРС ....
8. КУДА ПОДАЁТ ЗАЯВЛЕНИЕ ....

---

[1]вуз = вы́сшее уче́бное заведе́ние (any) institution of higher education

АНКЕТА

1.ФАМИЛИЯ ....

2. ИМЯ ....

3. ВОЗРАСТ ....

4. ГОРОД ....

5. ВУЗ ....

6. ФАКУЛЬТЕТ ....

7. КУРС ....

8. КУДА ПОДАЁТ ЗАЯВЛЕНИЕ ....

АНКЕТА

1.ФАМИЛИЯ ....

2. ИМЯ ....

3. ВОЗРАСТ ....

4. ГОРОД ....

5. ВУЗ ....

6. ФАКУЛЬТЕТ ....

7. КУРС ....

8. КУДА ПОДАЁТ ЗАЯВЛЕНИЕ ....

```
┌─────────────────────────────────────────────────────────────┐
│                         АНКЕТА                                │
│                                                               │
│   1.ФАМИЛИЯ  ..............................................    │
│                                                               │
│   2. ИМЯ  .................................................    │
│                                                               │
│   3. ВОЗРАСТ  .............................................    │
│                                                               │
│   4. ГОРОД  ...............................................    │
│                                                               │
│   5. ВУЗ  .................................................    │
│                                                               │
│   6. ФАКУЛЬТЕТ  ...........................................    │
│                                                               │
│   7. КУРС  ................................................    │
│                                                               │
│   8. КУДА ПОДАЁТ ЗАЯВЛЕНИЕ  ...............................    │
│                                                               │
└─────────────────────────────────────────────────────────────┘
```

1–7 **Подслу́шанные разгово́ры.** A true measure of your language ability is your comprehension of a conversation not directed at you. You have overheard these conversations. Give your answers in English.

Разгово́р № 1.

1. Where did this person grow up? ....

2. Where does he live now? ....

3. Why? ....

4. What language does he speak at home? ....

Разгово́р № 2.

1. How many people are involved in the conversation? ....

2. What are their names? ....

3. Why does one of them say «Мир те́сен»? ....

Разгово́р № 3.

1. Why can't the person keep a dog? ....

2. Can she keep a cat? ....

3. Does she like fish? ....

Разгово́р № 4.

1. What does Katya need? ....

2. Why does she say «Как стра́нно!» ....

1–8 Радиорепорта́ж: По страни́цам сего́дняшних газе́т. Отве́тьте по-англи́йски:

1. What is the subject of the report?

....

2. Which languages are the official languages in the Crimea?

....

3. Who is quoted in the report?

....

1–9 Ле́кция. «Бу́дьте ве́жливыми! Так при́нято у ру́сских: ты и вы». Listen to the following lecture on Russian speech conventions and find the answers to the questions below in English or in Russian.

1. Что э́то зна́чит?

    ты́кать ....

    вы́кать ....

    я́кать ....

2. What do grown-ups say to children according to this lecture?

....

3. What do teenagers say to each other?

....

4. Do grown-ups always say «вы» to each other?

....

5. How do college professors address students, using «ты» or «вы»?

....

6. What advice does the lecturer give the listeners?

....

7. How do students address their instructors?

....

•Лекси́ческие упражне́ния

1–10 Упражне́ние к разгово́ру «**Дава́йте познако́мимся**».

А. Отве́тьте на вопро́сы о себе́.

1. Отку́да вы?

....

2. В како́м университе́те вы у́читесь?

....

3. На како́м вы факульте́те?

....

4. На како́м вы ку́рсе?

....

5. Вы аспира́нт?

....

6. Где вы роди́лись?

....

7. Где вы вы́росли?

....

8. Вы живёте на восто́ке и́ли на за́паде США? На се́вере и́ли на ю́ге?

....

9. Ско́лько лет у́чатся в университе́те в Аме́рике?

....

10. Вы зна́ете, ско́лько лет у́чатся в университе́те в Росси́и?

....

Б. Think of five questions you would ask a new Russian friend and his or her possible answers to them.

1. ....

....

2. ....

....

3. ....

....

4. ....

....

5. ....

....

Лекси́ческие упражне́ния   7

1–11 Упражнéние к разгóвору «**Мир тéсен**».

А. Дáйте рýсские эквивалéнты:

1. We already know each other.

....

2. We met this morning.

....

3. We sat next to each other.

....

4. It's a small world.

....

Б. List all the possible openings for a conversation with a) a new Russian student; b) a new professor from Russia.

....

....

....

....

....

....

1–12 Упражнéние к разговóру «**Неприя́тное происшéствие**».

You are in Russia and you have lost your wallet. Write an explanation of where and when you lost it and specify what documents were in it and why they are necessary.

....

....

....

....

....

....

....

....

....

1–13 Упражне́ния к те́ксту «**Письмо́ Ма́рка**».

A. List ten items that make Mark's background and experience different from or similar to yours. The first five items about Mark are done for you. Find the remaining in his letter on p. 19 of the textbook.

1. Ма́рку 19 лет.

   Мне ....

2. Марк у́чится на второ́м ку́рсе.

   ....

3. Оте́ц Ма́рка бизнесме́н.

   ....

4. Семья́ Ма́рка мно́го раз переезжа́ла.

   ....

5. Марк игра́ет в те́ннис.

   ....

6. ....

   ....

7. ....

   ....

8. ....

   ....

9. ....

   ....

10. ....

   ....

Б. Combine the two sentences you have written above about Mark into one sentence. Use either '**а**' or '**и … тоже**'. Remember to use the conjunction "**а**" to indicate contrast, and remember to write a comma before the conjunction "**а**."

1. Ма́рку 19 лет, (а мне / и мне то́же)..

2. Марк у́чится на второ́м ку́рсе..

3. Оте́ц Ма́рка бизнесме́н...

4. Семья́ Ма́рка мно́го переезжа́ла..

5. Марк игра́ет в те́ннис..

6. ....

7. ....

8. ....

Лекси́ческие упражне́ния   9

9. ....

10. ....

B. Make sentences from the following words. Supply any necessary prepositions, punctuation, or otherwise. Put perfective verbs into past-tense forms and imperfective verbs into present-tense forms.

1. Я / роди́ться / за́пад / ма́ленький го́род.

....

2. Мы / вы́расти / восто́к / большо́й / ста́рый го́род.

....

3. Когда́ / мне / быть / 15 лет / семья́ / перее́хать / Сре́дний За́пад.

....

4. Марк / учи́ться / второ́й курс / филосо́фский факульте́т.

....

5. Ты / жить / хоро́шее обшежи́тие?

....

6. Я / о́чень / люби́ть / ру́сская литерату́ра / исто́рия.

....

7. Де́тство / он / игра́ть / роя́ль.

....

8. Общежи́тие / я / не / мочь / держа́ть / соба́ка.

9. Ян / роди́ться / Но́вая Зела́ндия, а / вы́расти / Кана́да.

....

....

1–14 Вы хоти́те поступи́ть в РГГУ (Росси́йский госуда́рственный гуманита́рный университе́т) на ку́рсы ру́сского языка́ для иностра́нцев. Запо́лните сле́дующую анке́ту .

з
а
п
о
л
н
я
е
т

а
б
и
ту
р
и
е
н
т

1. Фамилия, имя, отчество..

2. Форма обучения (дневная, вечерняя, заочная)...

3. 4. Факультет, специальность...

5. Год рождения...

6. Пол (мужской, женский)..

7. Гражданство (название государства)...

8. Местожительство ....

Окончил(а) учебное заведение:

9. Наименование средней школы...

10. Год окончания средней школы..

11. Иностранный язык (английский, немецкий, французский, испанский, др. языки, не изучал, не

знаю)...

12. Медаль за окончание школы или диплом с отличием (не имею, имею медаль, имею диплом с

отличием) ....

13. Обший трудовой стаж..

14. Победитель или призер олимпиад (если да, каких)..

15. Служба в ВС[1] ....

16. Дата подачи заявления..

Почтовый индекс и адрес, домашний телефон, служебный телефон...

....

....

....

О себе дополнительно сообщаю...

....

....

....

....

С ПРАВИЛАМИ ПРИЁМА В РГГУ ОЗНАКОМЛЕН (ОЗНАКОМЛЕНА)

_____

(подпись абитуриента)

1–15 **О себе́.** Write a short autobiographical statement about yourself. Use a separate sheet of paper.

---

[1]Вооружённые си́лы = А́рмия

Лекси́ческие упражне́ния   **11**

•Грамма́тика

1–16 Повтори́м глаго́лы.   Give the missing forms:

учи́ться	Aspect: ....
Я учу́сь ....
Ты ....
Они́ ....
Past:
Он ....
Она́ ....
Conj. ....

жить	Aspect: ....
Я живу́ ....
Ты ....
Они́ ....
Past:
Он ....
Она́ ....
Conj. ....

выбира́ть	Aspect: ....
Я выбира́ю ....
Ты ....
Они́ ....
Past:
Он ....
Она́ ....
Conj. ....

вы́брать	Aspect: ....
Я вы́беру ....
Ты ....
Они́ ....
Past:
Он ....
Она́ ....
Conj. ....

поступа́ть	Aspect: ....
Я поступа́ю ....
Ты ....
Они́ ....
Past:
Он ....
Она́ ....
Conj. ....

поступи́ть	Aspect: ....
Я поступлю́ ....
Ты ....
Они́ ....
Past:
Он ....
Она́ ....
Conj. ....

держа́ть	Aspect: ....
Я	
Ты де́ржишь	
Они́	
Past:	
Он	
Она́	
Conj.	

расти́	Aspect: ....
Я	
Ты растёшь	
Они́	
Past:	
Он	
Она́	
Conj.	

помога́ть	Aspect: ....
Я помога́ю	
Ты	
Они́	
Past:	
Он	
Она́	
Conj.	

помо́чь	Aspect: ....
Я помогу́	
Ты	
Они́	
Past:	
Он	
Она́	
Conj.	

подава́ть	Aspect: ....
Я	
Ты подаёшь	
Они́	
Past:	
Он	
Она́	
Conj.	

пода́ть	Aspect: ....
Я пода́м	
Ты	
Они́	
Past:	
Он	
Она́	
Conj.	

теря́ть | Aspect: ....

Я ....

Ты ....

Они́ теря́ют ....

Past:

  Он ....

   Она́ ....

  Conj. ....

переезжа́ть | Aspect: ....

Я ....

Ты переезжа́ешь ....

Они́ ....

Past:

  Он ....

   Она́ ....

  Conj. ....

интересова́ться | Aspect: ....

Я ....

Ты интересу́ешься ....

Они́ ....

Past:

  Он ....

   Она́ ....

  Conj. ....

Глава́ I «Дава́йте познако́мимся»

1–17 Review of **куда́** ? **где** ? **отку́да** ?

A. Fill in the chart according to the models.

	Куда́?	Где?	Отку́да?
библиоте́ка	*в библиоте́ку*	*в библиоте́ке*	*из библиоте́ки*
конце́рт	*на конце́рт*	*на конце́рте*	*с конце́рта*
ле́кция			
стадио́н			
музе́й			
парк			
по́чта			
побере́жье			
у́лица			
университе́т			
шко́ла			
уро́к			
магази́н			
Сиби́рь			
кафете́рий			

Б. Form questions as illustrated in the model.

Образе́ц.   Марк пое́хал в аэропо́рт. →

Марк уже́ верну́лся из аэропо́рта?

1. Мари́на пошла́ на ле́кцию.

....

2. Его́ роди́тели пое́хали в Евро́пу.

....

3. Ла́ра пошла́ на заня́тия.

....

4. Марк и Ка́тя пошли́ в кафете́рий.

....

Грамма́тика   **15**

5. А́ня пошла́ на стадио́н.

....

6. Ма́ша пошла́ в университе́т на ле́кцию.

....

7. Дик пошёл на но́вый францу́зский фильм.

....

8. Мари́на и Ле́на пошли́ в клуб на собра́ние.

....

9. Он ушёл на уро́к.

....

10. Его́ брат пое́хал на Аля́ску.

....

1–18 Предло́ги.

A. Раскро́йте ско́бки. Доба́вьте ну́жные предло́ги. [Open the parentheses. Add any necessary prepositions.]

1. Сего́дня у́тром мы занима́лись (*библиоте́ка*) _____.

2. Ка́тя, ты ча́сто посыла́ешь пи́сьма (*Росси́я*)_____?

3. Марк спеши́т (*университе́т*)_____, потому́ что он опа́здывает

(*ле́кция*)_____ по хи́мии.

4. Хоро́шие рестора́ны нахо́дятся то́лько (*це́нтр*)_____

го́рода.

5. Маши́на стои́т (*гара́ж*) _____ .

6. По суббо́там я е́зжу (*мо́ре*) _____ .

7. Мой брат рабо́тает (*восто́к*) _____ , а сестра́ рабо́тает

(*за́пад*)_____ .

8. Сего́дня ве́чером мы идём (*кино́*) _____ (*но́вый ру́сский*

фильм)_____ .

9. Вы живёте (*общежи́тие*)_____ и́ли (*кварти́ра*)

_____ ?

10. Мы пла́ваем (*бассе́йн*)_____ ка́ждый день.

11. Позвони́ (*ка́федра*)_____ и спроси́, когда́ бу́дет

ле́кция профе́ссора Анто́новой.

12. Ле́том мы е́здили (*Евро́па*) _____ .

13. Они́ живу́т на (*бе́рег*) _____ Ти́хого океа́на.

1–19 Письмо́ домо́й. Complete the Russian text below for the English text.

Sept. 11, _____

Dear Mom and Dad,

I've spent my first week at _____ College/University and met a lot of interesting people. So far I like it here. I like my new friends and all my professors. Some of the Americans I've met speak really good Russian. Do you remember the American that used to come and visit our neighbor Borya Smirnov? He was at Moscow University taking language courses for Americans. His name is Mark, and he's become my good friend. He's really nice. He's introduced me to a lot of second and third-year students who speak good Russian. I've registered for two English language courses (they have an excellent English as a second language program here). One of my professors said that I am going to have to work a lot on my pronunciation. He doesn't like my British pronunciation. It's still hard for me to understand Americans, and it's probably hard for Americans to understand me. So for the time being, my only friends are students who can speak Russian.

　　　　　Love to the both of you

11.IX.___

　　　Дорогие _____!

Я провел/а первую _____ в _____ колледже /

университете и _____ со многими _____

людьми. Пока мне здесь _____. Мне _____ все мои

новые _____ и все мои _____. Некоторые амери-канцы,

с которыми я _____ ,хорошо _____ Вы

помните американца, _____ приходил к _____ соседу Боре Смирнову?

Он учился в _____ университете на _____ для

_____. _____ зовут Марк, и он _____ моим

_____ другом. Он очень _____. Он _____ меня со

многими студентами на втором и третьем курсах, которые _____ говорят по-русски. Я

записался/-ась на два курса английского _____ (здесь очень хороший факультет

_____ как иностранного). Один из моих профессоров сказал, что мне

придётся много_____ над моим произношением. _____

_____ мой британский акцент. Мне _____ трудно понимать

_____, и, наверное, _____ трудно понимать

_____. Так что пока _____ единственные _____ — это

студенты, _____ говорят _____.

_____ вас обоих.

1–20 Письмо. Напишите ответ на письмо, которое вы получили. See p. 35 in the textbook for the structure of a Russian letter.

12 сентября

Дорогой _____ ! / Дорогая _____ !

Спасибо за твоё письмо. Прости, что так долго не отвечала. Была ужасно занята: только что начался семестр, а всё лето я работала. Но все хорошо. Я нашла новую работу, буду работать в банке кассиром 20 часов в неделю. Надеюсь, что у тебя всё хорошо. В какой университет ты поступил/-а? Есть ли у тебя работа? Где ты живёшь, дома или в общежитии? Как родители? Пиши!

Обнимаю.
Наташа

•Чте́ние для информа́ции.

1–21 Reading for Comprehension: Read the text below about a popular American movie actor and find the answers to the following questions. <u>Answer the questions in English</u>. Skim-read the article first. Do not look up words, but look for familiar words in order to get a general idea about the article. Read the first and last sentence of each paragraph to get an idea of what the paragraph is about.

1. Who is the actor?

....

2. What movies of his are mentioned?

....

3. What state was he born in?

....

4. What college did he attend?

....

5. What city does he live in?

....

6. What does his wife do?

....

7. How many children does he have, and what are their ages?

....

8. Does he like animals? If so, what kind?

....

9. What motion-picture company is mentioned in the article?

....

10. What do you think an «автоотве́тчик» is used for?

....

ИНДИАНА ДЖОНС НА ЭКРАНЕ И В ЖИЗНИ

Харрисон Форд, известный американский актёр, знаком русскому зрителю по фильмам «Звёздные войны», «Бегущий по лезвию бритвы» и, конечно, по знаменитой трилогии «Индиана Джонс». Кстати, поклонники часто называют его по имени героя этой картины — Индиана Джонс.

Родился Харрисон Форд в Висконсине. Там же пошёл в Рипонский колледж. Никто и не думал, что этот молчаливый парень станет кинозвездой. Тем более, что он никогда не играл в любительских [1] спектаклях. Но судьбе было угодно другое. Кинокомпания «Коламбиа пикчерс» предложила ему роль в фильме «Пляж Лагуна в Калифорнии». Но даже после этого он продолжал работать плотником [2], и одновременно снимался в картине «Звёздные войны».

Живёт Харрисон Форд в роскошном доме в Лос-Анджелесе. Его жена Мелиса Метисон — сценарист. От этого брака у него трёхлетний сын Малькольм и годовалая дочь Джорджия. От предыдущего — двое сыновей: 25-летний Бенджамин и 22-летний Уилорд.

_____.

[1]*amateur;*   [2]*carpenter*

Чте́ние для информа́ции

Харрисон Форд любит животных, особенно птиц. Не любит, когда люди оскорбляют друг друга. Ему нравится играть мужественных людей, обладающих твёрдым характером. К высказываниям критиков относится равнодушно. На вопрос: «Какая у вас философия?» — ответил: «Нет никакой». Его кредо — доводить дело до конца.	— Харрисон! — обратился к нему корреспондент английской газеты «Гардиан», —могу ли я сообщить читателям ваш телефон? —Конечно, — улыбнулся он. — Но тогда мне придётся купить автоответчик. Арсений КАПИТОНОВ *«Литературная газета»* 18.09.91

1–22 If you have ever seen the Russian political analyst Vladimir Pozner on television, you know that he speaks English quite well. Skim the article below and try to find out:

1. why he knows English so well. ....

2. where he went to college, and what his major was ....

....

ЗВЁЗДЫ   Владимир Познер: встреча на том берегу

Телезрители Москвы, как обычно, в последнюю пятницу месяца увидели на своих экранах Владимира Познера. Ничего не было бы в этом неожиданного, если бы не некоторые обстоятельства.

В сентябре Познер уедет в Америку, где вместе со своим партнером по телемостам Филом Донахью будет вести еженедельную телепрограмму. До сих пор никто из советских журналистов таких предложений не получал. Познер — один из немногих иностранных журналистов, которых американцы знают. Недавно он издал в Штатах свою автобиографию под названием «Прощание[1] с иллюзиями», которая стала бестселлером. Интересно то, что биографию он написал по-английски.

До пятнадцати лет Владимир жил в Нью-Йорке. В 1949-м отец, убеждённый коммунист, перевёз семью сначала в Берлин, а затем в 1952-м — в Москву. Здесь Познер-младший поступил на биологический факультет МГУ. Но карьера биолога не задалась. Владимир Познер работал литературным секретарём, переводчиком, ответственным секретарём журнала и, наконец, радио- и теле-комментатором.

«Аргументы и факты»
14. VII.91

1–23. Послетекстовое задание. Ответьте по-русски:

1. Где родился Владимир Познер?

....

2. Сколько лет ему было, когда он переехал в Советский Союз?

....

3. Где он учился?

....

4. Кем он стал?

....

---

[1]прощаться/проститься *с кем–чем?* = говорить/сказать «до свидания *кому–чему?*

Имена́, кото́рые ру́сские зна́ют с де́тства

Оди́н из са́мых популя́рных и люби́мых де́тских писа́телей — э́то Корне́й Ива́нович Чуко́вский, а́втор •многочи́сленных •произведе́ний для дете́й. Ру́сские де́ти зна́ют и́мя Корне́я Ива́новича Чуко́вского •так же хорошо́, как мы зна́ем и́мя Уо́лта Дисне́я. Все ру́сские де́ти, мо́жно сказа́ть, вы́росли на ска́зках и стиха́х Чуко́вского. Его́ до́ктор Айболи́т — э́то о́чень до́брый врач, кото́рый лю́бит живо́тных и да́же говори́т на их языке́.

<числó – number; works just as

Ай, боли́т! = Oh, it hurts!

Доктор Айболи́т

Корне́й Ива́нович Чуко́вский (1882–1969)

1	Жил-был до́ктор. Он был до́брый. Зва́ли его́ Айболи́т. И была́ у него́	
2	•зла́я сестра́, кото́рую зва́ли Варва́ра.	*mean*
3	•Бо́льше всего́ на •све́те до́ктор люби́л •звере́й.	*Most of all; world; animals, beasts*
4	В ко́мнате у него́ жи́ли •за́йцы. В шкафу́ у него́ жила́ •бе́лка. В	*rabbits; squirrel*
5	буфе́те жила́ •воро́на. На дива́не жил •колю́чий •ёж. В •сундуке́ жи́ли	*crow; prickly hedgehog; trunk*
6	бе́лые •мы́ши.	*mice*
7	Но из всех свои́х звере́й до́ктор Айболи́т люби́л бо́льше всего́ •у́тку	*duck*
8	Ки́ку, •соба́ку А́вву, ма́ленькую •сви́нку Хрю-Хрю, •попуга́я Кару́до и •сову́	*dog; pig; parrot; owl*
9	Бу́мбу.	
10	О́чень •серди́лась на до́ктора его́ зла́я сестра́ Варва́ра за то́, что у	*would get angry*
11	него́ в ко́мнате •сто́лько звере́й.	*так много*

1–24 По́няли ли вы текст? + пра́вильно; — непра́вильно

_____ 1. До́ктор Айболи́т был до́брый.

_____ 2. Его́ сестра́ то́же была́ до́брая.

_____ 3. Его́ сестра́ была́ зла́я.

_____ 4. Его́ сестру́ зва́ли Варва́ра.

_____ 5. Его́ сестру́ зва́ли А́вва.

_____ 6. До́ктор Айболи́т люби́л звере́й.

_____ 7. Варва́ра тоже люби́ла звере́й.

_____ 8. Варва́ра ненави́дела звере́й.

_____ 9. До́ктор Айболи́т люби́л звере́й бо́льше всего́ на све́те.

_____ 10. У до́ктора Айболи́та и Варва́ры в до́ме жи́ли зве́ри.

_____ 11. Айболи́т и Варва́ра жи́ли одни́.

_____ 12. У Айболи́та в ко́мнате жи́ли за́йцы.

_____ 13. У Айболи́та в шкафу́ жила́ воро́на.

_____ 14. У Айболи́та жи́ли и мы́ши и ёж.

_____ 15. У Айболи́та жи́ли и други́е зве́ри.

_____ 16. У Айболи́та жи́ли у́тка, соба́ка и ма́ленькая сви́нка.

_____ 17. У Айболи́та жи́ли попуга́й и сова́.

_____ 18. У Айболи́та была́ ко́шка.

_____ 19. У́тку Айболи́та зва́ли Ки́ка.

_____ 20. Соба́ку Айболи́та зва́ли А́вва.

_____ 21. Сви́нку Айболи́та зва́ли Хрю-Хрю.

_____ 22. Попуга́я Айболи́та зва́ли По́ли.

_____ 23. Сову́ Айболи́та зва́ли Бу́мба.

12 — •Прогони́ их •сию́ же мину́ту! — •крича́ла она́. — Они́ то́лько 13 ко́мнаты •па́чкают. Не •жела́ю жить с э́тими •скве́рными •тва́рями!	_Get rid of; this very; shouted_ _soil; хочу; nasty, foul_
14 — Нет, Варва́ра, они́ не скве́рные! — говори́л до́ктор. — Я о́чень 15 рад, что они́ живу́т у меня́.	_creatures_
16 •Со всех сторо́н к до́ктору приходи́ли •лечи́ться больны́е •пастухи́, 17 больны́е •рыбаки́, •дровосе́ки, •крестья́не, и ка́ждому дава́л он лека́рство, и 18 ка́ждый сра́зу •станови́лся здоро́в.	_from all around; for treatment_ _shepherds; fishermen; woodcutters;_ _peasants; would get well_
19 Е́сли како́й-нибу́дь •дереве́нский •мальчи́шка •ушибёт себе́ ру́ку или 20 •поцара́пает нос, он сейча́с же бежи́т к Айболи́ту — и, смо́тришь, че́рез 21 де́сять мину́т он •как ни в чём ни быва́ло, здоро́вый, весёлый, игра́ет в 22 •пятна́шки с попуга́ем Кару́до, а сова́ Бу́мба •угоща́ет его́ •леденца́ми и 23 я́блоками.	_village; boy; would hurt_ _scratch_ _as if nothing had happened;_ _tag; treat; lollipops_
24 Одна́жды к до́ктору пришла́ о́чень •печа́льная •ло́шадь. Она́ ти́хо 25 сказа́ла ему́:	_sad; horse_
26 —Ла́ма, воно́й, фифи́, ку́ку!	
27 До́ктор сра́зу по́нял, что на •звери́ном языке́ э́то зна́чит:	_animal (adj.)_
28 «У меня́ боля́т глаза́. Да́йте мне, пожа́луйста, очки́».	
29 До́ктор давно́ уже́ научи́лся говори́ть по-звери́ному. Он сказа́л 30 ло́шади:	
31 —Капу́ки, кану́ки!	
32 По-звери́ному э́то зна́чит:	
33 «Сади́тесь, пожа́луйста».	

1–25. + пра́вильно, — непра́вильно

_____ 27. Варва́ра серди́лась на своего́ бра́та.

_____ 28. Варва́ра была́ недово́льна свои́м бра́том.

_____ 29. Варва́ра была́ дово́льна свои́м бра́том.

_____ 30. Варва́ра серди́лась на бра́та, потому́ что у него́ бы́ло мно́го звере́й.

_____ 31. Варва́ра хоте́ла жить с э́тими зверя́ми.

_____ 32. Варва́ра крича́ла на бра́та.

_____ 33. Варва́ра хоте́ла, что́бы Айболи́т прогна́л всех звере́й.

_____ 34. Варва́ра говори́ла, что зве́ри скве́рные.

_____ 35. До́ктор Айболи́т то́же говори́л, что зве́ри скве́рные.

_____ 36. До́ктор Айболи́т был рад, что зве́ри жи́ли у него́.

_____ 37. К до́ктору Айболи́ту приходи́ли бога́тые лю́ди.

_____ 38. До́ктор Айболи́т лечи́л то́лько бога́тых люде́й.

_____ 39. До́ктор Айболи́т дава́л больны́м лека́рство.

_____ 40. Одна́жды к до́ктору пришла́ ло́шадь.

_____ 41. Одна́жды к до́ктору пришёл крокоди́л.

_____ 42. Ло́шадь, кото́рая пришла́ к до́ктору, была́ весёлая.

_____ 43. Ло́шадь, кото́рая пришла́ к до́ктору Айболи́ту, хорошо́ ви́дела.

_____ 44. У ло́шади, кото́рая пришла́ к до́ктору Айболи́ту, боле́ли глаза́.

_____ 45. У ло́шади, кото́рая пришла́ к до́ктору Айболи́ту, боле́ли у́ши.

_____ 46. У ло́шади, которая пришла́ к до́ктору Айболи́ту, боле́ли но́ги.

_____ 47. Ло́шадь уме́ла говори́ть по-ру́сски.

_____ 48. Ло́шадь проси́ла у до́ктора Айболи́та очки́.

_____ 49. Ло́шадь проси́ла у до́ктора Айболи́та лека́рство.

_____ 50. До́ктор не по́нял, что говори́ла ло́шадь.

_____ 51. До́ктор пло́хо понима́л язы́к звере́й.

_____ 52. До́ктор хорошо́ говори́л на языке́ звере́й.

34	Ло́шадь се́ла. До́ктор •наде́л ей очки́, и глаза́ у неё •переста́ли	*put on; stopped*
35	боле́ть.	
36	— Ча́ка! — сказа́ла ло́шадь, •замаха́ла •хвосто́м и •побежа́ла на	*waved; tail; ran*
37	у́лицу.	
38	«Ча́ка» по-звери́ному зна́чит «спаси́бо».	
39	Ско́ро все зве́ри, у кото́рых бы́ли плохи́е глаза́, получи́ли от до́ктора	
40	Айболи́та очки́. Ло́шади •ста́ли ходи́ть в очка́х, •коро́вы — в очка́х, ко́шки и	*на́чали; cows*
41	соба́ки — в очка́х. Да́же ста́рые •воро́ны не •вылета́ли из •гнезда́ без	*crows; [here] leave; nest*
42	очко́в.	
43	С ка́ждым днём к до́ктору приходи́ло •всё бо́льше звере́й и •птиц.	*more and more; birds*
44	Приходи́ли •черепа́хи, •лиси́цы и •ко́зы, прилета́ли •журавли́ и •орлы́.	*turtles; foxes; goats; cranes*
45	Всех лечи́л до́ктор Айболи́т, но де́нег не брал ни у кого́, потому́ что	*eagles*
46	каки́е же де́ньги у черепа́х и орло́в!	
47	Ско́ро в лесу́ на •дере́вьях бы́ли •раскле́ены таки́е •объявле́ния:	*trees; put up; advertisements*

48		
49	ОТКРЫ́ТА БОЛЬНИ́ЦА	
50	ДЛЯ ПТИЦ И ЗВЕРЕ́Й.	
51	ИДИ́ТЕ ЛЕЧИ́ТЬСЯ	
52	ТУДА́ •ПОСКОРЕ́Й!	*as quickly as possible*

52	Раскле́ивали э́ти объявле́ния Ва́ня и Та́ня, сосе́дские де́ти, кото́рых	
53	до́ктор •вы́лечил когда́-то от •скарлати́ны и •ко́ри. Они́ о́чень люби́ли	*cured; scarlet fever;measles*
54	до́ктора и •охо́тно помога́ли ему́.	*willingly, gladly*

1–26. + пра́вильно, — непра́вильно

_____ 53. До́ктор дал ло́шади очки́.

_____ 54. Глаза́ у ло́шади переста́ли боле́ть.

_____ 55. Ло́шадь была́ дово́льна.

_____ 56. Ло́шадь была́ не дово́льна до́ктором Айболи́том.

_____ 57. Зве́ри, у кото́рых бы́ли плохи́е глаза́, приходи́ли к Варва́ре.

_____ 58. Ло́шади, коро́вы, ко́шки и соба́ки ста́ли ходи́ть в очка́х.

_____ 59. Воро́ны то́же лета́ли в очка́х.

Чте́ние для удово́льствия

_____ 60. К до́ктору приходи́ло мно́го звере́й и птиц.

_____ 69. До́ктор брал де́ньги у звере́й, кото́рых он лечи́л.

_____ 70. Ва́ня и Та́ня — сосе́ди до́ктора Айболи́та.

_____ 71. До́ктор Айболи́т вы́лечил их от скарлати́ны и ко́ри.

_____ 72. Ва́ня и Та́ня не люби́ли до́ктора Айболи́та.

_____ 73. Де́ти не хоте́ли помога́ть до́ктору Айболи́ту.

1–27. До́ктор Айболи́т.

А. Write out the adjectives that describe a) the doctor; b) his sister.

До́ктор ....

Варва́ра ....

Б. Give titles to each part of the story.

....

....

....

....

В. Write five or six sentences about Doctor Ajbolit and his animals.

....

....

....

....

Как вы́учить слова́.

Three steps to help you memorize vocabulary.

Every word in a language is always used in conjunction with other words. For example, if I say «университе́т», I will immediately associate it with «учи́ться»: «Я учу́сь в университе́те» or «Он у́чится в университе́те». If you try to build clusters around words instead of memorizing each of them separately, you will be able to remember more words as they will combine with one another, and instead of memorizing individual vocabulary items, you will remember combinations or blocks of vocabulary. Word associations are individual for each of us. That means you have to establish your own.

Step 1. Build clusters around these words. We'll help you do the first one.

1. соба́ка
   ко́шка // живо́тное // держа́ть соба́ку // люби́ть живо́тных // не разреша́ют держа́ть соба́ку // В де́тстве у меня́ была́ соба́ка. //Can you think of more?

2. за́пад

....

3. факульте́т

....

4. переезжа́ть

....

5. заявле́ние

....

6. вы́расти

....

7. занима́ться

....

8. учи́ться

....

9. курс

....

....

10. пла́вать

....

....

Step 2. Check to see if you know how to say that:

      1. you are a freshman (a sophomore, a junior, a senior);
      2. you are or want to be a graduade student;
      3. you major in ..../ you haven't declared your major;
      4. you are interested in ...
      5. you play/used to play (a musical instrument);
      6. you grew up in the West, in the East, etc;
      7. you moved a lot or never moved;
      8. you have met someone before;
      9. you like animals/don't care about animals;
    10. you have/don't have pets;
    11. you have/ would like to have a dog, a cat, a hamster etc.

Step 3. Think about one of your friends or your brother or sister and see if you can say about them what you said about yourself in Step 2.

Глава́ II «Мы и на́ши живо́тные»

•Фоне́тика и интона́ция

2–1 Произноше́ние. Before practicing the dialogues, practice these words. Remember that prepositions are pronounced as part of the next word.Pay special attention to the pronunciation of the underlined vowels.

р<u>о</u>ди́тели

г<u>о</u>в<u>о</u>ря́т

п<u>о</u>ступи́л

п<u>о</u>сту́пит — п<u>о</u> ступи́ть

с<u>а</u>м<u>о</u>сто<u>я</úтельн<u>о</u>

п<u>о</u>дру́га

пр<u>о</u>из<u>о</u>шло́

Что пр<u>оиз</u> <u>о</u>шло́?

д<u>о</u>куме́нты

з<u>а</u>явле́ние

п<u>о</u>дава́ть з<u>а</u>явле́ние

п<u>о</u>да́ть

Он по́д<u>а</u> л. — Он<u>а</u>́ п<u>о</u>д<u>а</u>ла́.

Он по́д<u>а</u> л з <u>а</u>явле́ние.

Он<u>а</u>́ п<u>о</u> д<u>а</u>ла́ з <u>а</u>явле́ние.

го́л <u>о</u>ден

г<u>о</u>л<u>о</u>дна́

Я го́л<u>о</u>ден как волк.

Я г<u>о</u>л<u>о</u>дна́ как волк.

с бра́т<u>о</u> м

с<u>о</u> мно́й

с сестро́й

с т<u>о</u>бо́й

Repeat the following verses. Pay attention to stressed and unstressed *o* and *a*.

«Ста́рый •слон»   *elephant*

Спит споко́йно
Ста́рый слон,
  •Сто́я спа́ть   *standing*
  Уме́ет он.

Где обе́дал **•воробе́й**?   *sparrow*
В зоопа́рке у звере́й.
Пообе́дал он сперва́,
За **•решёткою** у **•льва**.   *fence, grating;*   л|е|в – *lion*

2–2 Listen to the tape and put in the punctuation marks at the end of each sentence. Mark the intonation centers with ↗ for rising intonation and ↘ for falling intonation.

Ва́се нра́вится жи́ть в общежи́тии

О́ля посту́пит в э́тот университе́т

Она́ давно́ за́мужем

Она́ юри́ст

Мой брат то́же здесь у́чится

Ни́на бере́менна

Она вы́шла за́муж, как то́лько ко́нчила шко́лу

Марк потеря́л студе́нческий биле́т

Они́ о́чень сча́стливы

Ей хо́чется вну́ка и́ли вну́чку

2–3 Listen to the following declarative sentences. Mark the intonation center.

Ка́тя поступи́ла в Колумби́йский университе́т.

Она́ сейча́с у́чится на четвёртом ку́рсе.

Фоне́тика и интона́ция   **27**

Это моя комната.

Володе не нравится жить в общежитии, а мне очень нравится.

Она уже на втором курсе.

Мы очень устали.

Ей 25 лет, а её сестре 22 года.

Я тоже голодна как волк.

Она уже давно замужем.

Я хочу снять другую квартиру.

Мы уже смотрели этот фильм.

Мы переехали на запад три года назад.

2–4 Mark the intonation center. Is it rising or falling?

— Катя поступила в Колумбийский университет? —В Колумбийский университет.

— Вы очень устали? — Да, мы очень устали.

— Она учится на втором курсе? — Да, она учится на втором курсе.

— Вы уже смотрели этот фильм? — Да, мы его уже смотрели .

— Вы говорите по-русски? — Да, мы говорим по-русски.

2–5 Put in the punctuation for the following sentences.

Она работает только пять лет   Света хочет поступить в аспирантуру

Он тоже из Калуги   Её родители тоже кончили Московский

Коля перешёл на новую работу   университет

У тебя есть кредитные карточки   Катя катается на коньках

Они приехали по программе обмена   Они часто ходят в бассейн

2–6 А. Listen to the following models:

Образцы:

— Ты хочешь поступить **в аспирантуру**?   — Да, в **аспирантуру**.
— Ты **хочешь** поступить в аспирантуру?   — Да, **очень** хочу. или — Нет, не **хочу**.
— **Ты** хочешь поступить в аспирантуру?   — Нет, **Марк** хочет.

Б.   Mark the intonation center and give the answers:

1. —Марк учится в частном универсистете?

2. —Ты лю́бишь живо́тных?

....

3. —Ва́ши друзья́ говоря́т по-ру́сски?

....

4. —Ва́ши друзья́ говоря́т по-ру́сски?

....

5. —Вы хорошо́ говори́те по-неме́цки?

....

6. —Вы живёте в общежи́тии?

....

7. —Вы у́читесь на тре́тьем ку́рсе?

....

8. —Вы роди́лись на се́вере?

....

9. —У вас есть бра́тья и сёстры ?

....

10. —Вы знако́мы с Ма́рком Че́йсом?

....

11. —Вы не ви́дели мой студе́нческий биле́т?

....

•Listening Comprehension

2–7 **Дикта́нт.** Transcribe the following letter.

....

....

....

....

....

....

....

....

....

Упражне́ния на понима́ние 29

....

....

....

....

....

....

2–8 Да́ты жи́зни ру́сских поэ́тов. Listen and write down the dates.

А. Алекса́ндр Серге́евич Пу́шкин роди́лся в............................ году́ и у́мер в .... году́.

Б. Михаи́л Ю́рьевич Ле́рмонтов роди́лся в .... году́ и у́мер в .... году́.

В. А́нна Андре́евна Ахма́това родила́сь в .... году́ и умерла́ в .... году́.

Г. Мари́на Ива́новна Цвета́ева родила́сь в .... году́ и умерла́ в .... году́.

Д. Бори́с Леони́дович Пастерна́к роди́лся в .... году́ и у́мер в .... году́.

Е. О́сип Эми́льевич Мандельшта́м роди́лся в .... году́ и у́мер в .... году́.

2–9 О себе́. Listen and answer the questions below:

1. What did her grandfather do?

....

2. Where was he born and where did he first go to school?

....

3. How long ago was it?

....

4. Why couldn't he go to college in Russia or Poland?

....

5. Where did he go to college?

....

6. Where did he and grandmother get married?

....

7. When did they come to Moscow?

....

8. How many children did they have?

....

9. What did the children do?

....

2–10 Подслу́шанные разгово́ры.

Разгово́р № 1. Отве́тьте «пра́вда» или «непра́вда»

ФАКТ	ПРА́ВДА или НЕПРА́ВДА
а) He is upset with his roommate because he is never at home.	
б) His roommate hates music.	
в) His roommate studies all the time.	
г) He hasn't declared his major yet.	

Разгово́р № 2.

1. Why does Lena think she is lucky?

....

2. What does she say about her roommate?

....

3. Where would she prefer to live?

....

Разгово́р № 3.

1. What did Sasha lose?

....

2. Did he have a lot of money?

....

2–11 Объявле́ния по ра́дио. You will hear two kinds of announcements: I need an apartment, a roommate (ну́жен/нужна́) and I am looking for (ищу́). You work for the student newspaper. Your job is to prepare ads for publication. Fill in the missing words.

Объявле́ние 1. Нужна́ ....по ко́мнате. .... Не куря́щая. В кварти́ре мо́жно держа́ть .... Ря́дом с ....

Звони́ть .... Телефо́н: ....

Объявле́ние 2. Ищу́ сосе́да по .... — ....мужчи́ну, жела́тельно .... Мой рабо́чий телефо́н:.................................

Объявле́ние 3. Ищу́ .... в .... семье́. Могу́ плати́ть три́ста .... в ме́сяц. Звони́те по телефо́ну:

....

Объявле́ние 4. Ищу́ ко́мнату в .... Могу́ ....в саду́ и гото́вить. Е́сли вас э́то ...., позвони́те ....

Объявле́ние 5. В кооперати́ве .... есть свобо́дная ....

.... по телефо́ну ....

Упражне́ния на понима́ние

2–12 Радиорепорта́ж: По страни́цам сего́дняшних газе́т. «Америка́нцы усыновля́ют ру́сских дете́й».

Поле́зные слова́:   усыновля́ть — *to adopt a son*
удочеря́ть — *to adopt a daughter*
сирота́ — *orphan*
де́тский дом — *orphanage*
прие́мные роди́тели — *foster parents*

1) How many children were adopted in February?

....
2) When was the first time that a Russian child was adopted by Americans?

....
3) How many Americans are currently attempting to adopt Russian orphans?

....

2–13 Ру́сский речево́й этике́т: так говоря́т ру́сские. The following passage is about how Russians greet each other. Listen for the answers to the following questions.

1. What are some common greetings that Russians use?

....
2. What does the greeting «Здра́вствуйте» mean? What is the difference between «Здра́вствуйте» and «Здра́вствуй»?

....
3. When should one not use the greeting «Приве́т»?

....
4. How are the greetings «Как вы живёте? Как дела́?» used? How should you respond to them? When should you not use them?

....

....
5. How often do Russians say «Здра́вствуйте» to each other?

....
6. What can you say if you meet someone again on the same day?

....

•Лекси́ческие упражне́ния

2–14 К те́ксту «Ка́тя расска́зывает о свое́й семье́». Напиши́те о себе́.

А. Отве́тьте на вопро́сы:

1. В како́м поря́дке вы ду́маете о свое́й семье́? Почему́?

....

....

2. Кто вас воспи́тывал, когда́ вы росли́?

....

3. Кто ва́ши роди́тели? Кем они́ рабо́тают?

....

....

4. Кто вёл (ведёт) хозя́йство в ва́шей семье́?

....

....

5. У вас есть / была́ ко́шка и́ли соба́ка? Расскажи́те о них.

....

....

Б. Write about your family using Katya's story as a model.

....

....

....

....

....

....

....

....

....

....

2–15 К разговóру «**Ненави́жу жить в общежи́тии**»

Дáйте рýсские эквивалéнты:

1. I love living in the dorm.

....

2. I hate living in the dorm.

....

3. I want to rent an apartment.

....

4. His parents are divorced.

....

5. After I graduate from college, I'll live on my own.

....

6. When will he get married?

....

7. When did she get married?

....

8. I'll rent an apartment after I graduate from college.

....

....

9. She rented her own apartment after she started working.

....

....

10. I want to work in Russia after I graduate from college.

....

....

2–16 К разговóру «**Свáдьба**»

Think of a story with these five words: **свáдьба, невéста, жени́х, жени́ться, вы́йти зáмуж.**

....

....

....

....

....

....

....

2–17 К разгово́ру «**Что но́вого?**»

Imagine that you, not Katya, have received the letter from Sveta. Write a response.

....

....

....

....

....

....

2–18 Чего́ вы бои́тесь? After reading the responses to this question on page 50 of the textbook, write your own answer.

....

....

....

....

....

....

....

2–19 Эмо́ции. Think of a time when you felt the following emotions and explain why you felt that way.

1. Я был/ была́ испу́ган/а.

....

2. Мне бы́ло ску́чно.

....

3. Я был/ была́ серди́т/а.

....

4. Я был/ была́ в восто́рге.

....

5. Я о́чень не́рвничал / не́рвничала.

....

6. Я был/ была́ расстро́ен/а.

....

7. Я был/ была́ в отча́янии.

....

2–20 После всех текстов. Give the appropriate Russian equivalents for the words in brackets.

1. [What are] _____ твои родители?

2. Почему ты всё время [stay at home] _____?

3. Когда Марк [started the eighth grade] _____,

   его мать [started college] _____ .

4. Я хочу [rent] _____ квартиру.

5. Он собирается [get married] _____ .

6. Я очень [happy] _____, а моя мать [delighted] _____ .

7. Она [got married] _____, как только окончила школу.

8. [What do you need a ..... for?] _____ студенческий билет?

9. Где твои [driver's license] _____ ?

10. Её муж недавно [changed jobs] _____ .

11. Я люблю жить [by myself, independently] _____ .

12. Моя сестра уже [for a long time] _____ замужем.

13. Они были женаты 5 лет, а потом [got divorced] _____ .

14. В воскресенье мы были [at a wedding] _____ .

15. Оля и Игорь [got married last week] _____

    _____ .

16. Все мои сёстры [are married] _____ .

17. Все мои [brothers are married] _____ .

18. Ты слишком много [study] _____ .

19. [What university] _____ поступила его сестра?

20. [Who] _____ она вышла замуж?

21. [Who] _____ он женился?

Глава II «Мы и наши животные»

2–21. Скажи́те по-ру́сски. Fill in the blanks of the Russian interpretation for the following narrative.

Natasha is so upset today. Her wedding is only a week away but she is afraid that something will happen and she won't get married. Her fiancee Vladimir called her last night and said that he had lost his job and was desperate. He had been nervous for a week that he might lose his job and now it had happened. Natasha said, "Don't worry, I have money." But he didn't want to talk . Natasha was scared. This morning her fiancee's sister called and said, "We have great news! Vladimir got a new job. Now he can leave that awful job he hates." Now Natasha doesn't know what to think. Why did he lie to her?

Сего́дня Ната́ша о́чень .... Че́рез ....

бу́дет её ...., но она́ ...., что что-нибу́дь

случи́тся и .... не бу́дет. ....позвони́л ей

.... Влади́мир и сказа́л, что он .... рабо́ту

и он .... Он уже́ неде́лю

................................, что потеря́ет рабо́ту, и вот э́то ....:

Ната́ша сказа́ла: «Не ...., всё бу́дет хорошо́. У меня́ есть

................................». Но он не ....

Ната́ша была́ ....позвони́ла сестра́

.... и сказа́ла « ....

.... Тепе́рь он

мо́жет уйти́ с ....рабо́ты, кото́рую он

................................». Тепе́рь Ната́ша не

знает, ... Почему́ он сказа́л .... непра́вду?

А что вы ду́маете? Почему́ её жени́х сказа́л непра́вду?

....

•Грамма́тика

2–22 Глаго́лы. Fill in the missing forms. Mark stresses.

<table>
<tr><td>

получа́ть   Aspect:

Я получа́ю ....

Ты ....

Они́ ....

Past:

  Он ....

  Она́ ....

Conj. ....

</td><td>

получи́ть   Aspect:

Я ....

Ты полу́чишь ....

Они́ ....

Past:

  Он ....

  Она́ ....

Conj. ....

</td></tr>
<tr><td>

разводи́ться   Aspect:

Я ....

Ты разво́дишься ....

Они́ ....

Past:

  Он ....

  Она́ ....

Conj. .....

</td><td>

развести́сь   Aspect:

Я ....

Ты ....

Они́ разведу́тся ....

Past:

  Он ....

  Она́ ....

Conj. .....

</td></tr>
<tr><td>

умира́ть   Aspect:

Я ....

Ты умира́ешь ....

Они́ ....

Past:

  Он ....

  Она́ ....

Conj. ....

</td><td>

умере́ть   Aspect:

Я умру́ ....

Ты ....

Они́ ....

Past:

  Он у́мер ....

  Она́ ....

Conj. ....

</td></tr>
</table>

боя́ться   Aspect:

Я ....

Ты ....

Они́ боя́тся ....

Past:

  Он ....

  Она́ ....

  Conj. ....

ненави́деть   Aspect:

Я ....

Ты ненави́дишь ....

Они́ ....

Past:

  Он ....

  Она́ ....

  Conj. ....

снима́ть   Aspect:

Я ....

Ты снима́ешь ....

Они́ ....

Past:

  Он ....

  Она́ ....

  Conj. ....

снять   Aspect:

Я ....

Ты сни́мешь ....

Они́ ....

Past:

  Он ....

  Она́ ....

  Conj. ....

зака́нчивать   Aspect:

Я ....

Ты ....

Они́ зака́нчивают ....

Past:

  Он ....

  Она́ ....

  Conj. ....

зако́нчить   Aspect:

Я ....

Ты зако́нчишь ....

Они́ ....

Past:

  Он ....

  Она́ ....

  Conj. ....

Грамма́тика

воспи́тывать   Aspect:

Я ....

Ты ....

Они́ воспи́тывают ....

Past:

Он ....

Она́ ....

Conj. ....

воспита́ть   Aspect:

Я ....

Ты воспита́ешь ....

Они́ ....

Past:

Он ....

Она́ ....

Conj. ....

сиде́ть   Aspect:

Я ....

Ты сиди́шь ....

Они́ ....

Past:

Он ....

Она́ ....

Conj. ....

вести́   Aspect:

Я веду́ ....

Ты ....

Они́ ....

Past:

Он ....

Она́ ....

Conj. ....

взять   Aspect:

Я возьму́ ....

Ты ....

Они́ ....

Past:

Он ....

Она́ ....

Conj. ....

Имени́тельный паде́ж. You should already know the following frequently used adjectives:

бе́дный – poor	**лёгкий** – light, easy	
бога́тый – rich	**ма́ленький** – little, tiny	
бе́лый – white	**мла́дший** – younger	
большо́й – large, big	**мя́гкий** – soft, gentle	
ва́жный – important	**пра́вый** – right	**Soft-Stem Adjectives**
восто́чный – east(ern)	**се́верный** – north(ern)	
глу́пый – dumb, stupid	**серьёзный** – serious	**весе́нний** – spring
горя́чий – hot (to the touch)	**ску́чный** – boring, tedious	**вече́рний** – evening
гро́мкий – loud, raucous	**ста́рший** – older, elder	**зи́мний** – winter
до́брый – kind, good	**твёрдый** – hard	**ле́тний** – summer
дорого́й – dear, expensive	**ти́хий** – quiet	**ли́шний** – extra,
жа́ркий – hot	**тру́дный** – difficult, hard	superfluous
за́падный – west(ern)	**у́мный** – smart, clever, intelligent	**осе́нний** – fall, autumn
злой – mean, evil	**холо́дный** – cold	**после́дний** – last
интере́сный – interesting, good	**чёрный** – black	**у́тренний** – morning
looking	**чи́стый** – clean, pure	
ле́вый – left	**ю́жный** – south(ern)	

2–23   Give adjective-noun combinations that are opposite in meaning.

Образе́ц : за́падные шта́ты →   *восто́чные шта́ты*

1. ю́жные шта́ты ....

2. бе́лая руба́шка ....

3. бе́дный челове́к ....

4. гро́мкий го́лос ....

5. мя́гкий знак ....

6. у́мные де́ти ....

7. пра́вая рука́ ....

8. восто́чный бе́рег ....

9. у́тренняя газе́та ....

10. больша́я кварти́ра ....

11. холо́дная пого́да ....

12. холо́дная вода́ ....

13. пе́рвый раз ....

14. ле́тний семе́стр ....

15. мла́дший брат ....

2–24 Give singular forms.

1. серьёзные студе́нты ....

2. вече́рние газе́ты ....

3. дороги́е уче́бники ....

4. больши́е хоро́шие общежи́тия ....

5. ли́шние кни́ги ....

6. интере́сные специа́льности ....

7. ле́тние ку́рсы ....

8. до́брые лю́ди ....

9. ю́жные шта́ты ....

10. мла́дшие бра́тья ....

11. ста́ршие сёстры ....

12. америка́нские мужчи́ны ....

13. ру́сские же́нщины ....

14. после́дние пи́сьма ....

15. злы́е лю́ди ....

К стр.   58–61   Роди́тельный и да́тельный падежи́. *У кого́? К кому́? От кого́?*

2–25   Как вы э́то ска́жете?

Образец: [моя́ подру́га Та́ня]   →   Я ходи́л/а   к мое́й подру́ге Та́не.

Я был/а́   у мое́й подру́ги Та́ни.

Я пришёл/пришла́   от мое́й подру́ги Та́ни.

1. [Ни́на Серге́евна]

Я ходи́л/а ....

Я был/а́ ....

Я пришёл/пришла́ ....

2. [Ива́н Никола́евич]

Я ходи́л/а ....

Я был/а́ ....

Я пришёл/пришла́ ....

3. [ба́бушка и де́душка]

Я ходи́л/а ....

Я был/а́ ....

Я пришёл/пришла́ ....

4. [тётя и дя́дя]

Я ходи́л/а ....

Я был/а́ ....

Я пришёл/пришла́ ....

5. [Любо́вь Ива́новна]

Я ходи́л/а ....

Я был/а́ ....

Я пришёл/пришла́ ....

2–26   К кому́ вы идёте сего́дня ве́чером?

1. моя́ ста́ршая сестра́

....

2. на́ши ста́рые друзья́

....

3. его́ мла́дший брат

....

4. их мла́дшие бра́тья

....

5. но́вые ру́сские студе́нты

....

6. на́ши шко́льные преподава́тели

....

7. их хоро́шие знако́мые

....

8. на́ши ро́дственники

....

2–27 Повтори́м оконча́ния! Give the proper form of the italicized words. Add any necessary prepositions.

1. *на́ше общежи́тие*

    1. Сла́ва живёт ....

    2. Приходи́ сего́дня ....

    3. Он уе́хал ....

    4. Посмотри́! Вот ....

2. *интере́сная ле́кция*

    1. Мы ходи́ли ....

    2. Мы бы́ли ....

    3. Мы верну́лись ....

3. *профе́ссор Белозёрская*

    1. Зи́на была́ ....

    2. Вале́рий ходи́л ....

    3. Са́ша пришёл ....

    4. Мы ви́дели Све́ту ....

4. *его́ оте́ц*

    1. Ма́ша пошла́ ....

    2. Ната́ша была́ в больни́це ....

    3. Мы по́здно ве́чером ушли́ ....

    4. Мы получи́ли письмо́ ....

5. *А́нна Петро́вна*

    1. Там была́ ....

    2. Вы бы́ли вчера́ ....?

    3. Когда́ вы верну́лись ....?

    4. Вы пое́дете за́втра ....?

    5. Мы познако́мились с Любо́вью Серге́евной ....

2–28 Скажи́те по-ру́сски. Fill in the blanks of the Russian interpretation for the following narrative.

> **My Family**
> I have a large family that I always think about in this order: my grandparents, my mother and father, aunt Lyuba and uncle Kolya, and my cousins in the country Sasha, Vanya, Sveta and Lena. When I was seven, my mother and father got divorced and my grandparents moved in with us. My mother worked, and my grand-mother ran the house and took care of me. My grandfather still worked; he retired only a few years ago. I would always visit aunt Lyuba and uncle Kolya and my cousins in the country for the summer. We didn't have any pets at home, but aunt Lyuba and uncle Kolya had two dogs and three cats. My cousin Sveta had a horse that we all used to ride, and her brother Sasha had tropical fish, a turtle, and a snake that I hated. I guess you could say that this was a family that really loved animals.

Моя́ семья́

У меня́ _____ семья́, о _____ я

всегда́ ду́маю _____ :

_____ , ма́ма и па́па, тётя Лю́ба и дя́дя

Ко́ля и мои́ двою́родные _____ и _____

Са́ша, Ва́ня, Све́та и Ле́на кото́рые живу́т в дере́вне. Когда́ мне _____

_____ семь _____ , ма́ма и па́па _____

_____ и ба́бушка и де́душка _____ к нам. Ма́ма

рабо́тала, ___ ба́бушка _____ и ___

_____ меня́. Де́душка _____ рабо́тал, он вы́шел

на пе́нсию то́лько _____ наза́д. На ле́то я

всегда́ е́здил/а в дере́вню _____

_____ и свои́м _____

_____ . У нас до́ма не́ было _____

_____ , но у _____ и

_____

бы́ли _____ соба́ки и три _____ . У мое́й _____

_____ была́ ло́шадь, на _____ мы все е́здили, а у её

_____ бы́ли _____

_____ , кото́рую я _____ . Мо́жно сказа́ть, что э́то

была́ _____ , _____ о́чень люби́ла

_____ .

I grew up in the city, and they grew up in the country, but we often visited each other. I was always bored in the city. I really liked the country and always wanted to go to a university or college in a small town. That's why I go to this university/college. My cousins didn't like the country, and therefore they all went to big universities. My cousin Sveta goes to a big university in the East. She is ecstatic about the big city. She rents a huge apartment with some other women, and they all go to the theater, different concerts, and museums together. Her brother Sasha recently graduated and married a nice woman that he met his freshman year. I, of course, went to their wedding. I really liked the bride.

I'm a sophomore this year. I haven't declared my major yet because I don't know what I want to be. This year I really have a lot of work and I have to study a lot. There are some exchange students from Russia at our university. I really want to study in Russia, and I've already applied for a program in St. Petersburg for next semester. I hope I'm accepted.

Я рос/ла _____ , ___ они _____

_____ , но мы часто _____ друг к другу.

_____ мне всегда было _____ . Я очень

_____ деревню и всегда хотел/а _____ _____

в университете или колледже, который находится _____

_____ . Вот почему _____

_____ . _____ _____

_____не любили деревню

и поэтому они все _____в большие университеты.

Моя _____Света _____

_____на восточном побережье.

Она _____ от большого города. Она

_____огромную _____ с

другими девушками, и они все вместе _____ в театр,

на разные концерты, в музеи. Её брат Саша недавно _____

_____ . и _____ на симпатичной

девушке, с которой он познакомился _____

Конечно, я _____ на их свадьбе. Невеста мне очень _____

В этом году _____ . Я ещё _____

_____, потому что не знаю, _____я хочу

_____ . В этом году у меня очень много _____и мне надо

много _____ . В нашем университете учатся несколько студентов, которые

приехали _____ . Я очень хочу _____

_____ и я уже _____ на программу в Санкт-

Петербурге на следующий семестр. _____, что меня примут.

•Чте́ние для информа́ции

2–29 СА́ХАРОВ. Из автобиографи́ческой статьи́ «О себе́». *Ю́ность,* № 3, 1990.

1) Where was Saharov born?

....

2) What did his father do?

....

3) Where did he work after graduating from the university?

....

4) When did he go to graduate school?

....

5) What does the Western press call him according to this passage?

....

Поле́зные слова́:

интеллиге́нтный — cultured, educated
вое́нный — война —war
под руково́дством — under the guidance
учёный — scholar
защи́та диссерта́ции— dissertation defense
занима́вшуюся — кото́рая занима́лась
иссле́довательский — research
ору́жие — weapons
водоро́дный— hydrogen

There are compound words in Russian which consist of two roots joined together by a connecting vowel **O** or **E**. Analyze the words below. What are their parts? What do they mean?

ВЗАИМОПО́МОЩЬ — (взаи́мный – mutual)
ТРУДОЛЮ́БИЕ — (труд = рабо́та)
ТЕРМОЯ́ДЕРНЫЙ — (я́дерный – nuclear)

> Я роди́лся в Москве́, в интеллиге́нтной и дру́жной семье́. Мой оте́ц — преподава́тель фи́зики, а́втор ря́да широко́ изве́стных уче́бных и нау́чно-популя́рных книг. С де́тства я жил в атмосфе́ре поря́дочности, взаимопо́мощи, трудолю́бия и та́кта. В 1938 году́ я око́нчил сре́днюю шко́лу, поступи́л в Моско́вский госуда́рственный университе́т и око́нчил его́ в 1942 году́. В 1942—1945 года́х рабо́тал инжене́ром на вое́нном заво́де.
>
> В 1945—1947 года́х я был в аспиранту́ре под руково́дством изве́стного сове́тского учёного, фи́зика-теоре́тика И́горя Евге́ньевича Та́мма. Че́рез не́сколько ме́сяцев по́сле защи́ты диссерта́ции, весно́й 1948 го́да, я был включён в иссле́довательскую гру́ппу, занима́вшуюся пробле́мой термоя́дерного ору́жия. В за́падной печа́ти меня́ ча́сто называ́ют «отцо́м водоро́дной бо́мбы». Э́та характери́стика о́чень нето́чно отража́ет реа́льную ситуа́цию коллекти́вного а́вторства, о кото́рой я не бу́ду говори́ть подро́бно.

2–30 Некроло́г. Read the obituary written by Andrey Sakharov's widow Elena Bonner.

1. Read the text quickly to determine who Alexander Nekrich was.

....

2. Read the text again more carefully for more details: What did he write about? What does Elena Bonner say about him as a human being?

....

....

Ухо́дят друзья́…

У́мер А. Не́крич

У́мер Алекса́ндр Моисе́евич Не́крич. На 73-м году́ жи́зни. По́сле непродолжи́тельной, но мучи́тельной боле́зни. Челове́к удиви́тельной сме́лости[1] и че́стности. Сме́лости боево́го[2] офице́ра, проше́дшего войну́, и сме́лости учёного-исто́рика, пе́рвым в на́шей стране́ сказа́вшего пра́вду об э́той войне́. Кни́га «22 ию́ня 41-го» лиши́ла[3] Алекса́ндра Не́крича возмо́жности продолжа́ть рабо́ту исто́рика, лиши́ла за́работка[4] и куска́ хле́ба и лиши́ла Ро́дины, за кото́рую он сража́лся[5] на по́ле бо́я и за пи́сьменным столо́м. Эмигра́ция. И в Но́вом Све́те сно́ва напряжённая рабо́та — для свое́й Ро́дины, для пра́вды, для люде́й. Кни́га «Нака́занные[6] наро́ды» — пра́вда о ста́линских депорта́циях, о геноци́де наро́дов. Кни́га «Уто́пия у вла́сти[7]» — о становле́нии[8] тоталитари́зма.

Он был на́шим ли́чным дру́гом, Андре́я Са́харова и мои́м, дру́гом на́ших дете́й и на́ших вну́ков. И он был настоя́щим челове́ком. Проща́йте, Алекса́ндр Моисе́евич.

Еле́на Бо́ннер.
«Изве́стия» а́вгуст 1993

[1]bravery; [2]combat; [3]deprived; [4]wages, salary, earnings; [5]fought; [6]punished; [7]power, [8]establishment

Крокоди́л

1 В том гóроде, где жил дóктор, был цирк, а в ци́рке жил большóй	
2 Крокоди́л. Там его покáзывали лю́дям •за дéньги.	*for*
3 У Крокоди́ла •заболéли зýбы, и он пришёл к дóктору Айболи́ту лечи́ться.	*began to hurt*
4 Дóктор дал емý •чудéсного лекáрства, и зýбы •перестáли болéть.	*wonderful; ceased, stopped*
5 — •Как у вас хорошó! — сказáл Крокоди́л, •озирáясь по сторонáм и	*What a nice place you have!*
6 •обли́зываясь. — И скóлько у вас зáйчиков, пти́чек, мышéй! И все они́ таки́е	*looking around; licking his lips*
7 •жи́рные, вкýсные. •Позвóльте мне •остáться у вас навсегдá. Я не хочý	*fat; Permit; to remain*
8 возвращáться к •хозя́ину ци́рка. Он плóхо •кóрмит меня́, •бьёт, •обижáет.	*owner; feeds; beats; hurts my*
9 — Оставáйся, — сказáл дóктор. — Пожáлуйста! Тóлько, •чур: éсли ты	*feelings; watch out*
10 съешь •хоть однóго зайчи́шку, хоть однóго •воробья́, я •прогоню́ тебя́ •вон.	*just, even; sparrow; chase; far*
11 — •Лáдно, — сказáл Крокоди́л и •вздохнýл. — •Обещáю вам, дóктор, что	*away; OK; sighed; I promise*
12 не бýду есть ни зáйцев, ни бéлок, ни птиц.	
13 И стал Крокоди́л жить у дóктора.	
14 Был он •ти́хий. Никогó не •трóгал, лежáл себé •под •кровáтью и •всё	*quiet; touch; under; bed; всё*
15 дýмал о свои́х брáтьях и сёстрах, котóрые жи́ли •далекó-далекó в жáркой	*врéмя; far far away*
16 Áфрике.	
17 Дóктор полюби́л Крокоди́ла и чáсто разговáривал с ним. Но зла́я	
18 Варвáра •терпéть не моглá Крокоди́ла и •грóзно •трéбовала, чтóбы дóктор	*stand, bear, endure; sternly;*
19 •прогнáл его.	*demanded; kick out, get rid of*
20 — Ви́деть его́ не желáю! — кричáла онá. — Он такóй •проти́вный,	*repulsive*
21 •зубáстый! И всё •пóртит, •к чемý ни притрóнется. Вчерá съел мою́ зелёную	*large toothed; ruins; no matter*
22 ю́бку, котóрая •валя́лась у меня́ на окóшке.	*what he touches; was*
23 —И хорошó сдéлал, — сказáл дóктор. — •Плáтье нáдо •пря́тать в шкаф,	*lying around*
24 а не •бросáть на окóшко.	*clothing, dress; hide*
25	*throw*

26	— •Из-за э́того проти́вного Крокоди́ла, — продолжа́ла Варва́ра, — лю́ди	*because of*
27	боя́тся приходи́ть к тебе́ в дом. Прихо́дят •одни́ бедняки́, и ты не берёшь у	*only poor people*
28	них •пла́ты, и мы тепе́рь так •обедне́ли, что •нам не́ на что купи́ть себе́	*payment; стали бедными*
29	хле́ба.	*we don't have any money*
30	—Не ну́жно мне де́нег, — отвеча́л Айболи́т. — Мне и без де́нег	
31	•отли́чно. Зве́ри •нако́рмят и меня́ и тебя́.	*хорошо́; will feed*

2–31 По́няли ли вы текст? + пра́вильно; - непра́вильно

_____ 1. Крокоди́л рабо́тал в ци́рке.

_____ 2. У Крокоди́ла бы́ли прекра́сные зу́бы.

_____ 3. У Крокоди́ла заболе́ли зу́бы.

_____ 4. До́ктор пошёл в цирк лечи́ть Крокоди́ла.

_____ 5. Крокоди́лу не нра́вилось у до́ктора Айболи́та.

_____ 6. Крокоди́л интересова́лся мыша́ми, за́йчиками и пти́чками, кото́рые жи́ли

у до́ктора Айболи́та.

_____ 7. Крокоди́л хоте́л верну́ться в цирк.

_____ 8. Хозя́ин Крокоди́ла бил его́.

_____ 9. У Крокоди́ла был хоро́ший, до́брый хозя́ин.

_____ 10. Крокоди́л в цирк не верну́лся.

_____ 11. Крокоди́л съел то́лько одного́ за́йца.

_____ 12. Крокоди́л спал на крова́ти.

_____ 13. До́ктор о́чень полюби́л Крокоди́ла.

_____ 14. Варва́ра то́же полюби́ла Крокоди́ла.

_____ 15. Варва́ра хоте́ла, что́бы Крокоди́л верну́лся в цирк.

_____ 16. Крокоди́л съел блу́зку Варва́ры.

Друзья́ помога́ют

32	Варва́ра сказа́ла пра́вду: до́ктор •оста́лся без хле́ба. Три дня он сиде́л	*remained*
33	•голо́дный. У него́ не́ было де́нег.	*hungry*
34	Зве́ри, кото́рые жи́ли у до́ктора, уви́дели, что •ему́ не́чего есть, и ста́ли	*he had nothing to eat;*
35	его́ •корми́ть. Сова́ Бу́мба и сви́нка Хрю-Хрю •устро́или во дворе́ •огоро́д:	*to feed; set up, made; garden*
36	сви́нка •ры́лом •копа́ла •гря́дки, а Бу́мба •сажа́ла карто́шку. Коро́ва ка́ждый	*snout; dug; rows for vegetables*
37	день у́тром и ве́чером ста́ла •угоща́ть до́ктора свои́м молоко́м. •Ку́рица	*planted; to treat to; chicken*
38	•несла́ ему́ •я́йца.	*[here] laid; eggs*
39	И все ста́ли •забо́титься о до́кторе. Соба́ка А́вва •подмета́ла •полы́. Та́ня	*to take care of; swept; floors*
40	и Ва́ня вме́сте с обезья́ной Чичи •носи́ли ему́ во́ду из •коло́дца.	*carried; well*
41	До́ктор был о́чень дово́лен.	
42	— Никогда́ у меня́ в моём до́мике не́ было тако́й •чистоты́. Спаси́бо вам,	*cleanliness, neatness*
43	де́ти и зве́ри, за ва́шу рабо́ту!	
44	Де́ти ве́село улыба́лись ему́, а зве́ри в оди́н го́лос отвеча́ли:	
45	— Карабу́ки, марабу́ки, бу!	
46	На звери́ном языке́ э́то зна́чит:	
47	«Как же нам не •служи́ть тебе́? Ведь ты лу́чший наш друг».	*serve*
48	А соба́ка А́вва •лизну́ла его́ в •щёку и сказа́ла:	*licked; cheek*
49	—Абу́зо, мабу́зо, бах!	
50	На звери́ном языке́ э́то зна́чит:	
51	«Мы никогда́ не •поки́нем тебя́ и бу́дем тебе́ •ве́рными това́рищами».	*abandon, leave; faithful friends*

Обрати́те внима́ние:

Ему́ **не́чего** есть. He has nothing to eat. He doesn't have anything to eat.	Он **ничего́** не ест. He eats nothing. He doesn't eat anything.
Мне **не́куда** идти. I don't have anywhere to go. I have nowhere to go.	Я **никуда́** не иду́. I'm not going anywhere.

2–32 Can you give English equivalents for the following?

1. Им **не́где** жить.

....

2. Мне **не́ с кем** говори́ть по-ру́сски.

....

3. Нам **не́когда** с тобо́й говори́ть

....

4. Мне **не́чего** вам сказа́ть.

....

2–33 По́няли ли вы текст? + пра́вильно; – непра́вильно

_____ 1. Лю́ди боя́лись приходи́ть к до́ктору из-за Крокоди́ла.

_____ 2. У до́ктора бы́ло мно́го де́нег.

_____ 3. У до́ктора не́ было де́нег, и он три дня не ел.

_____ 4. Все его́ зве́ри ушли́, и он оста́лся оди́н.

_____ 5. Зве́ри ста́ли корми́ть до́ктора.

_____ 6. Зве́ри та́кже помога́ли по до́му.

_____ 7. У до́ктора в до́ме бы́ло о́чень гря́зно.

_____ 8. Варва́ра то́же мно́го помога́ла и гото́вила еду́.

_____ 9. Зве́ри бы́ли ве́рными това́рищами до́ктора.

2–34 Послете́кстовые зада́ния. Use a separate sheet of paper.

А. Write three or four sentences about the crocodile.

Б. Write three or four sentences about how the doctor's friends helped him.

•Как вы́учить слова́ (See Lesson 1 for a detailed explanation)

Step 1. Build clusters around these words. We'll help you do the first one.

1. университе́т

око́нчить университе́т // поступи́ть в университе́т // учи́ться в университе́те // на како́м вы ку́рсе // на како́м факульте́те

2. в восто́рге
3. ребёнок
4. Что но́вого?
5. расстро́ен/а

Чте́ние для удово́льствия   51

6. самостоя́тельно
7. бере́менна
8. боя́ться
9. восто́к
10. учи́ться
11. анке́та

Step 2. A. Check to see if you know how to say that:

1. someone stays at home;
2. you started college ... years ago;
3. you like/do not like to live by yourself;
4. that you are renting/want to rent an apartment;
5. that your sister/brother is much older/much younger;
6. a friend is married;
7. a friend is pregnant;
8. you are worried;
9. you are happy;
10. you are nervous;
11. you are tired;
12. you are hungry;
13. you are angry;
14. everything is fine;
15. you lost something;
16. you feel frustrated;
17. you are scared.

B. Be sure you know how to ask these questions. You probably know more than one way to ask them.

1. What's new?
2. How are things?
3. Is there any news?
4. What's happened?
5. What's the matter?

C. What will you say in response?

1. Что с тобо́й?
2. Что случи́лось?
3. Что произошло́?
4. Как дела́?
5. Каки́е но́вости?
6. Что но́вого?

D. We all lose books, money, umbrellas, and lots of other things. Try to remember any items that you have lost, when, and where, and whether you have found them.

Что потеря́ли?	Когда́?	Где?	Нашли́?

E. Can you list in Russian all the things that you carry in your wallet?

Step 3. Think about your family and say as much as you can about your parents, grandparents, brothers, and sisters. Remember how to say where they live, where they grew up, what they do, what they enjoy doing, etc.

•Фоне́тика и интона́ция

3–1   Произноше́ние. Before practicing the conversations, practice these words and phrases. Pay special attention to the pronunciation of [*е*] and [*я*] in the syllables before the stress in each word:

In syllables before the stress, the Russian vowels [*е*] and [*я*] are pronounced like an unstressed [*и*]. Remember that this is a short sound. The consonants [*ч*] and [*щ*] are always pronounced "soft," and an unstressed [*а*] after them is pronounced as though it were an unstressed [*я*].

Remember that prepositions are pronounced as part of the next word.

вчера́   интере́сно

почему́   два часа́

семи́   часы́

у меня́   до пяти́ часо́в

четы́ре   с девяти́ до десяти́

челове́к   язы́к

репети́ция   языка́

репети́ровать

седьмо́й   перевести́ — перевёл — перевела́

среда́   переда́ть — переда́л — передала́

четве́рг   на́чал — начала́

университе́т   по́нял — поняла́

телефо́н   при́нял — приняла́

литерату́ра

Repeat the following words after the speaker. Pay particular attention to the pronunciation of the unstressed vowel [*е*] at the beginning of these words.

его́

её

Еле́на

Екатери́на

Евро́па

•Listening comprehension:

3–2 Дикта́нт. Transcribe the following narrative.

....

....

....

....

....

....

Фоне́тика и интона́ция   53

....

....

....

....

....

....

....

3–3 Расписа́ние. Listen and take down the times.

Говори́т университе́тское ра́дио.   Передаём расписа́ние рабо́ты магази́нов, рестора́нов, библиоте́к и спорти́вного ко́мплекса на террито́рии университе́та.

1. Кни́жный магази́н рабо́тает семь дней в неде́лю с .... до ....

2. По понеде́льникам, сре́дам и пя́тницам библиоте́ка откры́та с .... утра́ до

.... ве́чера.

3. По суббо́там и воскресе́ньям библиоте́ка откры́та с .... до ....

4. Чита́льный зал закры́т на обе́д с .... до ....

5. Кафе́ «Жар-пти́ца» откры́то с .... утра́ до .... но́чи.

6. Рестора́н «Друг студе́нта» откры́т с .... ве́чера до .... но́чи.

7. Университе́тский бассе́йн откры́т с .... до .... С .... до .... прохо́дят трениро́вки университе́тской кома́нды по во́дному по́ло.

3–4 Письмо́ от Ка́тиной подру́ги .   Listen to the letter from Katya's girlfriend twice and answer the questions.

1. What subjects is she taking this year?

....

2. Where did her English instructor go to school?

....

3. Write down the questions Galya is asking.

....

....

....

....

3–5 Подслу́шанные разгово́ры.

Разгово́р   1. What does one have to do to get into a Russian university?

....

Разгово́р   2. Do Russian students take oral or written exams?

....

Разгово́р 3. When are they going to jog?

....

Разгово́р 4. Why does he have to get up so early?

....

Разгово́р 5. Why does one of the students have to study tonight?

....

Разгово́р   6. Why hasn't she sent in her application for the summer program?

....

Разгово́р 7. What did Katya say when Eric said «здра́вствуйте»?

....

Разгово́р 8. Why can't Kostya go to the concert?

....

3–6 Радиорепорта́ж. По страни́цам сего́дняшних газе́т. Интервью́ с Игна́том Солжени́цыным.

Поле́зные слова́:

гастро́ли — artistic tour
Ро́дина — motherland
фе́рма — farm
дирижёр — orchestra conductor
име́ть значе́ние — to be significant
бу́дущее — future

1) Who is Ignat Solzhenitsyn?

....

2) Why did he go to Russia?

....

3) Where did he grow up?

....

4) What does he say about Russia and the USA?

....

3–7 Ле́кция. Бу́дьте ве́жливыми! Так при́нято у ру́сских. О ру́сских имена́х. Listen and fill in the blanks.

Сего́дня мы поговори́м о ру́сских имена́х.

Любо́вь Серге́евна Белозёрская преподаёт в университе́те.

......................, ... — мо́гут называ́ть её знако́мые. ....,

......................, ..., ... — так её называ́ют роди́тели, муж, друзья́, кото́рые давно́ её

Упражне́ния на понима́ние   55

зна́ют. .... — называ́ли её други́е де́ти во вре́мя ссо́ры, когда́ она́ была́ ма́ленькой.

....— так её называ́ют колле́ги по рабо́те, студе́нты.

....— так представля́ют её при официа́льном знако́мстве.

У ка́ждого ру́сского есть и́мя, ... и .... О́тчество — э́то и́мя отца́ с су́ффиксом ...., ... для же́нщины и ...., ... для мужчи́ны. Отца́ Любо́ви зову́т ...., поэ́тому её о́тчество .... У .... есть брат, кото́рого зову́т .... Зна́чит, его́ по́лное и́мя ....

Обрати́те внима́ние на то, каки́е оконча́ния име́ют же́нские и мужски́е фами́лии.

И́мя	О́тчество	Фами́лия
Любо́вь	Серге́евна	Белозе́рская
Никола́й	Серге́евич	Белозе́рский
Екатери́на	Никола́евна	Моро́зова
Вале́рий	Никола́евич	Моро́зов
О́льга	Евге́ньевна	Ла́рина
Оле́г	Евге́ньевич	Ла́рин

Е́сли ребёнку даю́т тако́е же и́мя как у отца́, его́ бу́дут называ́ть Ива́н ...., Алекса́ндр .... и т.д.

Как пра́вило, де́ти но́сят фами́лию ...., но иногда́ (наприме́р, е́сли роди́тели .... и́ли не́ были ....) де́ти но́сят фами́лию ....

Когда́ лю́ди ...., жена́ мо́жет взять фами́лию .... и́ли оста́вить ....де́вичью фами́лию. Е́сли .... внебра́чный ребёнок, то мать мо́жет дать ему́ любо́е .... по своему́ вы́бору.

Типи́чные ру́сские фами́лии ока́нчиваются на ....(Ла́рина)......................... (Гу́сев) и́ли .... (Белозе́рская). Но .... всегда́ жи́ли не то́лько ...., но и лю́ди други́х ...., поэ́тому встреча́ется мно́го и .... фами́лий. Наприме́р, ча́сто встреча́ются .... фами́лии, кото́рые ока́нчиваются на –о (Сема́шко), ...фами́лии (Бергельсо́н), ... фами́лии (Акопя́н), ... фами́лии, кото́рые ока́нчиваются на - шви́ли и други́е.

•Лекси́ческие упражне́ния

3–8 К разгово́ру «**Марк извиня́ется**». How will you say the following?

1. Tell your friends that your car is not running and that you can't pick them up tonight.

....

....

2. Ask your friends what they intend to do tonight.

....

3. Tell your friends that you'll pick them up in an hour and a half.

....

4. Tell your friends you're sorry you didn't call them last night.

....

5. You weren't able to pick up your friends last night. Apologize and explain what happened.

....

....

....

3–9 К разгово́ру «**Встре́тимся по́сле четырёх**». How will you say the following?

1. Ask your friends if they're planning on going to church Sunday morning.

....

2. Ask your friends if they're planning to go swimming tomorrow afternoon.

....

3. Suggest to your friends that you meet after three at the pool.

....

4. Suggest to your friends that you meet at your place tomorrow after church and then go to a restaurant.

....

....

5. Ask your friends what they usually do on the weekend.

....

6. Ask your friends how many times a week they go to the pool to swim.

....

....

7. Tell your friends that you usually go home to see your parents for the weekend.

....

....

8. Tell your friends why you can't go to the movies with them.

....

....

....

3–10 Напиши́те отве́т на запи́ску.

....

....

....

> Приве́т! Мы с Диа́ной собира́емся на ру́сский фильм в пя́тницу ве́чером. Начина́ется в 8.00. Пойдёшь с на́ми?
> Са́ша

....

....

....

....

3–11 Write a note inviting a friend to go swimming.

....

....

....

....

3–12 Как вы ска́жете? К разгово́ру «**Извини́те, что опозда́л/а**».

1. Ask your friends why they are so late.

....

2. Apologize to your friends for being late.

....

3. Ask your friend if his/her watch is slow.

....

3–13 Часы́. Поста́вьте слова́ в ско́бках в пра́вильной фо́рме. Before doing this exercise review the verbs pertaining to clocks and watches (see textbook, p 79).

Мой ста́рые часы́ [ran] .... о́чень пло́хо. Я их [would wind up]

.... ка́ждое у́тро, но они́ ча́сто [would stop]

...., всегда́ [would run slow] .... и да́же вре́мя

от вре́мени [would run fast] .... Из-за них я всегда́ опа́здывал/а на ле́кции и

встре́чи, никогда́ не приходи́л/а во́время. Все меня́ руга́ли, а я всё вре́мя извиня́лся/-ась. Вчера́ я

пропусти́л/а ва́жную контро́льную рабо́ту по фи́зике и получи́л/а дво́йку. Тогда́ друзья́ собра́ли де́ньги

и купи́ли мне но́вые электро́нные [watch] .... с буди́льником. [This watch

runs perfectly] ...., никогда́ не [runs slow]

...., [run fast] ....

Тепе́рь моя́ жизнь ста́ла совсе́м тяжёлой: я бо́льше не могу́ опа́здывать. А как [runs] ....

.............................ва́ши часы́?

Отве́т: ....

....

....

3–14 Запи́ска. Write a note to your Russian instructor apologizing for missing a class. State the reasons.

....

....

....

....

....

....

3–15 К разгово́ру «На чём ты игра́ешь?» (use a separate sheet of paper)

You are an exchange student in Russia.

    1. You want to form a band or a singing group. Write an announcement inviting other students to join. Specify the days you'll rehearse.

    2. Your group will give a concert. Design a poster announcing the event.

3–16 Поста́вьте слова́ в ско́бках в пра́вильной фо́рме. Before doing this exercise review the verbs pertaining to sleeping and waking up (see textbook, p 82).

С тех пор как Са́ша поступи́ла в университе́т, она́ о́чень ма́ло [*sleeps*]_____,

потому́ что у неё так мно́го дел. Иногда́ она́ [*goes to bed*] _____

то́лько в два часа́ но́чи, а в семь утра́ уже́ ну́жно [*to get up*] _____. Коне́чно,

она́ не [*doesn't get enough sleep*] _____. Поэ́тому иногда́

она́ [*falls asleep*] _____ на ле́кции. На про́шлой

неде́ле ей на́до бы́ло прие́хать в университе́т в 8 утра́, потому́ что у неё была́ встре́ча с преподава́телем,

чтобы обсуди́ть курсову́ю рабо́ту, но она́ [*overslept*] _____ и [*woke*

up] _____ то́лько в полови́не девя́того. На́до бы́ло позвони́ть и

извини́ться. Са́ша реши́ла, что тепе́рь она́ [*will go to bed*] _____

ра́ньше.

А когда́ вы [*go to bed*] _____ и [*get up*]

_____?

Отве́т: _____

3–17 К дневнику́ Ма́рка. Э́то ваш дневни́к. Напиши́те, что вы де́лали в сре́ду или в четве́рг на э́той и́ли на про́шлой неде́ле.

	Среда́/Четве́рг
У́ТРОМ	
ДНЁМ	
ВЕ́ЧЕРОМ	

3–18 In a letter, tell a friend in Russia about your classes and schedule this term. Complain that this is a difficult term.

....

....

....

....

....

....

....

....

....

....

....

....

3–19 Ко всем текстам: **Скажи́те по-ру́сски**. Да́йте ру́сские эквивале́нты.

А. Употреби́те **"Прости́те"** и́ли **"Извини́те"**.

1. I'm sorry, I've overslept.

....

2. I'm sorry, my car broke down.

....

3. I'm sorry, I forgot to set my alarm clock.

....

4. I'm sorry, I was an hour late.

....

Б. Употреби́те **«пора́»**.

1. It's time to go to bed.

....

2. It's time to get up.

....

3. It's time to go to school.

....

4. It's time to write my paper.

....

5. It's time to go to work.

....

6. It's time to study for my exam.

....

В. Употреби́те   «*собира́ться*».

   1. I'm going to the library.

....

   2. Are you going to the lecture?

....

   3. We are going to a concert.

....

   4. She is going to see a Russian movie.

....

   5. Who is going to the cafeteria?

....

   6. Are you going to church on Saturday?

....

   7. I'm going swimming tonight.

....

3–20 Соста́вьте предложе́ния.   Add prepositions if necessary and make other changes.

1. Вчера́ Марк/ не прийти́/ заня́тия/ потому́ что/ он / проспа́ть.

....

....

2. Почему́/ ты/ не/ позвони́ть? Что / пройзойти́?

....

3. Сего́дня у́тром Марк/ прийти́сь/ чини́ть/ маши́на.

....

4. Воскресе́нье/ у́тро/ Ма́ша / быть / це́рковь.

....

5. Он / зайти́ / я / о́коло / четы́ре / час.

....

6. Како́й / университе́т / поступи́ть / ваш / сестра́/ про́шлый / год ?

....

7. Про́шлый семе́стр/ я / хотеть / записа́ться / курс / программи́рование.

....

....

8. Какие / инструме́нты / вы / игра́ть / де́тство?

....

9. Про́шлый / неде́ля / я / рабо́тать / вто́рник/ и / пя́тница/ до / час/ ночь.

....

....

10. Вчера́/ ве́чер / мы / собира́ться / пойти́ / конце́рт.

....

11. Вчера́ я [was so tired] / что/ спать/ де́вять / ве́чер / оди́ннадцать / утро.

....

....

12. А́ня / завести́ / буди́льник / и / лечь / спать.

....

13. Сего́дня / у́тро / мы / просну́ться / по́сле / во́семь.

....

3–21 Дневни́к. Give a Russian rendition of the following narrative.

Monday, Oct. 10

It was a terrible day today. I only went to bed at one in the morning and overslept this morning. My car broke down and I had to take the bus to the university. The bus was late and I waited one and a half hours for it. Of course, I was late for class. I work from one to five. After class I went to work and from there to the library. There I realized [saw] that I didn't have my ID with me, and I couldn't check out any books. This evening I planned to go to the movies, but I was late. When I got to the dorm, my friends were already gone. What can I do? Monday's a hard day.

....

....

....

....

....

....

....

....

....

....

3–22 Глаго́лы. Give the missing forms.

волнова́ться	Aspect:
Я волну́юсь	....
Ты	....
Они́	....
Past:	
Он	....
Она́	....
Conj.....	

спать	Aspect:
Я	....
Ты спишь	....
Они́	....
Past:	
Он	....
Она́	....
Conj.....	

просыпа́ться	Aspect:
Я просыпа́юсь	....
Ты	....
Они́	....
Past:	
Он	....
Она́	....
Conj.....	

просну́ться	Aspect:
Я просну́сь	....
Ты	....
Они́	....
Past:	
Он	....
Она́	....
Conj.....	

буди́ть	Aspect:
Я	....
Ты бу́дишь	....
Они́	....
Past:	
Он	....
Она́	....
Conj.....	

звони́ть   Aspect:

Я ....

Ты ....

Они́ звоня́т ....

Past:

  Он ....

  Она́ ....

Conj. .....

чини́ть   Aspect:

Я ....

Ты чи́нишь ....

Они́ ....

Past:

  Он ....

  Она́ ....

Conj. .....

боя́ться   Aspect:

Я ....

Ты бои́шься ....

Они́ ....

Past:

  Он ....

  Она́ ....

Conj. .....

ста́вить   Aspect:

Я ....

Ты ста́вишь ....

Они́ ....

Past:

  Он ....

  Она́ ....

Conj. .....

заводи́ть   Aspect:

Я ....

Ты заво́дишь ....

Они́ ....

Past:

  Он ....

  Она́ ....

Conj. .....

завести́   Aspect:

Я заведу́ ....

Ты ....

Они́ ....

Past:

  Он ....

  Она́ ....

Conj. .....

отстава́ть   Aspect:

Я отстаю́ ....

Ты ....

Они́ ....

Past:

   Он ....

   Она́ ....

Conj. .....

отста́ть   Aspect:

Я отста́ну ....

Ты ....

Они́ ....

Past:

   Он ....

   Она́ ....

Conj. .....

встава́ть   Aspect :

Я встаю́ ....

Ты ....

Они́ ....

Past:

   Он ....

   Она́ ....

Conj. .....

встать   Aspect:

Я вста́ну ....

Ты ....

Они́ ....

Past:

   Он ....

   Она́ ....

Conj. .....

забы́ть   Aspect:

Я ....

Ты ....

Они́ забу́дут ....

Past:

   Он ....

   Она́ ....

Conj. .....

репети́ровать   Aspect:

Я ....

Ты репети́руешь ....

Они́ ....

Past:

   Он ....

   Она́ ....

Conj. .....

выступа́ть	Aspect:
Я	....
Ты	....
Они́ выступа́ют	....
Past:	
Он	....
Она́	....
Conj......	

вы́ступить	Aspect:
Я	....
Ты вы́ступишь	....
Они́	....
Past:	
Он	....
Она́	....
Conj......	

3–23 Write 8 - 10 sentences with these verbs. Use a separate sheet of paper.

3–24 Повтори́м падежи́.   Give the proper form of the italicized words. Add any necessary prepositions.

1. *заявле́ние*

Что ты пи́шешь .... ?

— Отку́да вы зна́ете э́ти фа́кты?

— Из ва́шего ....

Пожа́луйста, прочита́й моё ....

2. *Со́фья Влади́мировна*

Ли́ну воспи́тывала .... ?

Когда́ Ли́на поступи́ла в университе́т, она́ снача́ла жила́ ....

....

В суббо́ту мы хоти́м пое́хать ....

3. *правосла́вная це́рковь*

В воскресе́нье мы пое́дем ....

Они́ то́лько что верну́лись ....

В про́шлое воскресе́нье они́ бы́ли ....

4. *мече́ть*

Вы когда́-нибу́дь бы́ли ....,...,.... ?

Грамма́тика   **67**

Вы когда-нибудь ходили ....?

Когда они вернутся ....?

5. *репетиция*

Мне пора. Я должна идти ....

Ты поздно вернёшься ....?

— Где Мила была весь вечер?

— ....

Родительный падеж.

3–25 Use the negative construction to indicate that you don't have something.

Образец:

МНЕ ПРИСНИЛСЯ СОН: В РЕАЛЬНОСТИ:

I dreamed that: In reality:

Сегодня у меня есть деньги.   *У меня нет денег.*

1. У меня есть свободное время.

....

2. У меня есть новая машина.

....

3. У меня есть большой дом.

....

4. У меня есть велосипед.

....

5. У меня есть собака и кошка.

....

6. У меня есть брат и сестра.

....

3–26 Сегóдня и вчерá.

Образéц: Сегóдня у нас встрéча с нóвыми рýсскими студéнтами.   →

   А вчерá у нас нé было встрéчи с нóвыми рýсскими студéнтами .

1. Сегóдня у меня большóе домáшнее задáние.

....

2. Сегóдня вéчером у Пéти свидáние.

....

3. Сегóдня у Áни контрóльная по рýсскому языкý.

....

4. Сегóдня у Лёвы репетúция оркéстра.

....

5. Сегóдня есть слýжба в цéркви.

....

6. Сегóдня у Волóди консультáция с профéссором.

....

3–27 Как писáть чúсла по-рýсски.

Note how Russians write dates: 8.IV= восьмóе апрéля

день   мéсяц

Образéц: Онú приéдут 4.V. и уéдут 7.VI.   → ***Онú приéдут четвёртого мáя и уéдут седьмóго úюня*** .

1. Онú приéдут 3.IX и уéдут 9.X.

....

2. Онú приéдут 11.VI и уéдут 13.VII.

....

3. Мáма приéдет 28.II и уéдет 1.IV.

....

4. Марк поéдет домóй 20.XI, а вернётся 27.XII.

....

....

Граммáтика

5. Я пое́ду в Росси́ю 22. III, а верну́сь 4. V.

....

....

3–28 Мой день. Put the words in brackets into the proper form. Do not change word order; write out all numerals.

1. Я обы́чно встаю́ о́коло [7, час, у́тро].. , а

   ложу́сь спать часо́в в [12] ....

2. С [10 час, у́тро].. до [2, час, день]

   ....я на заня́тиях в университе́те.

3. О́коло [3, час] .... я уже́ до́ма, немно́го

   отдыха́ю и по́сле [4, час] ....сажу́сь

   занима́ться.

4. Занима́юсь обы́чно [час, до, 8, ве́чер].., а

   пото́м де́лаю переры́в *(break)* на час. С [8, час].. до [9,

   час] ....чита́ю газе́ты, смотрю́

   но́вости по телеви́зору, у́жинаю.

5. По́сле [9, час, ве́чер].. я сно́ва

   занима́юсь [час, до, 11].. . Пото́м

   немно́го чита́ю, а с [12, час, ночь].. до

   [7, час, у́тро].. сплю как уби́тый / уби́тая[1].

Вини́тельный паде́ж.

3–29 Кого́ она́ ви́дела? Use the accusative case.

Вчера́ в шко́ле, кото́рую И́ра око́нчила де́сять лет наза́д, был ве́чер встре́чи *(reunion)*. Как то́лько она́

вошла́ в зда́ние, она́ уви́дела [свой люби́мый учи́тель Пётр Игна́тьич] ....

....В оди́ннадцатом кла́ссе

он преподава́л ей [вы́сшая матема́тика] ....

Пото́м встре́тила [Лю́ба Нико́льская].. и

---

[1]уби́тый / уби́тая - *killed, murdered;*   спать как уби́тый = *to sleep like the dead*

[её мать Али́са Серге́евна .... , кото́рая

преподава́ла [му́зыка] .... По́сле э́того уви́дела [А́лик Петро́вский]

.... и [Васи́лий Степа́нов] ....

.... Оказа́лось, что они́ уже́ око́нчили [вое́нная акаде́мия].

.... и о́ба

бы́ли офице́рами. Йра уже́ собира́лась уходи́ть, когда́ вдруг уви́дела [незнако́мый челове́к]

.... , кото́рый внима́тельно смотре́л

на неё. Она́ не́сколько раз посмотре́ла на [э́тот мужчи́на] .... и

вдруг узна́ла [он] .... , но в э́то вре́мя он вы́шел из ко́мнаты. Йра была́ расстро́ена — она́ не

узна́ла [свой лу́чший друг] .... с пе́рвого

кла́сса [Йгорь Ники́тин] ....

Имена́, кото́рые зна́ют все ру́сские: Алекса́ндр Ива́нович Куприн (1870–1938)

СЛОН

I

1 Ма́ленькая де́вочка °нездоро́ва. Ка́ждый день к не́й хо́дит до́ктор	больна́
2 Михаи́л Петро́вич, кото́рого она́ зна́ет уже́ °давны́м давно́. А иногда́ он	long, long ago
3 °приво́дит с собо́й ещё дву́х докторо́в, незнако́мых. Они́	brings
4 °перевора́чивают де́вочку на °спи́ну и на °живо́т, слу́шают что́-то,	turn; back; abdomen
5 °приложи́в °у́хо к °те́лу, °оття́гивают вни́з глазны́е °ве́ки и смо́трят. При	putting; ear; body; lower; lids
6 э́том они́ говоря́т ме́жду собо́й на непоня́тном языке́. Пото́м они́	
7 перехо́дят из °де́тской в °гости́ную, где их °дожида́ется ма́ма. Са́мый	nursery; livingroom; ждёт
8 °гла́вный до́ктор — высо́кий, седо́й, в °золоты́х очка́х — расска́зывает ей	the main, chief; gold (framed)
9 о чём-то серьёзно и до́лго. Дверь не закры́та, и де́вочке с её °крова́ти	
10 всё ви́дно и слы́шно. Мно́гого она́ не понима́ет, но зна́ет, что речь идёт о	bed
11 ней. Ма́ма °гляди́т на до́ктора больши́ми, уста́лыми, °запла́канными	смо́трит
12 глаза́ми. °Проща́ясь, гла́вный до́ктор говори́т гро́мко:	tear stained; saying goodbye
13 —Гла́вное, °не дава́йте ей скуча́ть. °Исполня́йте все её капри́зы.	don't let, allow; Fulfill

3–30 По́няли ли вы текст?   + пра́вильно; — =непра́вильно

_____1. Ма́ленькая де́вочка больна́.

_____2. Ма́ленькая де́вочка здоро́ва.

_____3. К ней хо́дит до́ктор.

_____4. Он к ней хо́дит ка́ждую неде́лю.

_____5. Други́е доктора́ то́же хо́дят к ней.

_____6. Са́мый гла́вный до́ктор высо́кий.

_____7. У до́ктора седы́е во́лосы.

_____8. Доктора́ не говоря́т по-ру́сски.

_____9. До́ктор но́сит очки́.

_____10. До́ктор до́лго разгова́ривает с ма́мой.

_____11. Э́то серьёзный разгово́р.

_____12. Ма́ма смо́трит на до́ктора весёлыми глаза́ми.

_____13. До́ктор говори́т ма́ме, что́бы она́ не дава́ла де́вочке скуча́ть.

_____14. До́ктор говори́т ма́ме, что́бы она́ исполня́ла все её капри́зы.

14 —Ах, до́ктор, но она́ ничего́ не хо́чет.	
15 — Ну, не зна́ю … вспо́мните, что ей нра́вилось ра́ньше, до	
16 боле́зни. °Игру́шки … каки́е-нибудь °ла́комства.	toys; tasty delights
17 — Нет, нет, до́ктор, она́ ничего́ не хо́чет.	
18 — Даю́ вам °че́стное сло́во, что, °е́сли вам уда́стся её	my word of honor; if you can
19 °рассмеши́ть, °развесели́ть, то э́то бу́дет лу́чшим лека́рством. °Пойми́те	make her laugh, cheer her up
20 же, что ва́ша до́чка больна́ °равноду́шием к жи́зни, и °бо́льше ниче́м…	<поня́ть; indifference
21 До свида́ния, °суда́рыня!	nothing else; m'am
22 — Ми́лая На́дя, ми́лая моя́ де́вочка, — говори́т ма́ма, — не	
23 хо́чется ли тебе́ чего́-нибудь?	

24   — Нет, ма́ма, ничего́ не хо́чется.

25   Я ничего́, ничего́ не хочу́. Мне так ску́чно!

26   — Хо́чешь, я тебе́ принесу́ шокола́ду? [1]

27   Но де́вочка не отвеча́ет и смо́трит в °потоло́к °неподви́жными,   *ceiling*

28   невесёлыми глаза́ми. У неё ничего́ не боли́т и да́же нет °жа́ру. [1]   Так   *motionless*

29   лежи́т она́ це́лые дни и це́лые но́чи, ти́хая, печа́льная.   *температу́ра*

30

3–31 По́няли ли вы текст?   + =пра́вильно; — непра́вильно

_____1. Ма́ма говори́т до́ктору, что де́вочка что-то хо́чет.

_____2. До́ктор говори́т ма́ме, что́бы она́ вспо́мнила, что нра́вилось де́вочке ра́ньше.

_____3. До́ктор говори́т, что смех — э́то са́мое лу́чшее лека́рство.

_____4. Де́вочка больна́ гри́ппом.

_____5. Де́вочке ску́чно.

_____6. Де́вочке хо́чется шокола́ду.

_____7. Де́вочка всё вре́мя смо́трит в потоло́к.

_____8. Де́вочка всё вре́мя спит.

_____9 Де́вочка це́лые дни и но́чи лежи́т в крова́ти.

31   Когда́ из де́тской °отво́рена две́рь в гости́ную, и из гости́ной   *откры́та*

32   да́льше в кабине́т, то де́вочка ви́дит па́пу. Па́па хо́дит бы́стро из °угла́ в

33   °у́гол и °всё ку́рит, ку́рит. Иногда́ он прихо́дит в де́тскую, сади́тся на °край   *corner to corner; всё вре́мя*

34   °посте́льки. Пото́м вдруг встаёт и отхо́дит к окну́. Пото́м он опя́ть бе́гает   *edge; bed*

35   из угла́ в у́гол и всё … ку́рит, ку́рит, ку́рит … И кабине́т от таба́чного

36   °ды́ма де́лается весь °си́ний.   *smoke; dark blue*

                                    [*продолже́ние сле́дует*]

3–32 По́няли ли вы текст?   + пра́вильно; — непра́вильно

_____1. У де́вочки есть па́па.

_____2. Па́па нахо́дится в своём кабине́те.

_____3. Па́па всё вре́мя сиди́т в своём кре́сле.

_____4. Па́па никогда́ не прихо́дит в де́тскую.

_____5. Па́па мно́го ку́рит.

3–33 Ко́ротко. In four or five sentences describe the main events in the story. Use a separate sheet of paper.

3–34 Write a few words about each of the characters. Use a separate sheet of paper.
    На́дя
    ма́ма
    па́па
    до́ктор

3–35 Write a paragraph about what you expect to happen next. Use a separate sheet of paper.

_____

[1]**шокола́ду, жа́ру** — A few Russian nouns have alternate genitive singular forms ending in **-у / -ю**. In your elementary course you may have learned expressions such as **вы́пить ча́ю** (to have some tea), **мно́го наро́ду** (a lot of people), **ни ра́зу** (not once, not a single time).

Как вы́учить слова́ (See Lesson 1 for a detailed explanation)

Step 1. Build clusters around these words.

    1. слома́ться

    2. це́рковь

    3. воскресе́нье

    4. о́чередь

    5. проспа́ть

    6. волнова́ться

    7 репети́ция

    8. выступа́ть

    9. игра́ть

    10. позвони́ть

Step 2. A. Be sure you know how to say that:

    1. you're busy;

    2. you had a bad day;

    3. you have been preparing for an exam;

    4. you have a rehearsal tonight;

    5. you had to wait in line;

    6. your computer broke down and you have to repair it;

    7. you were late for class yesterday.

B. Do you remember the days of the week in Russian?

    B.1 What day comes after

        вто́рник —

        пя́тница —

        воскресе́нье —

        среда́ —

    B.2 How do you say in Russian:

        on Monday; on Tuesday; on Wednesday, etc.

C. Be sure you know how to ask these questions. You probably know more than one way to ask them.

    1. What's happened?

    2. What's the matter?

D. What can you say to apologize?

E. Think of a bad day you had recently. List all the things that went wrong.

    Когда́ э́то бы́ло?   В како́й день неде́ли?   Что случи́лось?   Почему́?

Step 3. Think about a day last/this week when you were especially busy and describe it.

•**Фоне́тика и интона́ция**

4–1 Произноше́ние. Voiced consonants devoice *(are pronounced voiceless)* at the end of a word. Listen to the following pronunciations. Note the pronunciation of the final consonant of each word.

б → п	д → т	г → к	з → с	ж → ш	в → ф
хлеб	го́род	четве́рг	газ	муж	Ивано́в
клуб	Но́вгород	пиро́г	моро́з	нож	плов
автоклу́б	по́езд	лёг	вёз	ёж	це́рковь
зуб	наро́д	мог	привёз	молодёжь	Любо́вь
дуб	род	флаг			Че́хов
	о́чередь	друг			
	пло́щадь	снег			
	дождь	Оле́г			
	Волгогра́д	круг			
		сапо́г			

Now repeat the following words after the speaker:

хлеб	четве́рг	вёз
клуб	пиро́г	привёз
автоклу́б	лёг	муж
зуб	мог	нож
го́род	флаг	ёж
Но́вгород	друг	
по́езд	снег	Макси́мов
наро́д	Оле́г	Смирно́в
род	круг	Ивано́в
о́чередь	сапо́г	плов
пло́щадь	Санкт-Петербу́рг	це́рковь
дождь	газ	Любо́вь
	моро́з	

Assimilation:

1. A voiced consonant before a voiceless consonant devoices. Listen to the following pronunciations.

во́дка	оши́бка
ре́дко	коро́бка
а́втор	ло́дка
космона́вт	ло́жка
улы́бка	ска́зка

2. A voiceless consonant before a voiced consonant becomes voiced.

экза́мен	футбо́л	сбить
вокза́л	о́тдых	про́сьба
та́кже	отда́ть	Как вас зову́т?
	сде́лать	

Remember that prepositions are pronounced as part of the following word and that the same rules of assimilation apply to them:

в клу́бе	из клу́ба
в Кана́де	из Кана́ды
в Теха́се	из Теха́са
в Калифо́рнии	из Калифо́рнии
в полови́не деся́того	в че́тверть деся́того

от бра́та	с бра́том	к бра́ту
от дру́га	с дру́гом	к дру́гу
от Га́ли	с Га́лей	к Га́ле
от Ди́мы	с Ди́мой	к Ди́ме
с двух часо́в	к двум часа́м	

Note: voiceless consonants do not become voiced before **в**:

с ва́ми   от вас   Све́та

4–2 Интона́ция. Practice rising and falling intonation patterns in the following contexts:

1. Pronounce as one intonational unit.

→ ↗ →
Хоти́те?

→ ↗ _____ →
Хоти́те, я зае́ду за ва́ми?

→ ↗ _____ → __
Хоти́те, я зае́ду за ва́ми после заня́тий?

→ ↗ → _____ → __
Хоти́те, я принесу́ пи́во?

→ ↗ _____ → __
Хоти́те, я всем скажу́ об э́том?

2. Pronounce as one intonational unit.

→ → ↗ _____ →
Ты не зна́ешь, куда́ пошёл Марк?

→ → ↗ _____ ____ → __
Ты не зна́ешь, куда́ пошёл Марк по́сле заня́тий?

→ _____ _____→

Вы не зна́ете, где они́ живу́т?

→ → ↗ _____ → __

Вы не зна́ете, когда́ начина́ются заня́тия?

→ → ↗ _____ → __

Вы не зна́ете, когда́ начина́ются заня́тия в университе́те?

3. Pronounce with a pause after a rising intonational unit to indicate an unfnished sentence or thought.

↗   ↘
У́тром я пойду́ в це́рковь, || а днём я бу́ду у роди́телей.

↗
У меня́ сего́дня репети́ция, || а за́втра ле́кция по хи́мии.

Когда́ ты уви́дишь Ма́рка, || спроси́ его́, что случи́лось.

↘
Она́ хорошо́ говори́т по-ру́сски, || потому́ что год учи́лась в Москве́.

Я бе́гаю у́тром, || а Марк бе́гает днём.

↗   ↘
Его́ мать живёт на восто́ке, || а его́ оте́ц на за́паде.

↗
Во-пе́рвых, || мне да́ли хоро́шую стипе́ндию.

↗   ↘
По-мо́ему, || ты в э́том ничего́ не понима́ешь.

↗   ↘
Ты говори́ по-ру́сски, || а я бу́ду переводи́ть.

•Listening Comprehension

4–3 Дикта́нт. Transcribe the following diary entry.

....

....

....

....

....

....

....

....

....

....

....

4–4 В кото́ром часу́? Write down the times.

1. Дава́й встре́тимся в ....

2. Я вчера́ легла́ спать в ....

3. Ле́кция конча́ется в ....

4. Заня́тия начина́ются в ....

5. Я бу́ду до́ма в ....

6. Я приду́ не по́зже, чем ....

7. Дава́й встре́тимся по́сле ле́кции, в ....

8. Кото́рый сейча́с час? ....

9. Когда́ начина́ется фильм? ....

10. Ско́лько вре́мени? ....

11. В кото́ром часу́ вы вернётесь? ....

4–5 Автоотве́тчик. You find these messages on your answering machine. Take down the name of the person and the time and place of a meeting.

	КТО?	ГДЕ?	КОГДА́?
1.			
2.			
3.			
4.			

4–6 Подслу́шанные разгово́ры.

Разгово́р 1. Почему́ он волну́ется?

....

Разгово́р 2. Куда́ он хо́чет пойти́ и почему́?

....

Разгово́р 3. Каки́е ку́рсы у неё в э́том семе́стре?

....

4–7 Лекция. «Будьте вежливыми! Так принято у русских». Listen and fill in the expressions that are missing.

В сегодняшней лекции мы поговорим о том, как русские прощаются.

1. Из многих слов прощания в русском языке самые популярные .... » и

«.. ». «..» можно говорить

всегда и всем. «..» говорят друзьям.

2. Кроме того, есть прощания со словом **до.**

     — ....

     — ....

     — ....

     — ....

Употребив **до** , можно назвать любое время, когда назначена встреча.

     — ....

     — ....

     — ....

А что значит "**до свидания**"? Свидание это "*meeting*," т. е. "**до свидания**" значит "*till we meet again*."

3. Есть прощания-пожелания.

     а)   — .... что значит « ....

....»

       Или: — ....

По-русски мы так говорим только, когда человек собирается ложиться спать, а не так, как мы говорим "*good night*" по-английски, когда мы уходим домой с работы.

б) Когда кто-то уходит или уезжает, мы говорим:

     — ....

     — ....

....

     — ....

в) А как сказать по-русски "*Have a good weekend*"? Полного эквивалента этой фразы нет, но вы можете сказать:

     — ....

     — ....

Упражнения на понимание

4. А е́сли в тече́ние дня лю́ди мо́гут ещё встре́титься, то они́ говоря́т:

— ....

— ....

   Кста́ти, когда́ мы говори́м по-англи́йски *"See you"*, по-ру́сски мо́жно сказа́ть:

— .... Или:

— ....

5. В э́том уро́ке (в разгово́ре «Экза́мен по эконо́мике») вы слы́шали, что́ говоря́т тем, кто идёт на экза́мен. По-англи́йски говоря́т: *"Good luck"* и́ли *"Break a leg !"*, а по-ру́сски:

   — .... (Так ра́ньше говори́ли

охо́тникам.)

   А в отве́т говоря́т:

   — ....

   В э́том же разгово́ре вы та́кже слы́шали выраже́ние ....

Э́то мы говори́м, когда́ мы хоти́м зако́нчить разгово́р, перейти́ на другу́ю те́му и́ли когда́ собира́емся уходи́ть.

6. Шутли́вые проща́ния:

   — ....

   — ....

   — ....

4–8 Радиорепорта́ж: по страни́цам сего́дняшних газе́т.

Listen to the TV guide for the educational channel and jot down the program.

Вре́мя	Назва́ние переда́чи
11.00	
11.35	
12.40	
17.00	
17.30	
18.10	
19.40	
21.10	

•Лекси́ческие упражне́ния

4–9 К разгово́ру **«Како́е у вас расписа́ние».** Помоги́те дру́гу написа́ть письмо́ по-ру́сски:

Dear Mila and Vanya,

Thanks for your letter. I'm glad to hear that everything is all right with you. School started not too long ago, and I have a horrible schedule this semester. I've registered for six courses: history, chemistry, American literature, calculus, economics, and Russian. I have Russian (my favorite subject) every day, and history, economics, and chemistry three times a week. I have American literature and chemistry lab twice a week. I'm busy all the time. All of my friends advise me to drop a course, but I like all my courses, and I don't know which one to drop. Say hello to everyone for me.

Yours truly

....

....

....

....

....

....

....

....

....

....

4–10 К разгово́ру **«Экза́мен по эконо́мике».** Дневни́к. Напиши́те по-ру́сски:

I've been nervous all day. Tomorrow I have a calculus exam, and I'm not ready for it. All of my friends say that it's an extremely hard exam, and I'm afraid I'm going to flunk it. Poor Volodya just failed a physics exam. Mark and Katya invited me to go to the movies with them tonight, but I didn't go. I have to study for my exam.

....

....

....

....

....

....

....

....

....

Лекси́ческие упражне́ния

4–11 К разгово́ру «**Хва́тит занима́ться**». Give a Russian rendition of the following conversation.

"Mark, let's go have dinner."
"I'll be right with you. I just want to finish this chapter."
"What's the matter? Why are you so nervous?"
"We have a history test tomorrow."
"No, we don't. Don't you remember, the teacher said it would be next week."
"You're right. I completely forgot. Well, let's go."

....
....
....
....
....
....
....
....
....
....

4–12 К «**Из дневника́ Ка́ти**». Write in your diary how you spent your weekend. Mention how you spent the morning, afternoon, and evening.

....
....
....
....
....
....
....
....
....
....
....
....

Ко всем те́кстам.

4–13 Скажи́те по-ру́сски. Поста́вьте слова́ в ско́бках в ну́жном падеже́. Доба́вьте *(add)* предло́ги и други́е необходи́мые слова́.

1. У меня́ астроно́мия [*on Monday, Wednesday, Friday*] ....

   ....

2. [*This semester*] .... у меня́ 5 [*courses*]

   ....

3. У тебя́ часы́ [*is fast*] ....

4. Почему́ ты [*so upset*] .... ?

5. Я бою́сь [*fail*] .... экза́мен [*in biology*] ....

6. Контро́льная бу́дет [*next Wednesday*] ....

7. Сего́дня был [*wonderful*] .... день.

8. А́ня была́ [*at a calculus lecture*] ....[*from nine till eleven*]

   ....

9. Ве́чером мы [*planned on going*] .... кино́, но Марк не

   [*called*] ...., и мы никуда́ не пошли́.

10. Ка́тя ду́мала, что она́ [*would stay home*] .... весь ве́чер.

11. Ка́тя уже́ давно́ [*has been keeping*] .... дневни́к.

12. Мари́я сказа́ла, что [*could*] .... зае́хать за мной че́рез час.

13. Ру́сский язы́к мой [*favorite*] ....предме́т.

14. Я до́лжен / должна́ написа́ть[*term paper*] ....

    [*by Monday*] ....

15. Каки́е [*other courses*] .... ты слу́шаешь?

16. [*I hope*] ...., что у Ма́рка всё [*is all right*] ....

4–14 От себя. Write your own story (6-8 sentences) that starts with the words: Сегодня был замечательный день. Use a separate sheet of paper.

•Грамматика

4–15 Глаголы. Supply the missing forms.

бросать	Aspect:
Я бросаю ....
Ты ....
Они ....
Past:
Он ....
Она ....
Conj. ....

бросить	Aspect:
Я брошу ....
Ты ....
Они ....
Past:
Он ....
Она ....
Conj. ....

заезжать	Aspect:
Я ....
Ты заезжаешь ....
Они ....
Past:
Он ....
Она ....
Conj. ....

заехать	Aspect:
Я заеду ....
Ты ....
Они ....
Past:
Он ....
Она ....
Conj. ....

просыпаться	Aspect:
Я просыпаюсь ....
Ты ....
Они ....
Past:
Он ....
Она ....
Conj. ....

проснуться	Aspect:
Я проснусь ....
Ты ....
Они ....
Past:
Он ....
Она ....
Conj. ....

заводи́ть   Aspect:

Я ....

Ты заво́дишь ....

Они́ ....

Past:

  Он ....

  Она́ ....

 Conj. ....

завести́   Aspect:

Я заведу́ ....

Ты ....

Они́ ....

Past:

  Он ....

  Она́ ....

 Conj. ....

сдава́ть   Aspect:

Я сдаю́ ....

Ты ....

Они́ ....

Past:

  Он ....

  Она́ ....

 Conj. ....

сдать   Aspect:

Я ....

Ты сдашь ....

Они́ ....

Past:

  Он ....

  Она́ ....

 Conj. ....

прова́ливать   Aspect:

Я прова́ливаю ....

Ты ....

Они́ ....

Past:

  Он ....

  Она́ ....

 Conj. ....

провали́ть   Aspect:

Я ....

Ты прова́лишь ....

Они́ ....

Past:

  Он ....

  Она́ ....

 Conj. ....

Грамма́тика

торопи́ться	Aspect:
Я	
Ты торо́пишься	
Они́	
Past:	
Он	
Она́	
Conj.	

съе́здить	Aspect:
Я съе́зжу	
Ты	
Они́	
Past:	
Он	
Она́	
Conj.	

волнова́ться	Aspect:
Я волну́юсь	
Ты	
Они́	
Past:	
Он	
Она́	
Conj.	

не́рвничать	Aspect:
Я не́рвничаю	
Ты	
Они́	
Past:	
Он	
Она́	
Conj.	

наде́яться	Aspect:
Я наде́юсь	
Ты	
Они́	
Past:	
Он	
Она́	
Conj.	

4–16 Compose 8 or 10 sentences with these verbs, or write a story. Use a separate sheet of paper.

Роди́тельный паде́ж

4–17 Read about the formation of the genitive plural on pages 112–115 in Chapter 4. Group the following nouns according to genitive plural type. Indicate the stresses.

1. Zero ending (no ending)

2. - **ей**

3. **-ов / -ев**

> портфе́ль, шофёр, откры́тка, авто́бус, де́ло, иде́я, язы́к, бизнесме́н, специа́льность, штат, исто́рия, каранда́ш, да́ча, дом, кварти́ра, това́рищ, общежи́тие, го́род, маши́на, бассе́йн, ко́шка, свинья́, запи́ска, кафете́рий, стипе́ндия, врач, неде́ля, сестра́, слова́рь, америка́нец, дочь, це́рковь, ме́сяц, юри́ст, медсестра́, календа́рь, сло́во, рубль

Zero Ending	-ей	-ов/-ев
откры́ток	*портфе́лей*	*шофёров*

4–18 Fill out the following chart. Write out the numeral **два/две** each time. Укажи́те ударе́ние.

Образцы́:	все	два/две	сто
0. студе́нт	*все студе́нты*	*два студе́нта*	*сто студе́нтов*
00. студе́нтка	*все студе́нтки*	*две студе́нтки*	*сто студе́нток*
1. кни́га			
2. журна́л			
3. письмо́			
4. слова́рь			
5. профе́ссор			
6. врач			
7. ле́кция			
8. курс			
9. зада́ние			
10. музе́й			
11. и́мя			
12. друг			
13. подру́га			
14. предме́т			
15. оте́ц			
16. стул			
17. брат			
18. руба́шка			
19. учи́тель			
20. писа́тель			
21. день			
22. страни́ца			
23. кафете́рий			
24. эта́ж			
25. абза́ц			
26. сло́во			
27. стро́чка			

4–19 Before you do this exercise, review pages 117-118 in the textbook.

Образец: 3 / иностра́нный / язы́к .... *три иностра́нных языка́* ....

  1.   **2** / тру́дная / глава́ ....

  2.   **5** / компью́терная / лаборато́рия ....

  3.   **3** / лёгкая / контро́льная ....

  4.   **4** / огро́мное / живо́тное ....

  5.   **6** / ру́сская / це́рковь ....

  6.   **2** / мла́дший / брат ....

  7.   **2** / ста́ршая / сестра́ ....

  8.   **21** / ру́сский / студе́нт ....

  9.   **11** / тру́дный / день ....

 10.   **5** / лёгкий / предме́т ....

 11.   **3** / дорого́й / журна́л ....

 12.   **10** / иностра́нный / язы́к ....

Remember that the genitive plural is used after **мно́го** and **ма́ло** for things that can be counted; the genitive singular is used after **мно́го** and **ма́ло** for things that cannot be counted. **Не́сколько** (several) is always used with the genitive plural and with things that can be counted.

4–20   Соста́вьте предложе́ния.

Образцы́:   вре́мя (ма́ло)   →   *У меня́ ма́ло вре́мени* .

            де́ти (мно́го)   →   *В семье́ мно́го дете́й.*

 1. дру́г (мно́го)   У меня́ ....

 2. стол (не́сколько)   В ко́мнате ....

 3. окно́ (ма́ло)   В аудито́рии ....

 4. кни́га (мно́го)   В библиоте́ке ....

 5. газе́та (не́сколько)   У нас до́ма ....

 6. крова́ть (мно́го)   В общежи́тии ....

 7. дочь (мно́го)   В семье́ ....

 8. це́рковь (не́сколько)   В го́роде ....

 9. зда́ние (мно́го)   На у́лице ....

 10. студе́нт (ма́ло)   Во вре́мя кани́кул в ко́лледже ....

11. неде́ля (не́сколько)   До кани́кул ....

12. письмо́ (не́сколько)   Мне на́до написа́ть ....

13. мужчи́на (не́сколько)   В ко́мнату вошли́ ....

14. учи́тель (мно́го)   В шко́ле рабо́тает ....

15. ле́кция (ма́ло)   В э́том семе́стре ....

16. врач (мно́го)   В кли́нике ....

17. ветерина́р (ма́ло)   В ветерина́рной кли́нике ....

18. же́нщина (не́сколько)   В кла́ссе ....

19. каранда́ш (мно́го)   На столе́ ....

20. стул (не́сколько)   В ко́мнате ....

21. рабо́та (мно́го)   У меня́ сли́шком ....

22. вода́ (мно́го)   В океа́не ....

23. бума́га (мно́го)   На столе́ лежа́ло ....

24. живо́тное (не́сколько)   На фе́рме есть ....

4–21 Мой райо́н. Describe your neighborhood . В ва́шем райо́не, наве́рное, есть дома́, магази́ны, маши́ны, у́лицы, сады́, па́рки, музе́и, рестора́ны, теа́тры, кинотеа́тры. Употреби́те слова́ «**мно́го**», «**ма́ло**», «**не́сколько**». Use a separate sheet of paper.

Вини́тельный паде́ж

4–22 Что вы ви́дели? Кого́ вы ви́дели? Раскро́йте ско́бки.

1. Вчера́ на ле́кции я встре́тила [*мои́ хоро́шие друзья́*] .... ,

кото́рых я не ви́дела мно́го [*years*] .... Они́ сказа́ли, что давно́ не ви́дели [*я*]

.... но неда́вно ви́дели [*мои́ роди́тели*] .... Они́

встре́тились в музе́е, где они́ смотре́ли [*совреме́нные францу́зские худо́жники*] ....

.... В музе́е бы́ло немно́го

[*наро́д*]... , и как то́лько они́ вошли́, они́ уви́дели [*мои́ роди́тели и их*

друзья́] ....

.... Я удиви́лась, потому́ что не ду́мала, что мои́ роди́тели лю́бят [*совреме́нное*

иску́сство] .... А пото́м на стадио́не

они́ ви́дели [*мои́ бра́тья и моя́ сестра́*] ....

....

4–23 Вре́мя. Spell out the times.

1. 4.30 ....

2. 12.20 ....

3. 9.15 ....

4. 3.30 ....

5. 6.10 ....

6. 8.30 ....

7. 1.05 ....

8. 11.30 ....

9. 5.25 ....

10. 7.30 ....

4–24 Повтори́м падежи́. Give the proper form of the italicized words. Add any necessary prepositions.

1. *больша́я стипе́ндия*

   1. Она́ получа́ет ....

   2. У него́ нет ....

2. *семина́р по политоло́гии*

   1. У нас сего́дня нет ....

   2. Ты пойдёшь ....

   3. Мы то́лько что верну́лись ....

3. *университе́тская библиоте́ка*

   1. Мне нужны́ кни́ги. Я иду́ ....

   2. Ка́тя рабо́тает ....

   3. А́лла уже́ верну́лась домо́й ....

4. *аспиранту́ра*

   1. Ю́ра зако́нчил ....в про́шлом году́.

   2. На э́том факульте́те нет ....

   3. Когда́ вы учи́лись ....?

Грамма́тика

5. *свой дéдушка*

    1. Вчерá вéчером А́ня былá ....

    4. Онá óчень лю́бит ....

    2. Её сестрá Тáня тóже чáсто éздит ....

    3. Вчерá они́ вмéсте éздили .... и вернýлись в 8:30.

4–25 Скажи́те по-рýсски. Give Russian equivalents for the words omitted in the Russian rendition of the following narrative.

This is a really difficult semester for Natasha. She's registered for four courses because the professor who teaches African history will be away next year. She also plays in the university orchestra and they have rehearsals three times a week, because at the end of December they will have a big concert in a downtown church. It's already November and Natasha's getting nervous. There is little time left to study, and a term paper is due in a week. She talked to her mother on the phone last weekend. Her mother said, "I hope you get a lot of rest before your exams." Natasha said, "Of course, I will" because she doesn't want her parents to worry about her. Besides she doesn't want her mother to call her every night. Natasha knows that she won't get enough sleep before her exams, and will be very tired. But that's all right. This is her third year of college and it's a wonderful time of her life.

Э́то .... семéстр для ....

Онá .... на четы́ре ...., потомý что профéссора,

котóрый ...., не бýдет

в бýдущем годý. Крóме тогó, онá .... в

оркéстре и у них три рáза .... репети́ции, потомý что в концé

.... бýдет .... концéрт ....

.... в цéнтре гóрода. Ужé ноя́брь, ... Нáташа начинáет ....

Остáлось совсéм мáло врéмени, а .... нáдо сдать чéрез

.... В выходны́е дни на .... недéле

онá говори́ла .... по телефóну. Мать сказáла: «..,

что ты отдохнёшь пéред экзáменами.». Нáташа сказáла: «Конéчно, я ....».

Онá не хóчет, чтóбы роди́тели .... Крóме тогó, онá не

хóчет, чтóбы мáма звони́ла .... вéчер. Нáташа знáет, что пéред

экзáменами онá не бýдет .... и óчень устáнет. Но э́то

.... Э́то её

год в университéте, и э́то .... врéмя в её жи́зни.

4–26 Летом 1992 в газете «*Мы/We*» были напечатаны несколько статей об американских университетах.

> 1. Read the articles about two American universities . Also read the article about the University of Moscow on the next page.
>
> 2. Decide which information is pertinent when talking about your university.
>
> 3. Write out the expressions that you will want to use.
>
> 4. Make an outline of your own article about your university for a Russian newspaper.
>
> 5. Write an article about your university or college.

1.
Чикагский университет

Чикагский университет основан в 1891 году. Его основатель Джон Д. Рокфеллер.

В справочной информации об университете отмечается, что студенты работают по британской системе обучения, а аспиранты — по модели одного из немецких университетов.

Аспирантура состоит из четырёх отделений: биологического, физического, филологического и отделения общественных наук.

Учебный год делится не на семестры, как принято в российских университетах, а на четверти.

Университет пользуется репутацией одного из ведущих научно-исследовательских центров в стране.

Университет расположен всего в двадцати минутах ходьбы от Чикагского культурного центра, где находится Институт изобразительных искусств и городская филармония. С другой стороны университет граничит с южной частью Чикаго, пользующейся дурной репутацией.

«Как и в любом другом большом городе, здесь высокий уровень преступности», — говорит сотрудник международного отдела Чикагского университета. «Студентам из семей среднего класса важно понять, что жизнь не сахар. Нищета — серьёзная проблема в Чикаго, и нам необходимо понять, каким образом мы можем применить полученное образование в её решении.»

2.
Университет Дьюка

Университет Дьюка основан в 1924 году.

В нём есть колледж искусств и наук, в котором с 1972 года введено совместное обучение юношей и девушек, а также семь профессиональных школ, в том числе юридическая, которые пользуются высокой репутацией в стране.

В университете имеется семь библиотек и Музей искусств, замечательный своими коллекциями средневековой скульптуры, европейской и американской живописи, искусства древнего Рима и древней Греции и китайского нефрита и фарфора.

В центре университета расположена готическая церковь. Эта церковь является одной из самых активных среди церквей американских университетов.

Важное значение в жизни университета имеет спорт. В университете есть 24 команды, выступающие в соревнованиях по различным видам спорта. Баскетбольная команда Дьюка два последних года побеждала на чемпионатах американских университетов.

Московский университет

3. Московский университет был основан в 1755 году по замыслу русского учёного Михайлы Васильевича Ломоносова. Указ об открытии университета был подписан императрицей Елизаветой Петровной, дочерью Петра Первого.

Сначала в университете было всего три факультета: юридический, медицинский и философский. На них училось около ста студентов. Большинство профессоров были выписаны из-за границы, и преподавание велось на латинском языке.

Позднее всё, конечно, изменилось. Университет начал разрастаться, стали открываться новые факультеты, увеличилось число студентов. Среди преподавателей появилось много русских профессоров, и латинский язык сменился на русский. Московский университет всегда славился либерализмом, демократичностью отношений между студентами и профессорами.

Сегодня в Московском университете более 20 факультетов, которые расположены в нескольких зданиях. В университете есть собственный театр, в котором играют сами студенты.

Сохранились некоторые традиции, возникшие ещё в «студенческом братстве» прошлого. Например, 25 января, в день великомученицы[1] Татьяны, по-прежнему отмечается день студента. Даже есть такая пословица «В день Татьяны все студенты пьяны».

---

[1] *great martyr*

Алекса́ндр Ива́нович Купри́н

СЛОН (продолжение)

III

1 Но °одна́жды у́тром де́вочка просыпа́ется немно́го °бодре́е,	*once; more cheerful*
2 чем всегда́. Она́ что́-то ви́дела во °сне, но ника́к не мо́жет	*dream*
3 вспо́мнить, что °и́менно, и смо́трит до́лго и внима́тельно в глаза́	*precisely, namely*
4 ма́тери.	
5 — Тебе́ что́-нибудь ну́жно? — спра́шивает ма́ма.	
6 Но де́вочка вдруг вспомина́ет свой сон и говори́т °шёпотом,	*whisper*
7 °то́чно по секре́ту:	*as if*
8 — Ма́ма ... а мо́жно мне ... слона́? То́лько не тако́го, кото́рый	
9 °нарисо́ван на карти́нке... Мо́жно?	*drawn, sketched*
10 —Коне́чно, моя́ де́вочка, коне́чно, мо́жно.	
11 Она́ идёт в кабине́т и говори́т па́пе, что де́вочка хо́чет слона́.	
12 Па́па °то́тчас же °надева́ет пальто́ и шля́пу и куда́-то уезжа́ет. Че́рез	*immediately; puts on*
13 °полчаса́ он возвраща́ется с °дорого́й, краси́вой °игру́шкой. Э́то	*half an hour; expensive; toy*
14 большо́й °се́рый слон, кото́рый сам °кача́ет голово́й и °ма́шет	*gray; shakes; waves,;wags*
15 хвосто́м. Но де́вочка гляди́т на игру́шку °та́к же °равноду́шно, как на	*just as; indifferently*
16 потоло́к и на °сте́ны и говори́т °вя́ло:	*walls; unenthusiastically*
17 —Нет. °Э́то совсе́м не то. Я хоте́ла °настоя́щего, живо́го	*That's not it at all; real*
18 слона́, а э́тот °мёртвый.	*dead*

4–27 По́няли ли вы текст?   + пра́вильно; — непра́вильно

_____ 1. Одна́жды де́вочка просыпа́ется немно́го бодре́е, чем всегда́.

_____ 2. Она́ ви́дела сон.

_____ 3. Она́ не по́мнит, что она́ ви́дела во сне.

_____ 4. Она́ не смо́трит на мать.

_____ 5. Мать спра́шивает, ну́жно ли ей что-нибудь.

_____ 6. Де́вочка вдруг вспомина́ет свой сон.

_____ 7. Она́ говори́т с ма́мой гро́мко.

_____ 8. Она́ говори́т: «Ма́ма, а можно́ мне слона́?»

_____ 9. Она́ хо́чет тако́го слона́ , кото́рый нарисо́ван на карти́нке.

_____ 10. Ма́ма говори́т де́вочке, что слона́ нет.

_____ 11. Ма́ма идёт в кабине́т к па́пе и говори́т ему́, что де́вочка хо́чет слона́.

_____ 12. Па́па сади́тся в кре́сло и начина́ет ду́мать.

_____ 13. Па́па возвраща́ется с дорого́й, краси́вой игру́шкой.

_____ 14. Э́то большо́й, се́рый слон.

_____ 15. Слон сам кача́ет голово́й и ма́шет хвосто́м.

_____ 16. Де́вочка смо́трит на слона́ с восто́ргом.

_____ 17. Де́вочке нра́вится слон.

_____ 18. Де́вочка говори́т, что э́то совсе́м не то, что она́ хоте́ла.

_____ 19. Де́вочка хоте́ла настоя́щего, живо́го слона́.

_____ 20. Де́вочка говори́т, что э́тот слон мёртвый.

19	— Ты °погляди́ то́лько, На́дя, — говори́т па́па. — Мы его́ сейча́с	*посмотри́*
20	°заведём, и он бу́дет совсе́м, совсе́м как живо́й.	*wind up*
21	Слона́ заво́дят °клю́чиком, и он, °пока́чивая голово́й и	*little key; shaking*
22	°пома́хивая хвосто́м, начина́ет °переступа́ть нога́ми и ме́дленно идёт	*waving; to move; slowly*
23	по столу́. Де́вочке э́то °во́все неинтере́сно и да́же ску́чно, но, что́бы	*at all*
24	не °огорчи́ть отца́, она́ °ше́пчет °кро́тко:	*disappoint; whispers; meekly*
25	— Я тебя́ о́чень благодарю́, ми́лый па́па. Я ду́маю, °ни у кого́	*nobody has*
26	нет тако́й интере́сной игру́шки ... То́лько ... по́мнишь ... ведь ты	
27	давно́ °обеща́л °свози́ть меня́ в °звери́нец, посмотре́ть на	*promised; to take; menagerie*
28	настоя́щего слона́ ... и °ни ра́зу не °повёз ...	*not even once; take (me)*

4–28 По́няли ли вы текст?   + пра́вильно; — =непра́вильно

_____ 1. Де́вочка говори́т па́пе спаси́бо за слона́.

_____ 2. Де́вочка ду́мает, что ни у кого́ нет тако́й игру́шки.

_____ 3. Де́вочка ду́мает, что у всех дете́й есть така́я игру́шка.

_____ 4. Па́па обеща́л свози́ть де́вочку в звери́нец посмотре́ть на настоя́щего слона́.

_____ 5. Па́па свози́л де́вочку в звери́нец посмотре́ть на настоя́щего слона́.

_____ 6. Де́вочка хоте́ла уви́деть настоя́щего слона́.

29	— Но послу́шай же, ми́лая моя́ де́вочка, пойми́, что э́то	
30	невозмо́жно. Слон о́чень большо́й, он до потолка́, он не °поме́стится	*fit;*
31	ещё в на́ших ко́мнатах ... И пото́м, где я его́ °доста́ну?	*get*
32	—Па́па, °да мне не ну́жно тако́го большо́го ... Ты мне	*but*
33	°привези́ хоть ма́ленького, то́лько живо́го. Ну, °хоть вот, вот тако́го ...	*bring; at least*
34	Хоть °слонёнышка ...	*a tiny little elephant*
35	— Ми́лая де́вочка, я рад всё для тебя́ сде́лать, но э́того я не	
36	могу́.	
37	И она́ ти́хо закрыва́ет глаза́ и ше́пчет:	
38	— Я уста́ла ... Извини́ меня́, па́па...	
39	Па́па °хвата́ет себя́ за́ °во́лосы и °кричи́т °го́рничной:	*grabs; hair; shouts; maid*
40	— О́льга! Пальто́ и шля́пу!	
41	В °пере́днюю вхо́дит жена́.	*entrance hall*
42	— Ты куда́, Са́ша? — спра́шивает она́.	
43	— Я сам, Ма́шенька, не зна́ю куда́ ... То́лько, ка́жется, я	
44	сего́дня °к ве́черу и °в са́мом де́ле °приведу́ сюда́, к нам,	*by evening; really; will bring*
45	настоя́щего слона́.	
46	Жена́ смо́трит на него́ °трево́жно.	*anxiously, worriedly*
47	— Ми́лый, здоро́в ли ты? Не боли́т ли у тебя́ голова́? Мо́жет	
48	быть, ты пло́хо спал сего́дня?	
49	— Я °совсе́м не спал, — отвеча́ет он °серди́то. — Я ви́жу ты	*at all; angrily*
50	хо́чешь спроси́ть, не °сошёл ли я с ума́? °Пока́мест ещё нет. До	*lost my mind; пока́*
51	свида́нья! Ве́чером всё бу́дет ви́дно. И он °исчеза́ет, гро́мко °хло́пнув	*disappears; slamming*
52	входно́й две́рью.	

_____ 1. Де́вочка хо́чет, что́бы па́па привёл домо́й настоя́щего слона́.

_____ 2. Па́па говори́т, что мо́жно привести́ домо́й настоя́щего слона́.

_____ 3. Па́па говори́т, что их ко́мнаты о́чень ма́ленькие.

_____ 4. Де́вочка говори́т, что ей не ну́жно большо́го слона́.

_____ 5. Де́вочка хо́чет большо́го слона́.

_____ 6. Па́па говори́т, что он не мо́жет привести́ слона́.

_____ 7. Де́вочка закрыва́ет глаза́ и шёпчет: «Я уста́ла, извини́ меня́, па́па».

_____ 8. Па́па идёт спать.

_____ 9. Па́па тре́бует своё пальто́ и шля́пу.

_____ 10. Жена́ спра́шивает му́жа, куда́ он идёт.

_____ 11. Па́па зна́ет, куда́ он идёт.

_____ 12. Па́па ду́мает, что он приведёт домо́й настоя́щего слона́.

IV

53   Че́рез два часа́ он сиди́т в звери́нце, в пе́рвом °ряду́, и   *row*

54 смо́трит, как °учёные зве́ри, по °приказа́нию °хозя́ина, °выде́лывают   *trained; order; master*

55 ра́зные °шту́ки. Осо́бенно °отлича́ется са́мый большо́й слон. Он   *perform; tricks; stands out*

56 °стано́вится снача́ла на °за́дние °ла́пы, сади́тся, стано́вится на   *stands up; hind; paws [here: legs]*

57 го́лову, нога́ми °вверх, °перевора́чивает °хо́ботом страни́цы большо́й   *upwards; turns; trunk*

58 °карто́нной кни́ги и, наконе́ц, сади́тся за стол и, обе́дает, совсе́м как   *cardboard*

59 °благовоспи́танный ма́льчик.   *well brought up*

60   °Представле́ние ока́нчивается. °Зри́тели °расхо́дятся. На́дин   *performance; spectators; ухо́дят*

61 оте́ц °подхо́дит к то́лстому не́мцу, °хозя́ину звери́нца. Хозя́ин де́ржит   *approaches; owner*

62 во °рту большу́ю чёрную сига́ру.   *mouth*

63   — Извини́те, пожа́луйста, — говори́т На́дин оте́ц. — Не

64 мо́жете ли вы °отпусти́ть ва́шего слона́ ко мне домо́й на не́которое   *release [here: lend]*

65 вре́мя?

66   Не́мец от °удивле́ния широко́ открыва́ет глаза́ и да́же рот,   *surprise*

67 °отчего́ сига́ра °па́дает на °зе́млю. Он °кряхтя́, °нагиба́ется,   *from which; falls; ground; creaking;*

68 °подыма́ет сига́ру, вставля́ет её опя́ть в рот и то́лько тогда́   *bends over; picks up*

69 °произно́сит.   *[here: says]*

70   — Отпусти́ть? Слона́? Домо́й? Я вас не понима́ю.

71   (*оконча́ние сле́дует*)

Чте́ние для удово́льствия

4–30 Circle all the words that are appropriate in answering the questions.

Какого слона хочет девочка?	Какого слона привозит папа?	Девочка смотрит на слона
живой	живой	с интересом
мёртвый	мёртвый	равнодушно
настоящий	настоящий	с любовью
на картинке	на картинке	без интереса
во сне	во сне	
игрушка	игрушка	
качает головой	качает головой	
машет хвостом	машет хвостом	
дорогой	дорогой	
серый	серый	
ключ	ключ	
завести	завести	

4–31 Outline the main events of this part of the story in five or six sentences. Use a separate sheet of paper.

4–32 **Choose one.** Write a letter about the events in this part of the story. Use a separate sheet of paper.
1) from Nadya's perspective;
2) the way her father could describe the events;
3) the way her mother could describe the events.

Step 1. A. Build clusters around these words.

    1. расписа́ние

    2. броса́ть/бро́сить курс

    3. прова́ливать/провали́ть экза́мен

    4. курсова́я рабо́та

    5. абза́ц

    6. встать

    7. не́рвничать

    8. торопи́ться

    9. вы́пить

    10. заходи́ть

B. Предме́ты. List ten university subjects.

C. What Russian equivalents for the word "exam" do you know?

D. Be sure you can use the following expressions talking about your academic life:

    в про́шлом году́

    в бу́дущем году́

    в про́шлый/сле́дующий вто́рник

    в э́том семе́стре/в сле́дующем семе́стре

    в э́той че́тверти/в сле́дующей че́тверти

E. What happens if

    Часы́ спеша́т.   *Я прихожу́ сли́шком ра́но.*

    Часы́ отстаю́т.

    Часы́ останови́лись.

F. О чём вы мо́жете сказать «замеча́тельный»? Think of at least five nouns.

Step 2. A. Be sure you know how to say that

    1. you have passed your exam;

    2. you have failed your exam;

    3. you are nervous before an exam;

    4. you've been preparing for an exam;

    5. you are writing a paper;

    6. you want to drop one of your classes;

    7. you are worried about someone;

    8. you hope everything will be all right;

    9. you are going to a concert;

    10. a friend promised to call but didn't;

    11. your favorite subject is ....

B. What classes do you have every day?

в понеде́льник	во вто́рник	в сре́ду	в четве́рг	в пя́тницу

Step 3. Say everything you can about a day that you particularly enjoyed last / this week.

Глава́ IV «Дни на́шей жи́зни»

•Фоне́тика и интона́ция

5–1 Произноше́ние. Remember that the consonants **Ж** [ž] and **Ш** [š] are always pronounced "hard", i.e., 1) The tip of your tongue should touch the top of your mouth behind your upper front teeth when pronouncing them; 2) After them, **И, Е,** and **Ё** are pronounced as **Ы, Э,** and **О.**

Listen to the pronunciation of words containing the consonants **Ж** [ž] and **Ш** [š].

Pronounce the following words after the speaker:

маши́на	ска́жешь
хоро́ший хоро́шие	пи́шешь
больши́е	меша́ешь
спешу́	
спеши́шь	ка́ждый день
спеши́т	ка́ждое у́тро
спеши́м	ка́ждое ле́то
спеши́те	ка́ждый вто́рник
спеша́т	у́жин
ко́шка	ужа́сный
кры́ша	да́же
ша́хматы	жду
шу́мно	ждёшь
све́жий све́жие	Жду не дождёсь.
ну́жен	
нужна́	на про́шлой неде́ле
нужны́	в про́шлом семе́стре
ну́жно	проше́дший
до́лжен	проше́дшее вре́мя
должна́	ба́бушка
должны́	де́душка
гара́ж в гараже́	де́вушка
прихожу́	
ухожу́	дома́шний дома́шняя рабо́та
выхожу́	ли́шний ли́шний биле́т
провожу́	сего́дняшний сего́дняшняя газе́та
выношу́	
живёшь	вчера́шняя но́вость
лю́бишь	
покупа́ешь	Жира́ф живёт в жа́рких стра́нах.
слы́шишь	
слу́шаешь	У́жин уже́ гото́в. Мо́жно у́жинать.
лежи́шь	
де́ржишь	

Глава́ V «Дом, в кото́ром мы живём»

Жу́к упа́л	*A beetle has fallen down*
И встать не мо́жет.	*And can't get up,*
Ждёт он,	*He's waiting,*
Кто ему́ помо́жет.	*For someone to help him.*

5–2 Интона́ция: Exclamations. Emotional intonation. Listen to the contrast between the intonation of a declarative sentence and an exclamation.

Здесь краси́во.   Здесь краси́во!   Как здесь краси́во!

Это прекра́сный дом.   Это прекра́сный дом!   Како́й прекра́сный дом!

5–3 Слу́шайте и повторя́йте:

Красота́! Све́жий во́здух!

Мо́жно спать ско́лько хо́чешь!

Смо́жете отдохну́ть как сле́дует!

Здо́рово!

Как краси́во!

Как просто́рно!

Како́й прекра́сный сад!

Кака́я хоро́шая ко́мната!

Како́й вид из окна́!

5–4 Question or exclamation. Слу́шайте и повторя́йте:

1. Это далеко́?   Как э́то далеко́!
2. Это ва́ша ко́мната?   Кака́я прекра́сная ко́мната!
3. Это ва́ша карти́на?   Кака́я ста́рая карти́на!
4. Это но́вый дом?   Како́й огро́мный дом!
5. Это ва́ша ме́бель?   Кака́я ужа́сная ме́бель!

5–5 Listen to the following declarative sentences. Change them into exclamations. Compare your sentences to those of the speaker on the tape.

Образцы́:

0. Это о́чень ста́рые дере́вья.	→	**Каки́е ста́рые дере́вья!**
00. Сего́дня хо́лодно.	→	**Как сего́дня хо́лодно!**

1. Это о́чень больша́я столо́вая.
2. Это ма́ленький шкаф.
3. Это краси́вые цветы́.
4. Это стра́нная кры́ша.
5. Он хоро́ший гость.
6. Это неудо́бно.

7. Это далеко́.

8. Это была́ о́чень тяжёлая неде́ля.

9. У вас о́чень зелёный газо́н.

10. Это гря́зная ко́мната.

5–6 Listen and put in punctuation marks at the end of each sentence:

1. Это чи́стая посу́да

2. Кака́я краси́вая ме́бель

3. Тебе́ повезло́

4. Тебе́ повезло́

5. Как тебе́ повезло́

6. Ва́нная далеко́

7. Занима́ться здесь тру́дно

8. Здесь тру́дно занима́ться

9. Быва́ет сли́шком шу́мно

10. Как здесь шу́мно

5–7 Вы в гостя́х у друзе́й, кото́рые перее́хали в но́вый дом в гора́х. Вы в восто́рге от всего́. Express your delight by starting each sentence with «Как» or «Како́й». Record yourself.

Образе́ц: — Вам нра́вится сад? →
— О́чень! Како́й прекра́сный сад!

1. — Вам нра́вятся э́ти цветы́?

2. — Вам нра́вятся э́ти дере́вья?

3. — Вам нра́вится здесь во́здух?

4. — Тебе́ нра́вится э́та ко́мната?

5. — Тебе́ нра́вится на́ша но́вая ме́бель?

6. — Тебе́ нра́вится но́вый дива́н?

7. — Тебе́ нра́вится твоя́ спа́льня?

8. — Тебе́ нра́вится ку́хня?

9. — Тебе́ нра́вится наш дом?

10. — Тебе́ нра́вится на́ша соба́ка?

•Listening Comprehension

5–8 Дикта́нт. Transcribe the following narrative.

....

....

....

....

....

....

....

....

Фоне́тика и интона́ция

5–9 Номера́ телефо́нов. Take down telephone numbers.

1. А́нна Илья́нична. ....

2. Серге́й Дави́дович. ....

3. Петро́вы. ....

4. Са́ша и Ва́ля Никя́тины. ....

5. Гали́на Бори́совна. ....

6. Ива́н Петро́вич. ....

7. Любо́вь Евге́ньевна. ....

5–10 You will hear descriptions of three floorplans in three buildings. Match the floorplan with the building that contains it.

5–11 Подслу́шанные разгово́ры. Answer the questions in English or Russian.

Разгово́р № 1.

1. Why doesn't one of the people want to live in the dorm?

....

2. Has she lived in the dorm before?

....

Разгово́р № 2.

1. What kind of house is Volodya renting?

....

2. How many people live there?

....

3. Why is Mark not interested?

....

Разгово́р № 3.

What did you find out about Natasha's prospective roommate:

1. Is she a student? Where? ....

2. Does she study a lot? ....

3. What do you know about her family? ....

5–12 Радиореклáма. Listen to the following ads and fill out the table below with the pertinent information.

Полéзные словá: **объявлéние** - advertisement

арéнда - rent

Что сдаю́т? What's for rent?	Есть ли мéбель? Is it furnished?	Кому́ сдаю́т? Who can rent?	На какóй срок? For how long?
1.			
2.			
3.			
4.			
5.			
6.			
7.			
8.			

5–13 Врéмя по часáм. Take down the time you hear. Write numbers, not words.

1. Я верну́сь ....

2. Мы всегдá ложи́мся спать ....

3. Сейчáс ужé ....

4. — Котóрый час? — Сейчáс ....

5. Ужé .... Мне порá домóй.

6. Вчерá я проспалá и встáла .... , а пéрвая лéкция начинáется в ....

7. Дýмаю, что я смогу́ там быть примéрно ....

8. Ужé .... Порá ложи́ться спать.

Упражнéния на понимáние

5–14 Ле́кция. Бу́дьте ве́жливыми! Так говоря́т ру́сские. Listen to the following lecture about Russian telephone etiquette and fill in the missing expressions.

Говори́ть по телефо́ну на иностра́нном языке́ непроста́я зада́ча. О́чень ва́жно знать, что ну́жно сказа́ть, и ещё бо́лее ва́жно знать, что мо́жно услы́шать.

Вы прие́хали в Росси́ю. У вас есть телефо́н дру́га ва́шего знако́мого. Вы набира́ете но́мер, слы́шите гудки́, кто́-то снима́ет тру́бку и говори́т: «Да?», «Алло́» (или «Аллё») и́ли «Я слу́шаю». Вот како́й мо́жет быть разгово́р.

1. — Да?

    — ....

    — ....

    (— ....)

    — ....

    — Ни́на? Здра́вствуйте, э́то говори́т Марк.

2. — Алло́.

    — ....

    — Его́/Её нет до́ма. ....

    — Переда́йте, что звони́ла Ната́ша. Я ....

Е́сли вы хоти́те сказа́ть по-ру́сски ***to answer the phone***, мо́жно сказа́ть: "...

....".

Е́сли вы звони́те, но никто́ не подхо́дит, мо́жно сказа́ть:

    — ....

        и́ли

    — ....

Е́сли кто́-то говори́т «...» и́ли «*Созвони́мся за́втра (на бу́дущей неде́ле)*», то э́то зна́чит по-англи́йски: "*Let's give each other a call*."

Е́сли кто́-то о́чень мно́го вре́мени говори́т по телефо́ну, мо́жно сказа́ть, что он/она́

«...».

5–15 Record yourself. Что вы ска́жете?
1. You are calling your friend Igor (И́горь). His sister answers the phone.
2. You are calling your friend Anya (А́ня). She answers the phone.
3. You are calling your professor Sergey Pavlovich Ivanov (Серге́й Па́влович Ива́нов). He is out.
4. You answer the phone. It's for your Russian roomate Sasha (Са́ша). Ask if the person wants to leave a message.

•Лекси́ческие упражне́ния

5–16 К карти́нкам в нача́ле главы́. Use adjectives to describe these nouns. Try to think of more than one adjective for each.

го́ры ....

доли́на ....

о́зеро ....

океа́н ....

река́ ....

пусты́ня ....

дере́вня ....

дере́вья ....

сад ....

столо́вая ....

ва́нная ....

спа́льня ....

ку́хня ....

гости́ная ....

5–17 Describe a place where your parents, grandparents, or friends live and the kind of house they have. Use the nouns and adjectives from the previous exercise. Use a separate sheet of paper.

5–18 К разгово́ру « **Ка́тя и Га́ля собира́ются в го́сти** ». Imagine that Katya's parents wrote a letter to Tim and Mark inviting them to come and visit. Use the expressions from the conversation in the invitation. Use a separate sheet of paper.

5–19 К письму́ « **Переезжа́ем в но́вый дом** ».

A. A Russian friend wants to know what an American house looks like. Using the verbs **лежа́ть, стоя́ть, висе́ть** describe the furniture in your house or apartment. Remember word order. A common Russian descriptive sentence starts with the location. Use a separate sheet of paper.

> *Образцы́:* На столе́ стои́т ла́мпа. Спра́ва от ла́мпы стои́т компью́тер.

Б. Write a short letter to a friend describing your new apartment. Invite him /her to stay with you. Use a separate sheet of paper.

5–20 К разгово́рам «**Том и Джон...**» и «**Ко́мната в общежи́тии**». Ask and answer the following questions in Russian.

1. How often do you do your laundry?

....

....

2. Do you like to cook?

....

....

3. When will you go grocery shopping?

....

....

4. Did you mow the lawn when you were growing up?

....

....

5. Who cleans the apartment (the house) where you live?

....

....

6. Do you know how to bake?

....

....

7. How many rooms are there in your house?

....

....

8. Do you have a roommate? Do you like your roommate?

....

....

9. On what days do you do your laundry?

....

....

....

10. Is your apartment clean?

....

....

11. Who does housework in your parents' house?

....

....

5–21 Напиши́те, что вы де́лали до́ма в де́тстве. Вы помога́ли роди́телям? Что вы люби́ли де́лать, а что вы терпе́ть не могли́ де́лать. Use a separate sheet of paper.

5–22 К разгово́ру «**Кра́жа**». Help Alice write a letter to Russian police explaining the circumstances of the robbery. Indicate the time and try to mention as many details as possible. Use a separate sheet of paper.

5–23 **Ко всем разгово́рам.** Form sentences. Add prepositions and make other changes if necessary.

1. Дом / их / роди́тели / стоя́ть / го́ры.

....

....

2. Где / вы / нра́виться / жить / океа́н / и́ли / река́?

....

3. Сад / мно́го / ста́рый / де́рево / и / чуде́сный / цветы́.

....

4. Дом / три / спа́льня / две / ва́нная / и / не́сколько / стенно́й шкаф.

....

5. Куда́ / ты / е́хать / зи́мний / кани́кулы?

....

6. Про́шлый / год / Воло́дя / пригласи́ть/ я / неде́ля / роди́тели.

....

7. Почему́ / ты / неудо́бно / спроси́ть / он / э́то.

....

8. Вы / уме́ть / печь / хлеб?

....

Лекси́ческие упражне́ния   109

....

9. Кто / убра́ть / кварти́ра / и / вы́мыть / посу́да?

....

....

10. Как / она́ / повезти́! She has / тако́й / замеча́тельный / сосе́дка / общежи́тие.

....

....

11. Како́й / гря́зный / ко́мната! Она́ / на́до / убра́ть!

....

....

12. У / Ми́ша/ укра́сть / магнитофо́н.

....

....

5–24 Скажи́те по-ру́сски. Do not translate words! Give interpretations of ideas.

1. "Katya and Olya are going to visit Anna's parents for winter break." "Where is Lyubov Sergeevna going for winter break?" "I think she's visiting [going to see] a friend in California."

....

....

....

2. "What a huge house you have! But where are the bedrooms and bathrooms?" "There are four bedrooms and two bathrooms on the second floor."

....

....

3. This is the door to your bedroom, and this is the door to the bathroom.

....

4. "I can't stand doing the housework, but I love cooking. People say I'm a good cook." "Do you like to do baking?" "Of course I do. I bake wonderful bread."

....

....

....

5. Katya thinks all American children make money when they're growing up.

....

....

....

6. "Tom and John want to rent a house with some Russian students. Tom's going to do the shopping, John's going to do the cooking and baking, Volodya and Serezha are going to do the dishes, and Petya will take care of the garbage." "But who's going to mow the lawn?"

....

....

....

....

....

7. "How do you like your new room?" "I like it, but it was so dirty when I found it. I spent an entire week cleaning it." "But it's so nice and clean now."

....

....

....

....

....

8. "How do you like your new apartment?" "It's great. I was really lucky."

....

....

5–25 Write a thank-you note in Russian after staying with your friend's family. Use a separate sheet of paper. You can start like this:

Дорогие ..../

Большое спасибо за ваше гостеприимство.

5–26 **Глаго́лы.** Give the missing forms for the verbs.

выноси́ть Aspect:
Я ....
Ты выно́сишь ....
Они́ ....
Past:
Он ....
Она́ ....
Conj......

вы́нести Aspect:
Я вы́несу ....
Ты ....
Они́ ....
Past:
Он ....
Она́ вы́несла ....
Conj......

мыть Aspect:
Я ....
Ты мо́ешь ....
Они́ ....
Past:
Он ....
Она́ ....
Conj......

вы́мыть Aspect:
Я вы́мою ....
Ты ....
Они́ ....
Past:
Он ....
Она́ ....
Conj......

убира́ть Aspect:
Я убира́ю ....
Ты ....
Они́ ....
Past:
Он ....
Она́ ....
Conj......

убра́ть Aspect:
Я уберу́ ....
Ты ....
Они́ ....
Past:
Он ....
Она́ ....
Conj......

спра́шивать   Aspect: ....

Я ....

Ты спра́шиваешь ....

Они́ ....

Past:

   Он ....

   Она́ ....

   Conj. ....

спроси́ть   Aspect: ....

Я ....

Ты ....

Они́ спро́сят ....

Past:

   Он ....

   Она́ ....

   Conj. ....

стричь   Aspect: ....

Я стригу́ ....

Ты ....

Они́ ....

Past:

   Он ....

   Она́ стри́гла ....

   Conj. ....

мочь   Aspect: ....

Я ....

Ты ....

Они́ мо́гут ....

Past:

   Он ....

   Она́ ....

   Conj. ....

печь   Aspect: ....

Я пеку́ ....

Ты ....

Они́ ....

Past:

   Он ....

   Она́ пекла́ ....

   Conj. ....

испе́чь   Aspect: ....

Я испеку́ ....

Ты ....

Они́ ....

Past:

   Он ....

   Она́ испекла́ ....

   Conj. ....

Грамма́тика   113

красть	Aspect:
Я краду́	
Ты	
Они́	
Past:	
Он	
Она́	
Conj.	

укра́сть	Aspect:
Я украду́	
Ты	
Они́	
Past:	
Он	
Она́	
Conj.	

гото́вить	Aspect:
Я гото́влю	
Ты	
Они́	
Past:	
Он	
Она́	
Conj.	

возража́ть	Aspect:
Я возража́ю	
Ты	
Они́	
Past:	
Он	
Она́	
Conj.	

5–27 Compose 8-10 sentences using the verbs above. Use a separate piece of paper if necessary.

....

....

....

....

....

....

....

....

Да́тельный паде́ж

5–28 Отве́тьте на вопро́сы.

1. — Кому́ вы ча́сто звони́те?

— Мой оте́ц и моя́ мать ....

— Ба́бушка и де́душка ....

— Мой друг и моя́ подру́га ....

— Йра ....

— Та́ня ....

— Андре́й Серге́евич ....

— Са́ша ....

— Никола́й ....

— Екатери́на Евге́ньевна ....

— Наш преподава́тель ....

2. — Кому́ вы ча́сто помога́ете?

— Сосе́д по ко́мнате ....

— Сосе́дка по ко́мнате ....

— Моя́ мла́дшая сестра́ ....

— Мой мла́дший брат ....

— Мои́ друзья́ и подру́ги...

5–29 Запо́лните про́пуски.

1. Я обеща́л/а [*мои́ роди́тели*]...ча́сто звони́ть.

2. Вчера́ на уро́ке мы расска́зывали [*наш преподава́тель*] ....

.... о свое́й семье́.

3. На про́шлой неде́ле я купи́л/а пода́рки [*все друзья́ и подру́ги*] ....

....

4. [*Э́ти студе́нты*] .... преподаёт матема́тику

о́чень хоро́ший преподава́тель.

5. Я посове́товал/а [*Любо́вь Серге́евна*] .... купи́ть маши́ну.

6. Мне на́до написа́ть письмо́ [*Ли́дия Ива́новна и Серге́й Петро́вич*].............................

....

7. Я не зави́дую [*э́ти лю́ди*]..., у них тяжёлая жизнь.

8. Я хочу́ показа́ть э́ти фотогра́фии [*твои́ сосе́ди*]...

5–30. Зако́нчите сле́дующие предложе́ния. Не забу́дьте предло́ги **К** или **ПО**.

1. Ка́ждый де́нь мы гото́вимся [*уро́ки*] ....

                           [*семина́р*] ....

                           [*экза́мен*] ....

                           [*контро́льная*] ....

2. Я уже́ привы́к/ла [*но́вая жи́знь*] ....

                   [*э́то общежи́тие*] ....

                   [*наш преподава́тель*] ....

                   [*моя́ гру́ппа*] ....

3. Мой друг ещё не привы́к [*э́тот кли́мат*] ....

                       [*така́я холо́дная пого́да*] ....

                       ....

                       [*тако́е большо́е общежи́тие*] ....

                       ....

                       [*но́вые сосе́ди*] ....

4. Я ча́сто хожу́ [*зубно́й врач*] ....

                  [*но́вые знако́мые*] ....

                  [*ста́рые друзья́*] ....

5. В э́том семе́стре мы бу́дем сдава́ть экза́мены

                  [*ру́сская литерату́ра*] ....

                  [*ру́сский язы́к*] ....

                  [*вы́сшая матема́тика*] ....

                  [*хи́мия и исто́рия*] ....

5–31 Ско́лько им лет?

        Образе́ц: на́ш оте́ц — 47 → **На́шему отцу́ со́рок семь лет.**

1. ва́ша мать — 51 ....

2. моя́ ба́бушка — 72 ....

3. Васи́лий Серге́евич — 84 ....

4. Любо́вь Фёдоровна — 38 ....

5. их мла́дший брат— 13 ....

6. твоя́ мла́дшая сестра́ — 3 ....

7. Нью-Йо́рк ....

8. Бо́стон ....

5–32 Пора́ и на́до. Use the adverbs **пора́** or **на́до** to paraphrase the following sentences:

Образе́ц: Мы идём на ле́кцию. → **Нам пора́ идти́ на ле́кцию.**

1. 8.00 утра́. Ва́ня встаёт.

....

2. У меня́ совсе́м нет чи́стой оде́жды. Я бу́ду стира́ть.

....

3. Ты давно́ не стриг траву́.

....

4. У Ма́рка заня́тия че́рез 15 мину́т. Он ухо́дит из до́ма.

....

5. Ско́ро де́ти верну́тся из шко́лы.

....

6. Уже́ 6:00. Ни́на Ива́новна бу́дет гото́вить у́жин.

....

5–33 Мо́жно — нельзя́. Answer the questions in the negative and explain why. Remember that the opposite of **мо́жно** is **нельзя́.**

Образе́ц: — Мо́жно к вам зайти́ сего́дня ве́чером? →
— **Нет, извини́те, сего́дня ве́чером нельзя́. Я бу́ду гото́виться к контро́льной.**

1. — Мо́жно с ва́ми поговори́ть?

....

2. — Мо́жно сего́дня стира́ть?

....

3. — Мо́жно я сего́дня испеку́ хлеб?

....

4. — Мо́жно мне позвони́ть по телефо́ну?

....

5. — Мо́жно сего́дня стричь траву́?

....

....

5–34 Глаго́л: Бу́дущее вре́мя. Fill in the blanks with the appropriate form of the verb.

Образе́ц: — Ты **купи́л/а** уче́бники? →

— Нет, там была́ огро́мная о́чередь, **куплю́** на сле́дующей неде́ле.

1 .— Ты **отве́тил/а** на письмо́?

— Нет, у меня́ не́ было вре́мени, ...в суббо́ту.

2. —Ты **рассказа́л/а** преподава́телю о свои́х пробле́мах?

— Нет, преподава́тель был за́нят, ... сего́дня и́ли за́втра.

3. — Ты **пригласи́л/а** Ка́тю на день рожде́ния?

— Нет, не ви́дел/а её. Ду́маю, что сего́дня уви́жу её и ....

4 .—Ты **слу́шал/а** кассе́ту с диало́гом?

— Нет, сего́дня ве́чером ....

5. — Вы **сказа́ли** студе́нтам о собра́нии?

— Нет, ещё не .... им сего́дня по́сле обе́да.

6. — Вы **взя́ли** кни́ги в библиоте́ке?

— Нет, вчера́ мы бы́ли о́чень за́няты. .... их сего́дня.

7. — Ты уже́ давно́ **чита́ешь** э́ту кни́гу?

— А что?

— Когда́ ты ....её, скажи́ мне. Я то́же хочу́ её ....

8. — Ты уже́ **почини́л/а** магнитофо́н?

— Нет, ещё .... А что?

— Когда́ ты .... его́, я хочу́ попроси́ть тебя́ .... мои́ часы́.

9. Сего́дня мне на́до **купи́ть** уче́бники. Когда́ я .... уче́бники, я

сра́зу начну́ занима́ться.

5–35 Вре́мя. Spell out the times.

1. 7:45 ....

2. 1:40 ....

3. 3:50 ....

4. 2:30 ....

5. 10:45 ....

6. 8:55 ....

7. 12:58 ....

8. 9:30 ....

9. 6:15 ....

10. 9:40 ....

5–36 Нра́виться vs. **люби́ть.** Use forms of **люби́ть** when describing your usual or permanent attitude toward someone or something. Use forms of **нра́виться** when describing your initial impression about someone or something. Use past-tense forms of the perfective verb **понра́виться** when asking about or reporting an expected result.

Да́йте ру́сские эквивале́нты.

1. I really like my old apartment.

....

2. "Have you seen Mark's new apartment? Did you like it?"

....

....

3. "Do you like chocolate?" "Of course I do, who doesn't?"

....

....

4. "How do you like our new Russian students?"

....

5. All of my brothers and sisters like classical music.

....

Грамма́тика   **119**

5–37 Повтори́м падежи́. Put the words in parenthesis into the proper form. Add any necessary prepositions:

А. [*мои́ роди́тели*]

1. Я был/а́ ....

2. Мы хоти́м пое́хать ....

3. Я давно́ не ви́дел/а ....

Б. [*крова́ть / но́вая крова́ть*]

1. Вчера́ я сняла́/а кварти́ру, в кото́рой нет .... , и мне на́до

   купи́ть себе́ .... Я уже́ нашёл/

   нашла́ .... , кото́рую я хочу́ купи́ть, но на́до жда́ть две

   и́ли три неде́ли, пока́ э́ту .... привезу́т. Что

   де́лать?! Бу́ду спать на полу́.

2. Я так уста́л/а, что то́лько и могу́ лежа́ть .... и спать.

В. [*ста́рая ме́бель / но́вая ме́бель*]

1. Когда́ Ва́лины роди́тели перее́хали в но́вый дом, они́ реши́ли купи́ть ....

   ....

2. Ва́ле каза́лось, что у них уже́ мно́го .... , но

   ма́ма сказа́ла, что .... уже́ плоха́я.

3. «Я не хочу́... ,» — сказа́ла Ва́ля. «Оста́вьте у

   меня́ в ко́мнате ....»

Г. [*ва́нная*]

1. .... не́ было чи́стого полоте́нца.

2. Я иду́ .... принима́ть душ.

3. В на́шем до́ме две ....

Д. [*ку́хня*]

1. Мы бу́дем обе́дать ....

2. Пойдём .... , там гора́здо тепле́е.

3. Я вы́йду .... , как то́лько пригото́влю обе́д.

5–38 Supply the correct endings.

Я пригласи́л/а сво......... друз......... в го́сти к роди́тел......... Когда́ мы подъе́хали к до́м........ , из

до́м......... вы́бежала соба́ка и начала́ ла́ять. Она́ всегда́ ра́дуется[1] гост......... Ма́ма рабо́тала в

сад........ , полива́ла дере́вья, а па́па гото́вил обе́д. Я сказа́л/а ма́м......... , что я постригу́ трав......... . Я

---

[1]*ра́доваться* + кому́—чему́? *to be happy (to see, hear, etc.)*

всегда́ э́то де́лал/а в де́тств.......... . Ма́ма сказа́ла: "Тебе́ нужны́ де́ньги?" Э́то была́ шу́тка. Когда́ я

стри́г/ла трав......... в де́тств......... , она́ мне плати́ла.

•**Чте́ние для удово́льствия**

Слон   [*продолже́ние*]

Алекса́ндр Ива́нович Купри́н

1   По глаза́м не́мца •ви́дно, что он то́же хо́чет спроси́ть, не боли́т ли   *it's evident*

2 у На́диного отца́ голова́... Но оте́ц поспе́шно •объясня́ет, в чём де́ло: *explains*

3 его́ еди́нственная дочь, На́дя, больна́ како́й-то стра́нной боле́знью,

4 кото́рой да́же доктора́ не понима́ют как сле́дует. Она́ лежи́т уж ме́сяц в

5 крова́тке, худе́ет, слабе́ет с ка́ждым днём, ниче́м не интересу́ется,

6 скуча́ет и •потихо́ньку •га́снет.   Сего́дня она́ захоте́ла ви́деть живо́го   *little by little; gets weaker & weaker*

7 слона́. •Неуже́ли э́то невозмо́жно сде́лать?   *Can it really be that*

8   И он •добавля́ет •дрожа́щим го́лосом, •взя́вши не́мца за •пу́говицу   *add; trembling; taking; button*

9 пальто́:

10   — Ну, вот... Я, коне́чно, наде́юсь, что моя́ де́вочка •вы́здоровеет.   *will recover*

11 Но.. •спаси́ Бог.. вдруг её боле́знь око́нчится пло́хо... вдруг де́вочка   *God forbid*

12 умрёт?.. Поду́майте то́лько: ведь меня́ всю жизнь бу́дет •му́чить •мысль,   *torment; thought*

13 что я не •испо́лнил её после́днего •жела́ния!...   *fulfill; wish*

14   Не́мец •хму́рится. Наконе́ц он спра́шивает: *frowns*

15   — Гм... А ско́лько ва́шей де́вочке лет?

5–39 По́няли ли вы текст?   + пра́вильно; — непра́вильно

_____1. Не́мец рад, что На́диному отцу́ нра́вится слон.

_____2. Оте́ц объясня́ет, в чём де́ло.

_____3. У него́ есть други́е де́ти.

_____4. На́дя больна́ како́й-то стра́нной боле́знью.

_____5. Доктора́ понима́ют э́ту боле́знь.

_____6. На́дя лежи́т уже́ год в крова́тке.

_____7. На́дя худе́ет и слабе́ет с ка́ждым днём.

_____8. На́дя хоте́ла уви́деть настоя́щего живо́го бегемо́та.

_____9. Па́па говори́т споко́йным го́лосом.

_____10. Па́па бои́тся, что до́чка не вы́здоровеет.

_____11. Па́па ду́мает, что всё ко́нчится хорошо́.

_____12. Па́па бои́тся, что де́вочка умрёт.

_____13. Па́па хо́чет испо́лнить её после́днее жела́ние.

_____14. Не́мец не хо́чет знать, ско́лько На́де лет.

16   — Шесть.

17   — Гм... Мое́й Ли́зе то́же шесть. Гм... Но, зна́ете, вам э́то бу́дет

18 до́рого сто́ить. Придётся •привести́ слона́ но́чью и то́лько на сле́дующий   *bring, deliver*

19 день •увести́ •обра́тно. Днём нельзя́.   *take back*

20   — О, коне́чно, коне́чно... не беспоко́йтесь об э́том...

21   — Пото́м: •позво́лит ли поли́ция •вводи́ть *оди́н слон* [1] в оди́н дом?   *permit; bring in*

---

[1] The proper accusative form is, of course, **одного́ слона́**. Some of the Russian that the German man speaks is incorrect. The author does this in order to indicate a "foreign" accent in the German man's speech. We will note such "incorrect" Russian with italics.

22 — Я э́то •устро́ю. Позво́лит.	take care
23 — Ещё оди́н вопро́с: позво́лит ли хозя́ин ва́шего до́ма вводи́ть в	
24 свой дом *оди́н слон*?	
25 — Позво́лит. Я сам хозя́ин э́того до́ма.	
26 — Ага́! Э́то ещё лу́чше. И пото́м ещё оди́н вопро́с: в кото́ром	
27 этаже́[1] вы живёте?	
28 — Во второ́м.	
29 — Гм... Э́то уже́ не так хорошо́... Име́ете ли вы в своём до́ме	
30 •широ́кую ле́стницу, высо́кий потоло́к, большу́ю ко́мнату, широ́кие две́ри и	wide
31 о́чень •кре́пкий пол? Потому́ что мой То́мми име́ет •высоту́ три •арши́на и	strong; height; arshin (28")
32 четы́ре •вершка́, а в длину́ четы́ре арши́на. Кро́ме того́, он •ве́сит сто	vershok (1.75"); length; weighs;
33 двена́дцать •пудо́в.	pood (36 pounds)
34 На́дин оте́ц •заду́мывается на мину́ту.	becomes pensive
35 — Зна́ете ли что? — говори́т он. — Пое́дем сейча́с ко мне и	
36 рассмо́трим всё на ме́сте. Е́сли на́до, я •прикажу́ •расши́рить •прохо́д в	order; to make wider;
37 сте́нах.	passageway
38 — О́чень хорошо́! — •соглаша́ется хозя́ин звери́нца.	agrees

5–40 По́няли ли вы текст?   + пра́вильно; — непра́вильно

_____1. Не́мец говори́т, что у него́ есть дочь и сын.

_____2. Не́мец говори́т, что его́ до́чери четы́ре го́да.

_____3. Не́мец говори́т, что па́пе э́то бу́дет до́рого сто́ить.

_____4. Не́мец говори́т, что придётся вести́ слона́ домо́й днём.

_____5. Не́мец спра́шивает, на како́м этаже́ они́ живу́т.

_____6. Па́па говори́т, что они́ живу́т на тре́тьем этаже́.

_____7. Не́мец говори́т, что нужна́ широ́кая ле́стница.

_____8. Не́мец говори́т, что нужны́ широ́кие две́ри, кре́пкий пол и больша́я ко́мната.

_____9. Не́мец говори́т, что слона́ зову́т То́мми.

_____10. Не́мец говори́т, что То́мми ма́ленький слон.

_____11. На́дин оте́ц приглаша́ет не́мца домо́й, что́бы познако́миться с На́дей.

V

39 Но́чью слона́ веду́т в го́сти к больно́й де́вочке.	
40 Вокру́г него́, несмотря́ на по́здний час, больша́я •толпа́. Но слон не	crowd
41 обраща́ет на неё внима́ния: он ка́ждый день ви́дит со́тни люде́й в	
42 звери́нце.	
43 Но пе́ред ле́стницей слон остана́вливается в •беспоко́йстве и	agitation
44 •упря́мится.	becomes obstinate
45 — На́до дать ему́ ка́кое-нибудь •ла́комство... — говори́т не́мец.	treat
46 — *Како́й-нибудь •сла́дкий* бу́лка и́ли что... Но... То́мми!.. Ого́-го́!... То́мми.	sweet bun

---

[1] In current Russian, the preposition на is used with эта́ж (на како́м этаже́).

Чте́ние для удово́льствия

47 На́дин оте́ц бежи́т в •сосе́днюю •бу́лочную и покупа́ет большо́й	*neighboring; bakery*
48 •кру́глый •фиста́шковый торт. Держа́ в руке́ ла́комство, не́мец поды-	*round; pistachio*
49 ма́ется вверх со ступе́ньки на ступе́ньку, и слон •понево́ле сле́дует за	*against his will*
50 ним. На •площа́дке То́мми получа́ет второ́й кусо́к.	*landing*
51 Таки́м о́бразом его́ приво́дят в столо́вую, отку́да зара́нее •вы́несена	*taken out*
52 вся ме́бель. Кладу́т перед ним све́жей •морко́вки, •капу́сты и •ре́пы.	*carrots; cabbage; turnips*
53 Не́мец •располага́ется ря́дом на дива́не. •Ту́шат •огни́, и все ложа́тся	*settles down; extinguish; lights*
54 спать.	

5–41 По́няли ли вы текст?   + пра́вильно; — непра́вильно

_____1.   Слона́ веду́т к На́де но́чью.

_____2.   Слон хо́чет войти́ в дом.

_____3.   Слон остана́вливается пе́ред ле́стницей.

_____4.   Слон хо́чет что́-то сла́дкое.

_____5.   Па́па покупа́ет слону́ шокола́д.

_____6.   Па́па печёт слону́ большо́й, кру́глый фиста́шковый торт.

_____7.   Па́па покупа́ет слону́ торт в сосе́дней бу́лочной.

_____8.   То́мми приво́дят в гости́ную.

_____9.   Пе́ред слоно́м кладу́т све́жие о́вощи.

_____10.   Не́мец бу́дет спать на дива́не.

_____11.   В до́ме ту́шат огни́.

_____12.   В до́ме все ложа́тся спать.

5–42 Сочине́ние.   On a separate sheet of paper, write several sentences describing:

А.   How the elephant got to Nadya's house.

Б.   Nadya's house.

5–43. Как расска́з ко́нчится?   On a separate sheet of paper, write an ending for the story.

•Как вы́учить слова́

Step 1. Build clusters around these words.

1. гость

2. гря́зный

3. укра́сть

4. трава́

5. кани́кулы

6. шу́мно

7. общежи́тие

8. гото́вить

9. столо́вая

10. пусты́ня

Step 2. A. Check yourself to see whether you know how to say that

1. you've been invited to stay with friends;
2. you have a roommate;
3. you feel awkward about doing something;
4. something has been stolen;
5. the apartment is spacy;
6. you have to clean your room;
7. you have to mow the grass;
8. you have to take out the garbage;
9. you have to go shopping;
10. you have to study a lot.

B. List all the rooms in a large house.

C. List all the furniture you have in your apartment/room.

D. Do you remember what prepositions to use?

го́ры	в гора́х
о́зеро	
океа́н	
пусты́ня	
го́род	
дере́вня	
фе́рма	

E. What chores do you have to do at home? Which do you enjoy least? Which do you enjoy most?

F. What things get stolen most often?

Step 3. Think of what you like most about living at home and what you like least. What do you like most and least about living on your own?

Listen to the pronunciation of words containing the consonant [ц] /c/. This consonant is pronounced "hard," with the tip of the tongue touching your front teeth. Pronunciation hint: Your tongue should be in the same place where you prounounce a "*th*" sound in English.

Remember: Always pronounce И as Ы and Е as Э after the hard consonant [ц]

медици́на	америка́нцы
цирк	це́рковь
оте́ц	цеме́нт
отцы́	у́лица
об отце́	украи́нец
конце́рт	украи́нцы
америка́нец	

•Listening Comprehension

6-2 Дикта́нт. Transcribe the text.

....

....

....

....

....

....

....

....

6-3 Ры́жий челове́к. Listen to the story and list the parts of the body in the order given. Give a summary of the story in English.

....

....

....

....

....

....

6—4 Listen to the following dialogue and fill in the grid with information about the various people.

Имя	Возраст (сколько лет))	Профессия	Как выглядит	Семья
Лёна				
Таня				
Серёжа				

6—5 **По страни́цам сего́дняшних газе́т**. Listen to the following communication and answer the questions in English or Russian.

Поле́зные слова́

победи́тельница – *winner*
ко́нкурс красоты́ - *beauty contest*
вселённая – *universe*
непосре́дственность – *spontaneity*
обая́ние – *charm*
та́нцы– *dancing*

1. How old is Yulia?

....

2. Where does she go to school and what's her major?

....

3. What else do you know about her?

....

4. What have you learned about her family?

....

5. Where is the next competition she is going to?

....

Упражнёния на понима́ние

•Лекси́ческие упражне́ния

6–6 К те́ксту «**Дневни́к Ма́рка**». You are supposed to go to the airport to meet your Russian instructor, but you can't go. Write a note asking a friend to go in your place, and tell him/her what your instructor looks like. Use a separate sheet of paper.

6–7 К те́ксту «**Дневни́к Ма́рка**». Да́йте ру́сские эквивале́нты.

1. What time did you get home last night? I didn't hear you come in.

....

....

2. I saw them drinking coffee in the cafeteria.

....

....

3. I saw her mailing letters at the post office.

....

....

4. I saw them standing in line for concert tickets.

....

....

5. I heard Katya talking on the phone with her parents.

....

....

6-8 К разгово́ру «**Мы вме́сте вы́росли**». Situation: You are taking your best friend to dinner with some Russian friends and you want to call them on the telephone and tell them about him/her. You want to tell them that *he/she's your best friend, that you grew up together in the same town, went to the same school and that now you go to the same university/college. People think he/she's very nice, you think he/she's a very capable and smart person because he/she was a "straight-A" student in high school.* Write out what you will say about your best friend. Use a separate sheet of paper.

6–9 **Черты́ хара́ктера.** Зако́нчите предложе́ние. Не забу́дьте поста́вить прилага́тельные в твори́тельном падеже́ после глаго́ла **быть.**

1. Учи́тель до́лжен быть ....

2. Бизнесме́н до́лжен быть ....

3. Продаве́ц до́лжен быть ....

4. Врачи́ должны́ быть ....

5. Официа́нт/ка до́лжен/должна́ быть ....

6. Юри́ст до́лжен быть ....

7. Друзья́ должны́ быть ....

6–10 К разгово́рам «Она́ на меня́ оби́делась» и «У тебя́ свида́ние?». Да́йте ру́сские эквивале́нты.

"Why are you so upset, why are you so quiet all the time? Are you in a bad mood?"

"My friend doesn't want to talk to me. He/she is upset with me."

"What happened?"

"We had a date last night. He/she was in a bad mood and wouldn't speak. I asked what the matter was, and he/she said he/she didn't want to speak about it. Today he/she won't speak to me."

"Don't worry about it. Things like that happen. You'll make up."

....

....

....

....

....

....

....

....

....

....

6–11 К разгово́ру «Она́ с ним встреча́ется». Form "special possessive" adjectives. (see p. 165 in the textbook)

Образе́ц: сестра́ Са́ши → **Са́шина сестра́**

1. брат Ви́ти ....

2. соба́ка ма́мы...

3. друг па́пы ....

4. подру́га О́ли ....

5. кварти́ра Ната́ши...

6. бра́тья И́ры...

7. сад де́душки ....

8. письмо́ ба́бушки...

Лекси́ческие упражне́ния

6–12 Use the correct form.

1. Я пло́хо зна́ю .... [Ка́тин друг].

2. Мы получи́ли письмо́ от .... [ма́мина подру́га].

3. Ты, наве́рное, уви́дишь там .... [Ма́шина сестра́].

4. Вы опя́ть говори́те о .... [Ле́нины бра́тья]?

5. Ты ещё не была́ в ....

   [де́душкина но́вая кварти́ра]?

6. Мы вчера́ познако́мились с .... [Ната́шин жени́х].

7. Вы пойдёте на .... [Ната́шина сва́дьба]?

8. Почему́ ты не отвеча́ешь на .... [па́пины вопро́сы]?

6-13 Письмо́ в реда́кцию. You work for a Russian newspaper and answer letters to «*Дорога́я Ма́ша*», a Russian equivalent to "Dear Abby" or "Ann Landers." Give your advice.

> Дорога́я Маша!
> Мне 19 лет. Уже три года я встречаюсь с человеком, без которого не могу жить. Но мои родители не разрешают мне его видеть. Они говорят, что он мне искалечит[1] жизнь. Ему 31 год, он женат и у него есть ребёнок. Он добрый и весёлый, и мне с ним хорошо. Я знаю, что он любит меня. Но он не может развестись с женой, потому что не хочет бросить сына. Посоветуйте, что мне делать.
>
> **А. В., город Саратов**

....

....

....

....

....

....

....

....

....

....

....

---

[1] *ruin*

ASKING AND ANSWERING QUESTIONS

• { asking someone about someone or something
asking something
asking about someone or something

• { answering someone !giving someone an answer@
answering something

спра́шивать/спроси́ть { *о ком–чём?* *что?* *кого? (у кого?)* *(у) кого о ком–чём?* *Он спроси́л меня́, люблю́ ли я гото́вить.* *Ка́тя спроси́ла (у) Ма́рка, что случи́лось.* *Ба́бушка о тебе́ ча́сто спра́шивает.* *Спроси́те её / спроси́те у неё!*	отвеча́ть/отве́тить *кому?** *что?** *Я отве́тил/а на все́ вопро́сы.* *Когда́ ты мне отве́тишь?* ┌─────────────────────────────┐ │ *Не забу́дьте:* отве́т **на вопро́с** │ └─────────────────────────────┘
With the verb *спра́шивать /спроси́ть* use the accusative case or *у* + genitive to indicate the person being asked.	With the verb *отвеча́ть/отве́тить* use the dative case to indicate the person being answered.

• asking a question,
  asking someone a question (about someone or something)

> задава́ть/зада́ть + *кому* + { *вопро́с* *(како́й) вопро́с?* *(ско́лько вопро́сов)*
>
> *Я хочу́ зада́ть (оди́н) вопро́с.*
> *Вы мне за́дали о́чень тру́дный вопро́с.*

> *Не забу́дьте:*
>
> *спра́шивать/спроси́ть = задава́ть/зада́ть вопро́с*
>
> Ру́сские **не** говоря́т: ~~спра́шивать/спроси́ть вопро́с~~

6–14 Запо́лните про́пуски. Употреби́те глаго́лы: **спра́шивать/спроси́ть, отвеча́ть/отве́тить, задава́ть/зада́ть.** Add any necessary prepositions.

1. Когда́ Ка́тя пи́шет домо́й, она́ всегда́ .... о ба́бушке.

2. Мари́я .... Ка́тю, хо́чет ли она́ пойти́ на фи́льм.

3. Когда́ Ка́тя .... Ма́рка, что случи́лось, о́н ...., что слома́лась маши́на и ему́ пришло́сь звони́ть в автоклу́б.

4. За́втра у меня́ экза́мен. Наде́юсь, что профе́ссор бу́дет .... лёгкие вопро́сы.

5. Мне́ ну́жно .... все́ э́ти пи́сьма.

6. Что́ ещё вы хоти́те меня́ .... ?

7. Контро́льная рабо́та была́ о́чень тру́дная. Я не .... два́ вопро́са.

8. Каки́е вопро́сы... твой преподава́тель?

9. Вы пра́вильно .... мой вопро́с.

10. Я не зна́ю.. На́до.. Ма́рка, он бу́дет зна́ть.

6–15 Запо́лните про́пуски. Употреби́те глаго́лы: **спра́шивать/спроси́ть, отвеча́ть/отве́тить, задава́ть/зада́ть.** Add any necessary prepositions.

Любопы́тный ма́льчик

У меня́ есть племя́нник, кото́рый о́чень лю́бит .... тру́дные вопро́сы.

Он .... вопро́сы всём и обо всём. Когда́ он ви́дит

со́лнце, он .... , почему́ оно́ кра́сное, и почему́ оно́ све́тит

то́лько днём. Его́ роди́тели не мо́гут .... все́ его́ вопро́сы — им

не́когда — и поэ́тому он .... сосе́дей,

ро́дственников — все́х, кто прихо́дит в дом. Иногда́ я сержу́сь[1] на него́, но ма́ма всегда́

говори́т, что, когда́ мне бы́ло пять лет, я то́же ....

та́к мно́го вопро́сов, что никто́ никогда́ не мог ....

все́ мои́ вопро́сы.

6–16 Скажи́те по-ру́сски: Да́йте ру́сские эквивале́нты:

1. Answer the following questions.

....

2. I knew the answers to all the questions.

....

3. Have you already answered your mother's letter?

....

4. How did you answer the last question?

....

5. How many questions did he ask?

....

6. How should I answer this letter?

....

7. What should I ask them?

....

---

[1] *серди́ться/рассерди́ться* + на кого́? (за что?) – *to get mad at*

•Грамма́тика

6–17 Глаго́лы. Give the missing forms for the verbs.

прилета́ть	Aspect:
Я	
Ты прилета́ешь	
Они́	
Past:	
Он	
Она́	
Conj.	

прилете́ть	Aspect:
Я прилечу́	
Ты	
Они́	
Past:	
Он	
Она́	
Conj.	

вы́глядеть	Aspect:
Я	
Ты вы́глядишь	
Они́	
Past:	
Он	
Она́	
Conj.	

иска́ть	Aspect:
Я	
Ты и́щешь	
Они́	
Past:	
Он	
Она́	
Conj.	

расти́	Aspect:
Я расту́	
Ты	
Они́	
Past:	
Он	
Она́	
Conj.	

вы́расти	Aspect:
Я	
Ты	
Они́ вы́растут	
Past:	
Он	
Она́	
Conj.	

дружи́ть   Aspect:

Я ....

Ты ....

Они́   дру́жат ....

Past:

   Он ....

   Она́ ....

   Conj. ....

молча́ть   Aspect:

Я ....

Ты ....

Они́ молча́т ....

Past:

   Он ....

   Она́ ....

   Conj. ....

обижа́ться   Aspect:

Я обижа́юсь ....

Ты ....

Они́ ....

Past:

   Он ....

   Она́ ....

   Conj. ....

оби́деться   Aspect:

Я ....

Ты ....

Они́ оби́дятся ....

Past:

   Он ....

   Она́ ....

   Conj. ....

обеща́ть   Aspect:

Я обеща́ю ....

Ты ....

Они́ ....

Past:

   Он ....

   Она́ ....

   Conj. ....

пойти́   Aspect:

Я пойду́ ....

Ты ....

Они́ ....

Past:

   Он ....

   Она́ ....

   Conj. ....

узнава́ть	Aspect:		узна́ть	Aspect:
Я узнаю́			Я узна́ю	
Ты			Ты	
Они́			Они́	
Past:			Past:	
Он			Он	
Она́			Она́	
Conj.			Conj.	

6–18   Compose 8-10 sentences using the verbs in the table above. Use a separate sheet of paper.

6–19 Твори́тельный паде́ж.

1. С кем вы ча́сто говори́те по телефо́ну?

его старый оте́ц...............

её мать...............

наш ста́рший брат ....

их двою́родная сестра́...............

на́ша ба́бушка...............

ваш де́душка...............

мой дя́дя Ко́ля...............

2. С кем вы отдыха́ете ле́том?

моя́ семья́...............

на́ши друзья́...............

Та́нины ро́дственники...............

Ле́нины знако́мые...............

3. С кем вы ходи́ли на экску́рсию?

наш преподава́тель...............

но́вый перево́дчик...............

но́вая перево́дчица...............

Грамма́тика   **135**

Любо́вь Серге́евна...

ру́сские студе́нты...

4. С кем вы поздоро́вались?

наш дека́н...

его́ секрета́рь...

изве́стный писа́тель..

6–20 Чем интересу́етесь вы, ва́ши друзья́ и знако́мые?

спорт...

междунаро́дная поли́тика...

совреме́нная литерату́ра..

дре́вняя исто́рия..

класси́ческая филосо́фия..

вы́сшая матема́тика...

совреме́нное иску́сство..

класси́ческая му́зыка...

ру́сская литерату́ра...

архитекту́ра..

медици́на...

6–21 **Кем они́ бы́ли?** Раскро́йте ско́бки.

1. Ломоно́сов был *[пе́рвый ру́сский учёный]*.

....

2. Толсто́й и Достое́вский бы́ли *[вели́кие ру́сские писа́тели]*.

....

3. Фо́лкнер был *[вели́кий америка́нский писа́тель]*.

....

4. Да́рвин был *[вели́кий англи́йский учёный]*.

....

5. Джо́рдж Вашингто́н был *[пе́рвый америка́нский президе́нт]*.

....

6. Менделе́ев был *[вели́кий ру́сский хи́мик]*.

....

7. Со́фья Ковале́вская была́ *[член-корреспонде́нт]* Петербу́ргской акаде́мии нау́к.

....

8. Влади́мир Го́ровиц был *[изве́стный америка́нский пиани́ст].*

....

6–22 Кем вы рабо́таете? Раскро́йте ско́бки.

1. Мо́й бра́т рабо́тает *[ста́рший инжене́р заво́да]* ....

.... , а сре́дний брат ско́ро ста́нет *[преподава́тель*

матема́тики]. ....

2. Моя́ мать была́ *[медици́нская сестра́]* .... , а пото́м

ста́ла *[де́тский врач]*.. ....

3. В де́тстве я хоте́л быть *[космона́вт]* ...., а сейча́с я хочу́

стать *[архите́ктор]*...

4. Моя́ сестра́ занима́ется .... *[му́зыка]* и хо́чет стать

[пиани́стка] ....

5. А *[кто]*............................... вы хоти́те стать? Я хочу́ стать ....

6-23 Reflexive Verbs. On a separate sheet of paper, make up sentences with the following verbs:

боя́ться, здоро́ваться, нра́виться, просыпа́ться, случа́ться, улыба́ться, смея́ться.

6-24 Choose the correct verb.

1. возвраща́ться / возвраща́ть

а) Она́ никогда́ не .... книг, кото́рые берёт у меня́.

б) Почему́ ты всегда́ так по́здно .... из университе́та?

2. познако́миться / познако́мить

а) Где ты .... с э́тими людьми́?

б) Хо́чешь, я вас .... ?

в) Когда́ ты .... нас?

3. слома́ться / слома́ть

а) Когда́ у тебя́ .... маши́на?

б) Как вы .... маши́ну?

в) Кто всё .... ?

Грамма́тика   **137**

4. извини́ться / извини́ть

    а) Как вы могли́ так разгова́ривать с ней? Э́того нельзя́ ....

    б) Я не могу́ .... вас.

    в) Вы должны́ передо мно́й ....

5. гото́виться / гото́вить

    а) Что ты .... ?

    б) К чему́ ты .... ?

6. начина́ться / начина́ть

    а) Почему́ ты так по́здно .... занима́ться?

    б) В кото́ром часу́ .... экза́мен?

7. писа́ться / писа́ть

    а) Я не зна́ю, как .... его́ фами́лия.

    б) Она́ о́чень хорошо́ ....по-ру́сски.

8. учи́ться / учи́ть

    а) Вам на́до .... но́вые слова́.

    б) Что́бы хорошо́ ...., на́до мно́го чита́ть.

6–25 Повтори́м падежи́: Употреби́те пра́вильную фо́рму местоиме́ния «*всё*». Доба́вьте ну́жные предло́ги.

    1. Они́ бы́ли дово́льны ....

    2. .... бы́ло гото́во.

    3. Мы потеря́ли ....

    4. Он/а́ бои́тся ....

    5. Челове́к мо́жет .... привы́кнуть.

    6. Я хочу́ вас поблагодари́ть за ....

    7. Они́ спо́рили ....

    8. Ты ду́маешь, что ты ....зна́ешь?

    9. Он/а ве́рит ....

    10. Э́то ....

6–26 Повторим падежи: Употребите правильную форму местоимения «*все*». Добавьте нужные предлоги.

1. Он/а верит ....

2. Я благодарил/а .... за всё.

3. Там были ....

4. Он/а спрашивал/а .... обо ....

5. Он/а помогает ....

6. Мы послали письма ....

7. Он/а любит спорить со ....

8. Саша улыбается ....

9. Он/а боится ....

10. .... были довольны.

11. Он .... об этом скажет.

12. Мы .... знали об этом.

6–27 Опрос: «Кто ты?»

A. The newspaper «Аргуме́нты и фа́кты» published this questionnaire to determine who its

readers are and what publications they are interested in. Answer the questions in detail.

1. Ско́лько вам лет?

....

2. Рабо́таете вы или у́читесь?

....

3. Есть ли у вас люби́мый челове́к? Опиши́те его́/ её.

....

....

4. Каки́е де́вушки (ю́ноши) вам нра́вятся?

....

5. Счита́ете ли вы, что ну́жно жени́ться (выходи́ть за́муж)?

....

6. Кем бы вы хоте́ли, что́бы рабо́тала ва́ша де́вушка (жена́), ваш молодо́й челове́к (муж)?

....

7. Ча́сто ли вы хо́дите на свида́ния?

....

8. Ваш идеа́льный ве́чер (кино́, теа́тр, дискоте́ка, в компа́нии друзе́й или про́сто вдвоём).

....

....

9. Де́лаете ли вы что́-нибудь до́ма по хозя́йству? Что и́менно?

....

10. Чем вы интересу́етесь?

....

11. Как вы прово́дите кани́кулы (о́тпуск)?

....

12. Интересу́ет ли вас спорт? Каки́м ви́дом спо́рта вы занима́етесь?

....

13. Каку́ю му́зыку вы слу́шаете?

....

14. Каки́е материа́лы вы хоти́те ви́деть в газе́те?

....

Б. You've been asked to contribute your own questions to add to the questionnaire. What questions will you ask? Use a separate sheet of paper.

•Чте́ние для удово́льствия

Слон (оконча́ние)

VI

1	На друго́й день де́вочка просыпа́ется •чуть свет и пре́жде всего́	*at daybreak*
2	спра́шивает:	
3	— А что́ же слон? Он пришёл?	
4	— Пришёл, — отвеча́ет ма́ма, — но то́лько он •веле́л, чтобы На́дя	*сказа́л*
5	снача́ла •умы́лась, а пото́м съе́ла •яйцо́ всмя́тку и вы́пила горя́чего	*wash up; soft-boiled egg*
6	молока́.	
7	— А он до́брый?	
8	—Он до́брый. •Ку́шай, де́вочка. Сейча́с мы пойдём к нему́.	*eat*
9	—А он •смешно́й?	*funny*
10	— Немно́жко. •Наде́нь тёплую •ко́фточку.	*put on; sweater*
11	Яйцо́ бы́стро •съе́дено, молоко́ •вы́пито. На́дю •сажа́ют в ту са́мую	*eaten; drunk; put, seat*
12	•коля́сочку, в кото́рой она́ е́здила, когда́ была́ ещё тако́й ма́ленькой, что	*carriage*
13	совсе́м не уме́ла ходи́ть, и везу́т в столо́вую.	
14	Слон •ока́зывается гора́здо бо́льше, чем ду́мала На́дя, когда́	*turns out to be*
15	•разгля́дывала его́ на карти́нке.	*смотре́ла на него́*
16	Де́вочка •во́все не •испу́гана. Она́ то́лько немно́жко •поражена́	*not at all; frightened; astounded*
17	•грома́дной •величино́й живо́тного.	*huge; size*
18	Хозя́ин слона́, не́мец, •подхо́дит к коля́сочке и говори́т:	*goes up to, approaches*
19	— *До́брого у́тра*, •ба́рышня. Пожа́луйста, не бо́йтесь. То́мми о́чень	*young lady*
20	до́брый и лю́бит дете́й.	
21	Де́вочка •протя́гивает не́мцу свою́ ма́ленькую •бле́дную ру́чку.	*extends; pale*

6–28 По́няли ли вы текст?   + = пра́вильно; — = непра́вильно

1. __ Де́вочка проснула́сь ра́но у́тром.

2. — Она́ забы́ла о слоне́.

3. __ Она́ не хоте́ла за́втракать.

4. — Она́ съе́ла яйцо́ и вы́пила молока́.

5. — Де́вочка не боя́лась слона́.

6. — Хозя́ин слона́ сказа́л, что слон о́чень злой.

22	—Здра́вствуйте, как вы пожива́ете? — отвеча́ет она́. — Я во́все,	*not a bit*
23	•ни ка́пельки не бою́сь. А как его́ зову́т?	
24	— То́мми.	
25	— Здра́вствуйте, То́мми, — произно́сит де́вочка и •кла́няется	*nods*
26	голово́й. •Оттого́, что слон тако́й большо́й, она́ не •реша́ется говори́ть	*потому́ что; doesn't dare*
27	ему́ на «ты». — Как вы спа́ли э́ту ночь?	
28	Она́ и ему́ •протя́гивает ру́ку. Слон осторо́жно берёт и •пожима́ет	*extends; squeezes*
29	ее то́ненькие •па́льчики свои́м па́льцем и де́лает э́то •гора́здо нежне́е,	*fingers; much more tenderly*
30	чем до́ктор Михаи́л Петро́вич. При э́том слон кача́ет голово́й, а его́	
31	ма́ленькие глаза́ то́чно смею́тся.	

32	— Ведь он всё понима́ет? — спра́шивает де́вочка не́мца.	
33	— О, •реши́тельно всё, ба́рышня!	*absolutely*
34	— Но то́лько он не говори́т?	
35	— Да, вот то́лько не говори́т. У меня́, зна́ете, есть то́же одна́	
36	до́чка, •така́я же ма́ленькая, как и вы. Её зову́т Ли́за. То́мми с ней	*just as*
37	большо́й, о́чень большо́й •прия́тель.	*друг*
38	— А вы, То́мми, уже́ пи́ли чай? — спра́шивает де́вочка слона́.	
39	Не́мец •гу́сто смеётся.	*deeply, heartily*

6–29 По́няли ли вы текст?   + = пра́вильно; — = непра́вильно

1. — Де́вочка говори́т слону́ «вы», потому́ что она́ его́ бои́тся.

2. — Де́вочка говори́т слону́ «вы», потому́ что он тако́й большо́й.

3. — Де́вочка здоро́вается со слоно́м за́ руку.

4. — Хозя́ин слона́ говори́т, что слон уме́ет говори́ть.

5. — Хозя́ин слона́ говори́т, что его́ до́чка Ли́за не лю́бит слона́.

6. — Де́вочка хо́чет знать, пил ли не́мец чай.

40	— Нет, он не пил ча́ю, ба́рышня. Но он с удово́льствием пьёт	
41	са́харную во́ду. Та́кже он о́чень лю́бит •бу́лки.	*rolls*
42	Прино́сят •подно́с с бу́лками. Де́вочка •угоща́ет слона́. Когда́ все	*tray; treat*
43	бу́лки •съе́дены, На́дя знако́мит слона́ со свои́ми ку́клами:	*eaten up*
44	—Посмотри́те, То́мми, вот э́та •наря́дная ку́кла — э́то Со́ня. Она́	*nicely dressed*
45	о́чень до́брый ребёнок, но немно́жко •капри́зна и не хо́чет есть суп. Ну,	*capricious*
46	так дава́йте игра́ть, То́мми: вы бу́дете па́пой, а я ма́мой, а э́то бу́дут	
47	на́ши де́ти.	
48	То́мми •согла́сен. Он смеётся, берёт ку́клу за •ше́ю и •та́щит её к	*agrees; neck; pulls*
49	себе́ в •рот. Но э́то то́лько •шу́тка.	*mouth; joke, in fun*
50	Пото́м На́дя пока́зывает ему́ большу́ю кни́гу с карти́нками и	
51	объясня́ет:	
52	— Это ло́шадь, э́то канаре́йка, э́то •ружьё... А вот, посмотри́те,	*rifle*
53	э́то слон! Пра́вда, •совсе́м непохо́же? Ра́зве же слоны́ быва́ют таки́е	*not at all similar*
54	ма́ленькие, То́мми?	
55	То́мми •нахо́дит, что таки́х ма́леньких слоно́в никогда́ не быва́ет на	*finds [here: thinks]*
56	•све́те. •Вообще́ ему́ э́та карти́нка не нра́вится.	*world; In general*

6–30 По́няли ли вы текст?   + = пра́вильно; — = непра́вильно

1. — Слон ест сла́дкие бу́лки и пьёт во́ду.

2. — Слону́ не нра́вится вода́.

3. — Де́вочка игра́ет со слоно́м.

4. — Де́вочка ду́мает, что слон на карти́нке похо́ж на живо́го слона́.

5. — Слону́ о́чень нра́вится карти́нка.

57	•Наступа́ет час обе́да, но де́вочку ника́к нельзя́ •оторва́ть от слона́.	*approaches; tear away*
58	На •по́мощь прихо́дит не́мец:	*to the rescue, to help*
59	— Позво́льте, я всё устро́ю. Они́ пообе́дают вме́сте.	

60	Он •прика́зывает слону́ се́сть. Слон •послу́шно сади́тся. •Напро́тив	orders; obediently; opposite
61	его́ сади́тся де́вочка. Ме́жду ни́ми ста́вят сто́л. Де́вочка ест суп из	
62	ку́рицы и котле́тку, а слон — ра́зные о́вощи и сала́т. Де́вочке даю́т	tiny
63	•кро́шечную •рю́мку •хе́ресу, а слону́ тёплой воды́ со стака́ном •ро́ма, и он	goblet; sherry; rum
64	с удово́льствием •вытя́гивает э́тот •напи́ток хо́ботом из •ми́ски. Зате́м они́	pulls in drink; bowl
65	получа́ют сла́дкое — де́вочка ча́шку кака́о, а слон полови́ну то́рта, на	
66	э́тот раз •оре́хового. Не́мец в э́то вре́мя сиди́т с па́пой в гости́ной и с	nut
67	таки́м же наслажде́нием, как и слон, пьёт пи́во, то́лько в •бо́льшем	larger; quantity
68	•коли́честве. •Наступа́ет ве́чер. По́здно. Де́вочке пора́ спать. Одна́ко её	approaches
69	невозмо́жно •оттащи́ть от слона́. Она́ так и засыпа́ет о́коло него́, и её	pull away
70	уже́ со́нную отво́зят в де́тскую. Она́ да́же не слы́шит, как её раздева́ют.	

6–31 По́няли ли вы те́кст?   + = пра́вильно; — = непра́вильно

1. __ Де́вочка и слон обе́дают вме́сте.

2. __ Де́вочка опя́ть не хо́чет ничего́ есть.

3. __ Слон ест суп, а де́вочка ест сала́т.

4. __ Па́па в гости́ной пьёт пи́во.

5. __ Де́вочка не хо́чет, что́бы слон уходи́л.

6. __ Де́вочка не хо́чет бо́льше игра́ть со слоно́м.

7. __ Де́вочка засыпа́ет на свое́й крова́ти.

8. __ Де́вочка засыпа́ет в той ко́мнате, где она́ игра́ла со слоно́м.

71	В э́ту ночь На́дя •ви́дит во сне́, что она́ жени́лась на То́мми и у них	has a dream
72	мно́го дете́й, ма́леньких весёлых •слоня́ток. Слон, кото́рого но́чью	baby elephants; took back
73	•отвели́ в звери́нец, то́же ви́дит во сне ми́лую •ла́сковую де́вочку. Кро́ме	affectionate
74	того́, ему́ сня́тся то́рты, оре́ховые и фиста́шковые, •величино́ю с воро́та	the size of (big) gates
75	…	cheerful; former, previous
76	У́тром де́вочка просыпа́ется •бо́драя, све́жая и, как в •пре́жние	shouts
77	времена́, когда́ она́ была́ ещё здоро́ва, •кричи́т на ве́сь до́м, гро́мко и	
78	•нетерпели́во:	impatiently
79	— •Мо-лоч-ка́!	Give me some milk!
80	•Услы́шав э́тот крик, ма́ма •ра́достно •кре́стится у себя́ в спа́льне.	on hearing joyfully; crosses
81	Но де́вочка тут же вспомина́ет о •вчера́шнем и спра́шивает:	herself; yesterday's events
82	— А слон?	
83	Ей объясня́ют, что слон ушёл домо́й •по дела́м, что у него́ есть де́ти,	on business
84	кото́рых нельзя́ оставля́ть •одни́х, что он проси́л •кла́няться На́де и что он	alone, by themselves; give his
85	ждёт ее к себе́ в го́сти, когда́ она́ бу́дет здоро́ва.	regards
86	Де́вочка •хи́тро улыба́ется и говори́т:	cunningly
87	— Переда́йте То́мми, что я уже́ совсе́м здоро́ва!	

6-32 Назва́ние.

A. Think of another title for the story.

....

Б. Give three reasons why Nadya recovered.

....

....

....

6–33 Повтори́м падежи́.. Раскро́йте ско́бки, доба́вьте ну́жные предло́ги.

Но́чью слона́ веду́т к *[больна́я де́вочка]*.. Он ва́жно

идёт по *[са́мая широ́кая у́лица]* ....

.... и не обра́щает внима́ния на *[лю́ди]* .... Слон

остана́вливается перед *[небольшо́й двухэта́жный дом]*...

....и не хо́чет идти́ по *[ле́стница]*

.....................................Тогда́ хозя́ин даёт *[слон]* .... кусо́к *[фиста́шковый*

торт]..., но слон хо́чет съесть весь торт

вме́сте с *[карто́нная коро́бка]* .... У́тром

На́дя здоро́вается с *[хозя́ин]*.................................. слона́ и говори́т, что она́ совсе́м не бои́тся *[э́то*

огро́мное живо́тное]...............................

.... Пото́м она́ даёт *[рука́]*

.... *[слон]* ....и здоро́вается с *[он]*............................. Слон

осторо́жно берёт *[её ма́ленькая ру́чка]*...

.... и пожима́ет её. Прино́сят подно́с *[больши́е бе́лые*

бу́лки] .... и де́вочка даёт *[слон]*

.... *[больша́я вку́сная бу́лка]*.

.... Когда́ слон съеда́ет *[все бу́лки]* .

...., де́вочка знако́мит *[он]*........................ со *[свои́*

ку́клы],............................... а пото́м игра́ет со *[слон]*............................ Она́

пока́зывает ему́ *[больша́я кни́га]* .... *[карти́нки]*,

.... но *[слон]* .... э́та кни́га не нра́вится.

Как вы́учить слова́

6–34 Three steps to help you memorize vocabulary.

Step 1. Build clusters around these words:
1. встреча́ть
2. опозда́ть
3. познако́мить
4. свида́ние
5. поссо́риться
6. высо́кий
7. настрое́ние
8. лингафо́нный кабине́т
9. шоссе́

Step 2. A. Check yourself to see whether you know how to say that
1. a person is tall;
2. a person is short;
3. you want to meet someone;
4. it's a small world;
5. all's well that ends well;
6. you are in a bad mood;
7. you are angry;
8. you are tired;
9. you have quarreled with a friend.

B. List all the adjectives you can use with the following nouns.

во́лосы	глаза́	рост	вес (weight)

Step 3.

1. Think of what your parents, grandparents, brothers and sisters look like. Can you describe them in Russian?
2. Can you describe yourself so that you would be recognized?
3. Is there a famous person you particularly admire or dislike? Can you describe him or her?
4. If you have/had a pet, can you describe it in Russian?

Глава́ VII Прича́стия и дееприча́стия

•Прича́стия

Вспо́мните!

Студе́нт, ‖ **кото́рый рабо́тает** в кни́жном магази́не
‖ *рабо́тающий* в кни́жном магази́не

Студе́нтка, ‖ **кото́рая рабо́тает** в кни́жном магази́не
‖ *рабо́тающая* в кни́жном магази́не

Студе́нты, ‖ **кото́рые рабо́тают** в кни́жном магази́не
‖ *рабо́тающие* в кни́жном магази́не

7–1 Form present-active participles from the following verbs:

Imperfective Infinitive	Third-Person Plural	Present Active Participle (masc.)
чита́ть	*чита́ют*	*чита́ющий*
говори́ть	*говоря́т*	*говоря́щий*
1. игра́ть		
2. снима́ть		
3. выступа́ть		
4. стоя́ть		
5. учи́ться		
6. отдыха́ть		
7. жить		
8. интересова́ться		
9. занима́ться		
10. поступа́ть		
11. спать		

7–2 Change the **кото́рый** phrases to participle phrases.

1. Ребя́та, кото́рые снима́ют э́ту кварти́ру

....

2. Студе́нты, кото́рые выступа́ют сего́дня ве́чером

....

3. Лю́ди, кото́рые стоя́т на у́лице

....

4. Друзья́, кото́рые опа́здывают на все ле́кции

....

5. Подру́га, кото́рая игра́ет на фле́йте

....

6. Зда́ние, кото́рое стои́т на пло́щади

....

7. Америка́нцы, кото́рые отдыха́ют ле́том

....

8. Студе́нты и аспира́нты, кото́рые у́чатся в на́шем университе́те

....

9. Студе́нты, кото́рые устаю́т от рабо́ты

....

10. Де́вушка, кото́рая живёт в э́той кварти́ре

....

11. Студе́нты, кото́рые занима́ются спо́ртом

....

12. Друзья́, кото́рые интересу́ются пое́здкой в Росси́ю

....

13. Соба́ка, кото́рая спит на дива́не

....

7–3 Try to guess the meaning of the following words and phrases:

1. пью́щие .... не пью́щие ....

2. куря́щие .... не куря́щие ....

3. но́мер (в гости́нице) для некуря́щих ....

4. лета́ющие таре́лки ....

5. бу́дущее вре́мя ....

6. англоговоря́щие ....

7. русскоговоря́щие ....

8. зна́ющий челове́к ....

9. уча́щиеся ....

10. трудя́щиеся (труд – labor)..

11. отдыха́ющие ....

12. уезжа́ющие ....

Дееприча́стия

Вспо́мните!

Студе́нт, | кото́рый рабо́тал в кни́жном магази́не
       | рабо́тавший в кни́жном магази́не

Студе́нтка, | кото́рая рабо́тала в кни́жном магази́не
         | рабо́тавшая в кни́жном магази́не

Студе́нты, | кото́рые рабо́тали в кни́жном магази́не
         | рабо́тавшие в кни́жном магази́не

7–4 Form past active participles from the following verbs:

Imperfective Infinitive	Third-Person Plural	Past Active Participle (masc.)
чита́ть	*чита́л*	*чита́вший*
говори́ть	*говори́л*	*говори́вший*
вы́расти	*вы́рос*	*вы́росший*

1. разбуди́ть

2. люби́ть

3. роди́ться

4. выступа́ть

5. е́хать

6. просну́ться

7. занима́ться

8. расска́зывать

9. починя́ть

10. забы́ть

11. помо́чь

12. принести́

7–5 Change the **кото́рый** phrases to participle phrases.

1. Студе́нты, кото́рые око́нчили шко́лу в про́шлом году́

....

2. Студе́нтка, кото́рая поступи́ла в друго́й университе́т

....

3. Аспира́нты, кото́рые роди́лись в Росси́и

....

Дееприча́стия   **149**

4. Механик, который починил мою машину

....

5. Профессор, который забыл об экзамене

....

6. Студенты, которые заснули на лекции

....

7. Друзья, которые нам рассказывали о своей поездке в Россию

....

8. Ребята, которые выступали на нашем вечере

....

9. Стажёры, которые приехали в США учиться

....

Светофор «ВМ»
СООБЩАЕТ ГОСАВТОИНСПЕКЦИЯ

ТАКСИ СБИЛО МАЛЬЧИКА

К сожалению, бывает, что дети неожиданно выходят на дорогу из-за автобуса или троллейбуса, стоящего на остановке. И это приводит к несчастным случаям. Особенно опасно, когда ребёнок обходит препятствие спереди и водитель едущей мимо машины не успевает ни свернуть, ни затормозить.

Так произошло у дома №8 на улице Конёнкова в Кировском районе. Такси сбило мальчика, выбежавшего из-за стоявшего на остановке автобуса.

Детей следует учить пользоваться обо-значенными переходами, находящимися рядом с остановками. А, кроме того, родители, учителя должны воспитывать у школьников навык осма-триваться перед выходом из-за препятствия, ограничивающего обзор, на дорогу.

7–6 Write out the participles in the previous article

Participle	Tense / Aspect
1..	....
2..	....
3..	....
4..	....
5..	....
6..	....

7–7 Following the model, transform the following active participle constructions into **кото́рый** constructions. Pay attention to the tense of the participle and use the corresponding tense in your transformed sentence.

Образец: Води́тель *е́дущей* ми́мо маши́ны не успева́ет ни сверну́ть, ни затормози́ть.

Води́тель маши́ны, *кото́рая е́дет ми́мо*, не успева́ет ни сверну́ть, ни затормози́ть.

1. Де́ти неожи́данно выхо́дят на доро́гу из-за авто́буса, *стоя́щего* на остано́вке.

....

2. Такси́ сби́ло ма́льчика, *вы́бежавшего* из-за авто́буса.

....

3. Такси́ сби́ло ма́льчика, *вы́бежавшего* из-за *стоя́вшего* на остано́вке авто́буса.

....

4. Ну́жно по́льзоваться перехо́дами, *находя́щимися* ря́дом с остано́вками.

....

5. Ну́жно осма́триваться пе́ред вы́ходом из-за препя́тствия, *ограни́чивающего* обзо́р, на доро́гу.

....

Past Passive Participles formed with the suffix -T

7–8 Give short-form past passive participles. Remember that the short form is used in the predicate of a sentence.

Образе́ц: закры́ть   *Что закры́то?*

1. откры́ть   _____

2. взять   _____

3. нача́ть   _____

4. забы́ть   _____

5. приня́ть   _____

6. вы́мыть   _____

7–9 Use short-form past passive participles in the predicate.

1. Все магази́ны бы́ли *[закры́ть]*..

2. Рабо́та уже́ *[нача́ть]*..

3. Всё уже́ *[забы́ть]*..

4. Посу́да ещё не *[вы́мыть]*..

5. Библиоте́ка *[откры́ть]* .... с 9 до 8.

7–10 Form past passive participle constructions according to the following model. Remember that in a passive construction, the performer of the action is in the instrumental case.

Образе́ц: Кни́га, ‖ **кото́рую** я забы́л/а
‖ **забы́тая** мной (мно́ю)

1. Лека́рство, кото́рое вы при́няли

....

2. Кни́ги, кото́рые взя́ли Марк и Ка́тя

....

3. Дверь, кото́рую вы закры́ли

....

4. Курсова́я рабо́та, кото́рую вы забы́ли до́ма

....

5. Посу́да, кото́рую вы вы́мыли

....

6. Кварти́ра, кото́рую сняла́ Ка́тя

....

Past Passive Participles formed with the suffix -H

7–11 Give short-form past passive participles.

Образе́ц: сде́лать *Что сде́лано?*

1. сказа́ть   _____

2. написа́ть   _____

3. собра́ть   _____

4. потеря́ть   _____

5. слома́ть   _____

6. прочита́ть   _____

7. напеча́тать   _____

7–12 Use short-form past passive participles in the predicate.

1. Все пи́сьма уже́ *[написа́ть]*..

2. Вся рабо́та бу́дет *[сде́лать]*...

3. Все ве́щи уже́ *[собра́ть]*..

4. Ключ *[потеря́ть]*..

5. У неё рука́ была́ *[слома́ть]*..

6. Э́ти кни́ги уже́ *[прочита́ть]*...?

7. Моя́ курсова́я рабо́та уже́ *[напеча́тать]*...

7–13 Form past passive participle constructions according to the following model. Remember that in a passive construction, the performer of the action is in the instrumental case.

Образе́ц: Кни́га, | **кото́рую** написа́л э́тот а́втор
| **напи́санная** э́тим а́втором.

1. Письмо́, кото́рое ты написа́л

....

2. Экза́мены, кото́рые мы сда́ли

....

3. Ко́мната, кото́рую вы убра́ли

....

4. Ле́кция, кото́рую прочита́л профе́ссор Ива́нов

....

5. Де́ньги, кото́рые мы зарабо́тали

....

6. Вещь, кото́рую вы потеря́ли

....

Past Passive Participles formed with the suffix -EH

7–14 Give short-form past passive participles.

Образцы́: купи́ть (куплю́) *Что ку́плено?*

получи́ть (получу́) *Что полу́чено?*

испе́чь (испеку́, испечёшь) [1] *Что испечено́?*

1. зако́нчить _____

2. почини́ть _____

3. пригото́вить _____

4. разреши́ть _____

5. реши́ть _____

6. постро́ить _____

7. оста́вить _____

7–15 Use short-form past passive participles in the predicate.

1. Маши́на уже́ *[починить]*..

2. Ка́тя *[обидеть]*.. на Ма́рка.

3. Письмо́ бы́ло *[получить]*.. вчера́.

4. Все пробле́мы *[разрешить]*...

---

[1]Past passive participles from transitive verbs with infinitives ending in **-ЧЬ** are formed with the suffix **-ЕН**, but with the consonant alternation that takes place in the second-person form.

Дееприча́стия

5. Что бы́ло [оста́вить]..

6. Хлеб ещё не [испе́чь] ....

7–16 Form past passive participle constructions according to the following model. Remember that in a passive construction, the performer of the action is in the instrumental case.

Образе́ц: Кни́га, ‖ кото́рую купи́л Марк
‖ ку́пленная Ма́рком.

1. Пи́сьма, кото́рые мы вчера́ получи́ли

....

2. У́жин, кото́рый приготовил Воло́дя

....

3. Кни́га, кото́рую принесла́ Ната́ша

....

4. Ве́щи, кото́рые вы оста́вили дома

....

5. Маши́на, кото́рую купи́л Марк

....

•Дееприча́стия

7–17 Form imperfective verbal adverbs.

Образцы́:

чита́ть	*чита́-ют*	*чита́-я*
говори́ть	*говор-ят*	*говор-я*
спеши́ть	*спеш-а́т*	*спеш-а́*
занима́ться	*занима́-ются*	*занима́-я-сь*
(дава́ть	*дава́ - ть*	*дава́-я)[1]*

1. жить ....

2. идти́ ....

3. гуля́ть ....

4. возвраща́ться ....

5. боя́ться ....

6. де́лать ....

7. продава́ть ....

8. смотре́ть ....

9. брать ....

10. говори́ть ....

---

[1]Remember that imperfective verbal adverbs from **–АВА–**verbs (i.e., **дава́ть, устава́ть, преподава́ть,** *etc.*) are formed from the infinitive.

7–18 Form perfective verbal adverbs.

Образцы: прочита́ть   *прочита́-л*   *прочита́-в*

скаэа́ть   *сказа́-л*   *сказа́-в*

верну́ться *верну́-лся*   *верну́-вшись*

(прийти́   *прид-у́т*   *прид-я́*)[1]

1. прожи́ть   ....

2. поня́ть   ....

3. перее́хать   ....

4. закры́ть   ....

5. научи́ться   ....

6. поговори́ть   ....

7. посмотре́ть   ....

8. уйти́   ....

9. стать   ....

10. спроси́ть   ....

7–19 Before reading the following excerpt from *Anna Karenina*, note the possible translations for the following sentences with verbal adjective and adverb constructions.

Не́которые из её знако́мых, **успе́в** узна́ть о её прибы́тии, приезжа́ли в э́тот же день.

Some of her acquaintances managed to find out about her arrival and came to visit that very same day.

Же́на говори́ла с ним, **называ́я** его́ на «ты».

His wife spoke to him using «ты». [lit. calling him «ты»]

Кити чу́вствовала себя́ **влюблённою** в А́нну.

Kitty felt that she was in love with Anna.

Сти́ва, — сказа́ла она́ ему́, **крестя́** его́ и **ука́зывая** на дверь глаза́ми. —Иди́, и помога́й тебе́ Бог.

"Stiva," she said, making the sign of the cross over him and glancing at the door, "go, and God help you."

Он бро́сил сига́ру, **поня́в** её, и скры́лся за две́рью.

Knowing what she meant, he threw down his cigar and disappeared behind the door.

А́нна сиде́ла на дива́не, **окружённая** детьми́.

Surrounded by the children, Anna sat on the couch.

—Ну, ну, как мы пре́жде сиде́ли, сказа́ла А́нна Арка́дьевна, **садя́сь** на своё ме́сто.

"Now, now, just like we were sitting before," said Anna taking her place.

Ки́ти уви́дела в её глаза́х тот осо́бенный мир, кото́рый ей не́ был **откры́т**.

In her eyes, Kitty saw that special world that was closed to her.

— Ну, де́ти, иди́те, иди́те. Слы́шите ли? Мисс Гуль зовёт чай пить, — сказа́ла она́, **отрыва́я** от себя́ дете́й и **отправля́я** их в столо́вую.

"Well, children, run along, run along. Can't you hear? Miss Hull is calling you to tea," she said, pulling the children from her and sending them into the dining room.

— Ах, он там был? — спроси́ла Ки́ти, **покрасне́в**.

"Oh, he was there?" asked Kitty blushing.

---

[1]Remember that perfective verbal adverbs from prefixed forms of **идти́** are formed by dropping the third person plural ending.

Дееприча́стия

Стива до́лго остаётся у До́лли в кабине́те, — приба́вила А́нна, **переменя́я** разгово́р и **встава́я**, как показа́лось Ки́ти, чём-то недово́льная.

— Нет, я пре́жде! нет, я! — крича́ли де́ти, **око́нчив** чай и **выбега́я** к тёте А́нне.

— Все вме́сте! — сказа́ла А́нна и, **смея́сь**, побежа́ла им навстре́чу и обняла́ и повали́ла всю э́ту ку́чу **копоша́щихся** и **визжа́щих** от восто́рга дете́й.

"Stiva's been in the study with Dolly for a long time," added Anna, changing the subject and getting up, it seemed to Kitty, displeased with something.

"No, me first, no, me!" shouted the children, running out to Aunt Anna after finishing their tea.

"All together!" said Anna, and laughing, she ran towards them and hugged and pulled down this entire heap of children who were squirming and squealing with glee.

•Чте́ние для удово́льствия: Толсто́й «*Анна Каренина*»

Anna has tried to persuade her sister-in-law Dolly to forgive Stiva for his marital infidelity. Later that evening, Dolly's sister Kitty visits the Oblonskys (Stiva and Dolly) and meets Anna for the first time. Anna knows that Kitty is being courted by Count Vronsky and that she expects a proposal of marriage from him.

1. How does Anna spend her first day in Moscow?

....

2. What does she write in her note to her brother?

....

3. Is there any indication during the dinner conversation that Dolly is willing to forgive Stiva (Oblonsky) for his marital infidelity?

....

1 Весь э́тот ве́чер А́нна провела́ до́ма, °то́ есть у	*i.e. (that is)*
2 Обло́нских, и не °принима́ла никого́, так как уж	*receive*
3 не́которые из её знако́мых, °успе́в узна́ть о её °прибы́тии,	<¹ успе́ть - *to succeed, manage*
4 приезжа́ли в э́тот же день. А́нна всё у́тро провела́ с До́лли	*прие́зд*
5 и с детьми́. Она́ то́лько посла́ла °запи́сочку к бра́ту, чтоб	
6 он °непреме́нно обе́дал до́ма. «Приезжа́й, Бог	*note; without fail*
7 °ми́лостив», — писа́ла она́.	*merciful*
8 Обло́нский обе́дал до́ма; разгово́р был °о́бщий, и жена́	*general*
9 говори́ла с ним, °называ́я его́ на «ты», чего́ °пре́жде не́	<называ́ть here: *to call*
10 было.	*before, formerly*

4. Why is Kitty so nervous about meeting Anna?

....

5. How do Anna and Kitty react to each other?

....

6. Why do Anna's eyes interest Kitty? How do Anna's eyes add to (or detract from) her overall appearance?

....

7. What is Kitty's opinion of Anna?

....

---

¹ < = is derived from

11 °Тотчас после обеда приехала Кити. Она знала Анну	*immediately*
12 Аркадьевну, но очень мало, и ехала теперь к сестре не	
13 без °страха, как примет эта петербургская °светская	*fear, trepidation*
14 дама, которую все так °хвалили. Но она понравилась	*(high) society; praise*
15 Анне Аркадьевне, — это она увидела сейчас. Анна,	
16 °очевидно, °любовалась её °красотою и °молодостью, и	*evidently; admired; beauty*
17 не успела Кити °опомниться, как она уже чувствовала	*youth; come to her senses*
18 себя не только под её °влиянием, чувствовала себя	*influence*
19 °влюблённою в неё, как °способны влюбляться молодые	*in love; able to, capable of*
20 девушки в °замужних и °старших дам. Анна °непохожа	*married*
21 была на светскую даму или на мать восьмилетнего сына,	*older; not like, did not resemble*
22 но °скорее °походила бы на двадцатилетнюю девушку,	*rather, more likely*
23 °если бы не серьёзное, иногда °грустное выражение её	*would resemble; if it weren't for*
24 глаз, которое °поражало и °притягивало к себе Кити.	*sad*
25 Кити чувствовала, что Анна была °совершенно °проста и	*struck; attracted*
26 ничего не °скрывала, но что в ней был другой какой-то	*completely; unpretentious*
27 °высший °мир °недоступных для неё интересов,	*conceal, hide*
28 °сложных и поэтических.	*higher; world; unaccessible*
29	*complex*

8. What does Anna tell her brother to do after dinner?

....

9. Why does she make the sign of the cross on him?

....

30 После обеда Долли вышла в свою комнату. Анна	
31 быстро встала и подошла к брату, который °закуривал	*was lighting up*
32 сигару.	
33 — Стива, — сказала она ему, °крестя его и	*<крест - cross*
34 °указывая на дверь глазами. — Иди, и помогай тебе Бог.	*<указывать - to point*
35 Он °бросил сигару, °поняв её, и °скрылся за дверью.	
36	*threw down; < понять; disappeared*
37	

10. How do Stiva and Dolly's children relate to Anna? What kind of competition is there among them for Anna's affection? Does this tell you anything about Anna's character?

....

....

....

....

38 Когда́ Степа́н Арка́дьич[1] ушёл, она́ верну́лась   на
39 дива́н, где сиде́ла °окружённая детьми́. °Оттого́ ли, что
40 де́ти ви́дели, что ма́ма люби́ла э́ту °тётю, и́ли оттого́, что
41 они́ са́ми чу́вствовали в ней °осо́бенную °пре́лесть, но
42 ста́ршие два, а за ни́ми и °ме́ньшие, как э́то ча́сто быва́ет
43 с детьми́, ещё до обе́да °прили́пли к но́вой тёте и не
44 °отходи́ли от неё. И ме́жду ни́ми °соста́вилось что́-то
45 °вро́де игры́, °состоя́щей в том, что́бы °как мо́жно бли́же
46 сиде́ть по́дле тёти, °дотра́гиваться до неё, держа́ть её
47 ма́ленькую ру́ку, целова́ть её, игра́ть с °кольцо́м и́ли °хоть
48 °дотра́гиваться до °обо́рки её °пла́тья.
49   —Ну, ну, как мы °пре́жде сиде́ли, сказа́ла А́нна
50 Арка́дьевна ,°садя́сь на своё ме́сто.
51   И опя́ть Гри́ша °подсу́нул °го́лову под её °ру́ку и
52 °прислони́лся голово́й к её пла́тью и °засия́л °го́рдостью и
53 °сча́стьем.
54

<okру́жить -to surround; because
older woman, aunt
special
charm; the younger ones

stuck to, adhered to; leave her side
came into being; like (вро́де +GEN)
consisting of;   as close as possible
touch
ring
at least; touch; frills; dress
before
<сади́ться – to sit down
stuck ; head;   arm
leaned;   beamed
pride; happiness

11. Anna and Kitty begin talking about a ball that is soon to be given. Why doesn't Anna share Kitty's enthusiasm for this ball?

....

12. Why doesn't Anna like to attend balls?

....

13. Why does Anna blush during their conversation?

....

14. Does Anna intend to go to this ball?

....

15. Why does she take off her wedding ring while she is talking to Kitty?

....

16. How does Kitty imagine that Anna would be dressed for this ball?

....

55   — Так тепе́рь когда́ же бал? — °обрати́лась она́ к
56 Ки́ти.
57   — На бу́дущей неде́ле, и прекра́сный бал. Оди́н из тех
58 бало́в, на кото́рых всегда́ °ве́село.
59   — А есть таки́е, где всегда́ ве́село? — с °не́жною
60 °насме́шкой сказа́ла А́нна.
61   —°Стра́нно, но есть. У Бобри́щевых всегда́ ве́село, у
62 Ники́тиных то́же, а у Межко́вых всегда́ ску́чно. Вы ра́зве
63 не замеча́ли?
64   — Нет, °душа́ моя́, для меня́ уж нет таки́х бало́в, где
65 ве́село, — сказа́ла А́нна, и Ки́ти уви́дела в её глаза́х тот
66 °осо́бенный мир, кото́рый ей не́ был откры́т. — Для меня́
67 есть таки́е, на кото́рых °ме́нее °тру́дно и °ску́чно…
68

turned (to)

fun, one can have a good time
tender, mild
ridicule
it's strange

dear, darling

special
less;   difficult
boring

---

[1]The proper spelling of this patronymic is Арка́дьевич. Tolstoy's spelling reflects the actual pronunciation.

69	— Как мо́жет быть **вам** ску́чно на ба́ле[1]?	
70	— Отчего́ же **мне** не мо́жет быть ску́чно на ба́ле? —	
71	спроси́ла А́нна.	
72	Ки́ти заме́тила, что А́нна зна́ла, како́й °после́дует	*would follow*
73	отве́т.	
74	— Оттого́, что вы всегда́ °лу́чше всех.[2]	*most beautiful of all*
75	А́нна °име́ла °спосо́бность °красне́ть. Она́ покрасне́ла	*had; capacity; to blush*
76	и сказа́ла:	
77	°Во-пе́рвых, никогда́; а во-вторы́х, °е́сли б э́то и бы́ло,	*In the first place; even if that were so*
78	то °заче́м мне э́то?	*what do I need that for*
79	— Вы пое́дете на э́тот бал? — спроси́ла Ки́ти.	
80	— Я ду́маю, что нельзя́ бу́дет не е́хать. Вот э́то	
81	возьми́, — сказа́ла она́ Та́не, кото́рая, °ста́скивала легко́	*was pulling off*
82	°сходи́вшее кольцо́ с её бе́лого, °то́нкого в конце́ па́льца.	*<сходи́ть- to come off; tapered*
83	— Я о́чень ра́да бу́ду, е́сли вы пое́дете. Я бы так	
84	хоте́ла вас ви́деть на ба́ле.	
85		
86	—°По кра́йней ме́ре, е́сли °придётся е́хать, я бу́ду	*at least; I have to*
87	°утеша́ться °мы́слью, что э́то сде́лает вам удово́льствие...	*be comforted; thought*
88	— Я вас °вообража́ю на ба́ле в °лило́вом.	
89	— Отчего́ же °непреме́нно в лило́вом? — улыба́ясь,	*imagine; lilac*
90	спроси́ла А́нна. — Ну, де́ти, иди́те, иди́те. Слы́шите ли?	*absolutely, without fail*
91	Мисс Гуль зовёт чай пить, — сказа́ла она́, °отрыва́я от	
92	себя́ дете́й и °отправля́я их в °столо́вую.	
93		*<отрыва́ть-to tear off; <отправля́ть*
94		*dining room*

17. Why does Anna think that Kitty wants her to come to the ball?

....

18. What does Kitty think about Anna's husband?

....

19. What does Anna tell Kitty about Vronsky? How does Anna imagine Vronsky?

....

20. Why does Anna become displeased while she is talking to Kitty?

....

95	— А я зна́ю, отчего́ вы меня́ зовёте на бал. Вы ждёте	
96	мно́го от э́того ба́ла, и вам хо́чется, что́бы все тут бы́ли,	
97	все °принима́ли уча́стие.	*participate*
98	— °Почём вы зна́ете? Да.	*отку́да*

---

[1]Сейча́с обы́чно говоря́т **на балу́**. [2] Сейча́с обы́чно говоря́т **краси́вее всех.**

Чте́ние для удово́льствия   159

99	— О, как хорошо́ ва́ше вре́мя, — °продолжа́ла А́нна. —	*continued*
100	По́мню и зна́ю э́тот голубо́й °тума́н, кото́рый °покрыва́ет	*fog; covers, envelopes*
101	всё в °блаже́нное то вре́мя, когда́ °вот-вот ко́нчится	*blessed, sacred; at any moment*
102	де́тство, и из э́того огро́много °кру́га, счастли́вого,	*circle; becomes*
103	весёлого, °де́лается путь °всё °у́же и у́же, и ве́село и	*all the more; narrower*
104	°жу́тко входи́ть в э́ту °анфила́ду, хотя́ она́ ка́жется и	*awesome; suite of rooms*
105	све́тлая и прекра́сная... °Кто не прошёл че́рез э́то?	*все прошли́*
106	Ки́ти °мо́лча улыба́лась. «Но как же она́ прошла́ че́рез	*<молча́ть - to be silent*
107	э́то? Как бы я °жела́ла знать весь её °рома́н» —	*хоте́ла; life story*
108	поду́мала Ки́ти, °вспомина́я непоэти́ческую °нару́жность	*<вспомина́ть- to recall; exterior*
109	Алексе́я Алекса́ндровича, её му́жа.	
110	— Я зна́ю °ко́е-что. Сти́ва мне говори́л, и поздравля́ю	*something, a thing or two*
111	вас, он мне о́чень нра́вится, — продолжа́ла Анна, — я	
112	встре́тила Вро́нского на °желе́зной доро́ге.	*railroad*
113	— Ах, он там был? — спроси́ла Ки́ти, °покрасне́в. —	*<покрасне́ть*
114	Что же Сти́ва сказа́л вам?	
115	— Сти́ва мне всё °разболта́л. И я о́чень была́ ра́да. Я	*blabbed*
116	е́хала вчера́ с ма́терью Вро́нского, — продолжа́ла она́, —	
117	и мать не °умолка́я говори́ла мне про него́; я зна́ю, как	*<умолка́ть - to cease, stop speaking*
118	ма́тери °пристра́стны, но....	*partial, biased*
119	— Что же мать расска́зывала вам?	
120	— Ах, мно́го! И я зна́ю, что он её °люби́мец, но °всё-	*favorite; nevertheless*
121	таки ви́дно, что э́то °ры́царь... Ну, °наприме́р, она́	*knight; for example*
122	расска́зывала, что он хоте́л отда́ть всё °состоя́ние бра́ту,	*inheritance*
123	что он в де́тстве ещё что́-то °необыкнове́нное сде́лал,	*unusual;*
124	°спас же́нщину из воды́. °Сло́вом, геро́й, — сказа́ла	*saved; in a word*
125	А́нна, улыба́ясь.	
126	— Она́ о́чень проси́ла меня́ пое́хать к ней,	
127	продолжа́ла А́нна, — и я ра́да повида́ть стару́шку и	
128	за́втра пое́ду к ней. Одна́ко, сла́ва Бо́гу, Сти́ва до́лго	
129	остаётся у До́лли в кабине́те, — °приба́вила А́нна,	*added*
130	°переменя́я разгово́р и встава́я, как показа́лось Ки́ти,	*<переменя́ть - to change*
131	чём-то недово́льная.	
132	— Нет, я пре́жде! нет, я! — крича́ли де́ти, °око́нчив	*<око́нчить - to finish*
133	чай и °выбега́я к тёте А́нне.	*<выбега́ть - to run out*
134	— Все вме́сте! — сказа́ла А́нна и, °смея́сь, побежа́ла	*<смея́ться - to laugh*
135	им навстре́чу и обняла́ и повали́ла всю э́ту °ку́чу	*bunch*
136	°копоша́щихся и °визжа́щих от восто́рга дете́й.	*<копоши́ться -to swarm, squirm*
		<визжа́ть – to squeal

•Фоне́тика и интона́ция

8–1 Произноше́ние. Pronounce after the speaker words containing the sounds "hard л" and "soft ль". Note that the sound "hard л" resembles the "*l*" sound in the English words *middle* and *little*. When you pronounce a "soft ль," the tip of your tongue should touch or almost touch your lower front teeth and the middle part of your tongue should touch your upper front teeth and alveolar ridge.

гла́з	ла́дно
глаго́л	ло́жка
у́гол	ло́дка
на углу́	лу́чше
ку́кла	улы́бка
Во́лга	улыба́ться
таре́лка	бал
по́лка	балы́
ви́лка	молоко́
буты́лка	молоде́ц
сто́л	благода́рен
сту́л	благода́рна
стоя́л	благода́рны

У стола́ стоя́л сту́л.

укра́л

Карл у Кла́ры укра́л кора́ллы.

забы́л	забы́ли	милы́	ми́ли
опозда́л	опозда́ли	ми́л	5 ми́ль
пое́хал	пое́хали	Ми́ла	мила́
гуля́л	гуля́ли	и́ли	
пошёл	пошли́	ли́лия	
сказа́л	сказа́ли	ми́ля	
сдал	сда́ли	мили́ция	
смотре́л	смотре́ли	милиционе́р	
боле́л	боле́ли	блю́до	
мы́л	мы́ли		
поли́ция		лю́блю́	
полице́йский		куплю́	
отли́чный		гото́влю	
отли́чник		ле́в	
отли́чница		льва́	
у́лица		Льво́в	
сли́шком		дово́лен	
лю́ди		дово́льна	
любо́й		дово́льны	

соль   стиль
нуль   бо́льше
ноль   то́лько
бино́кль   ско́лько

больни́ца
больно́й
  бо́лен, больна́, больны́
пальто́
По́льша
па́лец
  па́льцы
ма́льчик
  ма́льчик с па́льчик   (Tom Thumb)
Ста́лин
Ле́нин
О́льга стоя́ла на берегу́ Во́лги и смотре́ла на во́лны.

•LISTENING COMPREHENSION

8-2 **Диктант.** Transcribe the following narration.

....

....

....

....

....

....

....

....

....

....

....

....

....

8-3 Радиореклама путешествий. Listen and take notes.

Полезные слова: **СКВ** (свободно конвертируемая валюта) - *hard currency*

бесплатно - *free*

скидка - *discount*

особые услуги - *special services*

	Реклама 1	Реклама 2	Реклама 3
Название агентства			
Страны			
Время года			
Цены			
Особые услуги			

8-4 Лекция. БУДЬТЕ ВЕЖЛИВЫМИ! ТАК ГОВОРЯТ РУССКИЕ. Listen and fill in the missing sentences and words.

В сегодняшней лекции мы поговорим о том, что можно сказать, если мы не расслышали[1] то, что нам сказали. Как попросить повторить? Можно сказать:

— ....

— ....

— ....

В менее официальной обстановке мы говорим:

— ....

— ....

или даже — ....

— ....

Вот какой может быть разговор:

— Пора вставать!

— ....

---

[1]didn't hear well

— Ужé дéсять. Вставáй!

— ....

— Дéсять ужé, говорю́. Встава́ть порá.

Крóме тогó, мы мóжем переспроси́ть и́менно те словá, котóрые мы не расслы́шали:

а)　　— Тебé <u>Ни́на</u> звони́ла.

— ....

б)　　— Я <u>в суббóту</u> уезжа́ю.

— ....

8-5 Переспроси́те. Listen and write down a question that will help you clarify what you haven't heard clearly.

1. — ....

2. — ....

3. — ....

4. — ....

5. — ....

6. — ....

7. — ....

8. — ....

9. — ....

10. — ....

11. — ....

12. — ....

13. — ....

14. — ....

15. — ....

16. — ....

17. — ....

18. — ....

•Лекси́ческие упражне́ния

8-6 К страни́цам 202-204. Вы рабо́таете в бюро́ путеше́ствий. Вы получи́ли письмо́ и должны́ на него́ отве́тить. Напиши́те ответ на отде́льном листе́ бума́ги.

---

434 South Chestnut Lane
Bloomington, IN 47401 USA
14.IX

Уважаемые господа!

Я хотела бы получить информацию о поездках, организуемых вашим бюро путешествий по России во время летних каникул, с мая по август. Я хочу прилететь в Хабаровск, проехать на поезде по железной дороге до Москвы, а потом на теплоходе плыть по Волге до Астрахани.

Пожалуйста, сообщите мне расписание поездок и цены. Я хочу останавливаться в недорогих гостиницах, в молодёжных общежитиях или в частных домах.

Мне также необходима информация относительно прививок и виз.

Искренне ваша

Марина Петерсон

Начни́те так:

Уважа́емая госпожа́ ....

8-7 Письмо́. You are going to spend your vacation in France this summer, and you would like to visit Russia for two weeks. On a separate sheet of paper, write a letter to a Russian tour agency and explain what you would like to do. Include the following facts in your letter.

You would like to visit Russia and spend … number of days in Moscow and · … number of days in St. Petersburg. You would also like to spend some time in Sochi on the Black Sea. You would like to receive any information (brochures) with descriptions of tours and prices. Since you're a student, you will need information about accommodations in inexpensive hotels, youth hostels, or rooms for rent. You might want to ask for additional information.

8-8 К разговору «**Пора́ поду́мать о ле́тних кани́кулах**». Give Russian equivalents:

1. I'm going to spend the entire summer lying on the beach.

....

2. One of my friends is going to work as a volunteer in a children's camp this summer, and another is going to wait on tables at a resort out west.

....

....

....

3. What resort did you work at last year?

....

4. "What are you going to do this summer?" "I'd like to tour Europe, but I don't have any money, so I'm going to work for a law firm."

....

....

5. I spent last summer in Russia with my Russian friends Tanya and Misha. We spent the first half of the summer touring around northern Russia and looking at various wooden (деревя́нный) churches. A lot of them were built about 600 years ago. Unfortunately it rained almost all the time. After that we spent two weeks in the central part of Russia at Tanya's parents' dacha. Tanya's parents worked in the garden almost all the time, and we helped them. We spent August in the south of Russia, in Sochi, a resort city on the Black Sea. I really liked it there. Everyday we would go to the beach and lie in the sun. In the evenings we would go to restaurants and discoteques and dance all night until 2 or 3 o'clock in the morning.

....

....

....

....

....

....

....

....

....

....

....

....

....

8-9 К разгово́ру «**Пла́ны на выходны́е дни**». Give Russian renditions of the following telephone conversations:

1. "We're going on a camping trip tomorrow. Would you like to come along with us?"
"I'd love to. What do I need to take?"
"Do you have a knapsack?"
"Of course I do. I also have a sleeping bag and a tent."
"Great. Let's meet at 9 in the morning in front of the dorm. We'll pick you up."
"Fine. I'll get packed tonight and I'll be waiting for you in front of the dorm."

....

....

....

....

....

....

....

....

....

....

2. "Do you have any plans for this evening? If you don't, I'd like to invite you to the movies."
"I'd love to go, but I have to study for my chemistry test."
"Are you still worried about that chemistry test? Forget about it. Try not to think about it."

....

....

....

....

....

....

Лекси́ческие упражне́ния 167

8-10 Ко всем разгово́рам. Give a Russian rendition of the following narrative:

My parents really love to travel. They go abroad almost every summer. Last year they went to Russia and Ukraine, and this year, they're planning on traveling around Eastern Europe. I advised them to visit Estonia, Latvia, and Lithuania. My father wants to see Poland, and my mother wants to see Romania and Bulgaria and spend some time on the Black Sea. I of course don't have any money, and I have to work in the summer and earn money.

....

....

....

....

....

....

....

....

....

....

8-11 On a separate sheet of paper, write an ad for a travel agency that arranges travel around the world. Think of a good name for it.

8-12 Из энциклопеди́ческого словаря́. Read and find the following information.

1. Страна́ / регио́н: ....

2. Населе́ние: ....

3. Столи́ца: ....

4. Моря́ / ре́ки: ....

5. Сре́дняя температу́ра: ....

6. Когда́ возни́кло госуда́рство: ....

7. Когда́ оно́ ста́ло ча́стью Росси́и: ....

8. Когда́ оно́ получи́ло незави́симость: ....

9. Госуда́рственный язы́к: ....

ГРУЗИЯ находится в центральной и западной части Закавказья. Выходит на побережье Чёрного моря. Граничит с Турцией. Население больше пяти миллионов человек. Столица — Тбилиси. Большая часть территории Грузии занята горами. Климат на западе субтропический. Средняя температура января -2 градуса. Главные реки Кура, Риони. Государство возникло в начале первого тысячелетия н.э.[1] В 1801 году в состав России вошла восточная часть Грузии, а в 1803-1864 — западная и центральная. После распада Советского Союза стала самостоятельным государством. Государственный язык грузинский.

[1]нашей эры (A.D.)

•Грамма́тика.

8-13 Глаго́лы. Supply the missing forms.

вы́брать   Aspect:

Я вы́беру ....

Ты ....

Они́ ....

Past:

   Он ....

   Она́ ....

Conj. ....

зажже́чь   Aspect:

Я зажгу́ ....

Ты ....

Они́ ....

Past:

   Он ....

   Она́ ....

Conj. ....

нанима́ть   Aspect:

Я ....

Ты нанима́ешь ....

Они́ ....

Past:

   Он ....

   Она́ ....

Conj. ....

наня́ть   Aspect:

Я ....

Ты наймёшь ....

Они́ ....

Past:

   Он ....

   Она́ ....

Conj. ....

старáться | Aspect:

Я старáюсь ....

Ты ....

Они́ ....

Past:

   Он ....

   Онá ....

Conj. ....

освободи́ться | Aspect:

Я ....

Ты ....

Они́ освободя́тся ....

Past:

   Он ....

   Онá ....

Conj. ....

проводи́ть | Aspect:

Я ....

Ты провóдишь ....

Они́ ....

Past:

   Он ....

   Онá ....

Conj. ....

провести́ | Aspect:

Я ....

Ты проведёшь ....

Они́ ....

Past:

   Он ....

   Онá ....

Conj. ....

лови́ть | Aspect:

Я ....

Ты ....

Они́ лóвят ....

Past:

   Он ....

   Онá ....

Conj. ....

пойма́ть | Aspect:

Я ....

Ты ....

Они́ пойма́ют ....

Past:

   Он ....

   Онá ....

Conj. ....

брать Aspect:

Я беру́ ....

Ты ....

Они́ ....

Past:

  Он ....

  Она́ ....

Conj. ....

взять Aspect:

Я возьму́ ....

Ты ....

Они́ ....

Past:

  Он ....

  Она́ ....

Conj. ....

организова́ть Aspect:

Я ....

Ты ....

Они́ организу́ют ....

Past:

  Он ....

  Она́ ....

Conj. ....

путеше́ствовать Aspect:

Я путеше́ствую ....

Ты ....

Они́ ....

Past:

  Он ....

  Она́ ....

Conj. ....

лежа́ть Aspect:

Я лежу́ ....

Ты ....

Они́ ....

Past:

  Он ....

  Она́ ....

Conj. ....

8-14 Compose 8-10 sentences with the previous verbs. Use a separate sheet of paper.

8-15 Глаго́лы движе́ния. Supply the missing forms

бежа́ть | Aspect:

Я ....

Ты бежи́шь ....

Они́ ....

Past:

  Он ....

  Она́ ....

Conj. ....

е́здить | Aspect:

Я е́зжу ....

Ты ....

Они́ ....

Past:

  Он ....

  Она́ ....

Conj. ....

пла́вать | Aspect:

Я ....

Ты пла́ваешь ....

Они́ ....

Past:

  Он ....

  Она́ ....

Conj. ....

лета́ть | Aspect:

Я ....

Ты лета́ешь ....

Они́ ....

Past:

  Он ....

  Она́ ....

Conj. ....

плыть | Aspect:

Я плыву́ ....

Ты ....

Они́ ....

Past:

  Он ....

  Она́ ....

Conj. ....

лете́ть | Aspect:

Я лечу́ ....

Ты ....

Они́ ....

Past:

  Он ....

  Она́ ....

Conj. ....

Глава́ VIII «Вокру́г све́та»

8-16 Повтори́м падежи́. Add prepositions where necessary.

А. ДЕ́НЬГИ

1. Он всегда́ говори́т ....

2. У меня́ о́чень ма́ло ....

3. Я не могу́ путеше́ствовать по ми́ру без ....

4. Как лу́чше всего́ зарабо́тать ....?

Б. НА́ШИ СОСЕ́ДИ ПО ДО́МУ

1. Познако́мьтесь, э́то ....

2. Мы давно́ не ви́дели ....

3. Мы говори́ли о ....

4. Мы ещё не познако́мились с ....

5. У ....тро́е дете́й.

В. ОКЕА́НСКИЙ КОРА́БЛЬ

1. Мы плы́ли из Евро́пы в Аме́рику ....

2. Где вы сойдёте ....?

3. Когда́ вы се́ли ....?

4. Почему́ вы реши́ли путеше́ствовать ....?

5. У них больша́я колле́кция моде́лей ....

Г. СПА́ЛЬНЫЙ МЕШО́К

1. Нам на́до купи́ть три ....

2. Удо́бно спать ....?

3. Ты дово́лен э́тим ....?

Д. КОТО́РЫЙ ЧАС?

   Образе́ц: 2.20 → **Сейча́с два́дцать мину́т тре́тьего.**

1. 4.30 ....

2. 1.15 ....

3. 11.55 ....

4. 12.30 ....

5. 6.40 ....

6. 9.45 ....

Грамма́тика

8-17 Fill in the blanks with appropriate verbs of motion.

1. Сейча́с она́ .... на возду́шном ша́ре.

2. Она́ лю́бит .... на возду́шном ша́ре.

3. Она́ ча́сто .... на возду́шном ша́ре.

4. Вчера́ я ви́дел/а, как кто-то .... на возду́шном ша́ре.

5. Сейча́с она́ .... до́чку в шко́лу.

6. Она́ .... до́чку в шко́лу ка́ждый день.

7. Она́ должна́ .... до́чку в шко́лу ка́ждый день.

8. Вчера́ я ви́дел/а, как она́ .... до́чку в шко́лу.

9. Он .... на грузовике́.

10. Он иногда́ .... на грузовике́.

11. Он лю́бит .... на грузовике́.

12. Вчера́ я ви́дел/а, как он .... на грузовике́.

13. Сейча́с она́ .... цветы́ на ры́нок.

14. Обы́чно её мать .... цветы́ на ры́нок.

15. Вчера́ я ви́дел/а, как она́.. цветы́ на ры́нок.

16. Сейча́с он .... соба́ку в парк.

17. Он .... соба́ку гуля́ть три ра́за в день.

18. Вчера́ я встре́тил/а его́, когда́ он .... соба́ку в парк.

19. Сейча́с он .... соба́ку на мотици́кле.

20. Он ча́сто .... соба́ку на мотоци́кле.

21. Соба́ка лю́бит .... на мотоци́кле.

22. Вчера́ я ви́дел/а, как соба́ка .... с ним на мотоци́кле.

23. Вчера́ я ви́дел/а, как он .... соба́ку на мотоци́кле.

24. Сейча́с они́ .... на самолёте в Росси́ю.

25. Ско́лько вре́мени они́ бу́дут .... на самолёте в Росси́ю?

26. Они́ ча́сто .... в Росси́ю.

27. В про́шлом году́ они́ .... в Росси́ю 5 раз.

28. Они́ лю́бят .... на самолёте.

29. Сейча́с она́ .... в библиоте́ку на велосипе́де.

30. Она́ .... на велосипе́де ка́ждый день.

31. Сейча́с она́ .... кни́ги в библиоте́ку.

32. Она́ ча́сто .... кни́ги в библиоте́ку.

33. Вчера́ я ви́дел/а, как она́ .... кни́ги на велосипе́де.

34. Тётя Ма́ша .... свою́ соба́ку к ветерина́ру.

35. Тётя Ма́ша .... свою́ соба́ку к ветерина́ру раз в неде́лю.

36. Вчера́ я встре́тил/а тётю Ма́шу, когда́ она́ ....

свою́ соба́ку к ветерина́ру. Она́ мне рассказа́ла, почему́ она́ так ча́сто

.... соба́ку к ветерина́ру.

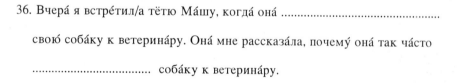

37. Сейча́с ребя́та .... на конька́х.

38. Ребя́та ча́сто .... на конька́х.

39. Не все ребя́та .... на конька́х.

40. Ребя́та лю́бят .... на конька́х.

41. Вчера́ я ви́дел/а, как ребя́та .... на

конька́х.

42. Сейча́с соба́ка .... хозя́ину газе́ту.

43. Ве́чером соба́ка .... своему́ хозя́ину его́ та́почки. [1]

44. Вчера́ я ви́дел/а, как соба́ка .... хозя́ину его́ та́почки.

---

[1] *slippers*

45. Игорь .... на другой бе́рег.

46. Игорь... здесь ка́ждый день.

47. И́горь научи́лся .... в де́тстве.

48. Иногда́ мы .... вме́сте с И́горем.

49. Куда́ он сейча́с.. ?

50. — Когда́ я его́ ви́дел/а, он куда́-то ....

— Он всегда́ куда́-то ....

— Да, он всё вре́мя ....

— А заче́м он всегда́ .... с собо́й газе́ту и

портфе́ль?

8–17 Переéзд. Insert the appropriate forms of the verbs of motion in parentheses. Remember that past tense forms of transitive verbs of multidirectional motion can indicate taking someone/something somewhere and return to one's original destination (i.e., *Я всё у́тро носи́л/а кни́ги в библиоте́ку. У́тром я вози́л/а дете́й в шко́лу*).

Мои́ друзья́ переезжа́ют в но́вый до́м. У них о́чень мно́го ме́бели и вся́ких други́х веще́й, и они́ попроси́ли меня́ им помо́чь. У меня́ пика́п, и я всегда́ всем помога́ю переезжа́ть. Два дня, в суббо́ту и воскресе́нье, мы *(вози́ть–везти́)* _____ ве́щи. Снача́ла мы *(носи́ть–нести́)* _____ ве́щи из до́ма в маши́ну, пото́м *(вози́ть–везти́)* _____ и́х в но́вый дом и *(носи́ть–нести́)* _____ их из маши́ны в до́м. Нелёгкая рабо́та! Ве́чером в воскресе́нье мы *(е́здить–е́хать)* _____ по шоссе́ в после́дний раз, когда́ вдру́г маши́на ста́ла тормози́ть и останови́лась. Оказа́лось, что у меня́ ко́нчился бензи́н. Что́ де́лать? Мы взя́ли кани́стру (*a can*) и *(идти́/пойти́)* _____ за бензи́ном. Мы *(идти́–пойти́)* _____ почти́ полчаса́. Наконе́ц купи́ли бензи́н и *(идти́–пойти́)* _____ обра́тно. Но тепе́рь мы *(идти́–ходи́ть)* _____ ме́дленно, потому́ что мы *(носи́ть–нести́)* _____ тяжёлую кани́стру. Когда́ мы́ дое́хали до их до́ма, была́ уже́ но́чь. Мы реши́ли не *(носи́ть–нести́)* _____ ве́щи в до́м, а ле́чь спа́ть и оста́вить и́х в маши́не до утра́. Есть така́я ру́сская посло́вица: "У́тро ве́чера мудрене́е!"[1]

_____

[1]*The morning is wiser than the evening.*

•Чте́ние для информа́ции

8-18 «Тита́ник». Напиши́те отве́ты на отде́льном листе́ бума́ги.

Поле́зные слова́:

тону́ть \ { **затону́ть** — *to sink*
{ **утону́ть** — *to drown*

а́йсберг
супергига́нт
Ньюфаундле́нд

Саутге́мптон
«Карпа́тия»

непотопля́емый — *unsinkable*

Пе́ред тем как вы начнёте чита́ть статью́, вспо́мните:

1. Что вы зна́ете о траге́дии «Тита́ника»?

2. Где вы слы́шали и́ли чита́ли о «Тита́нике»?

Во вре́мя чте́ния найди́те отве́ты на вопро́сы:

1. Почему́ корреспонде́нт реши́л написа́ть о «Тита́нике»?

....

2. Что вы узна́ли о Бе́атрис Са́ндстрём и её семье́: почему́ они́ е́хали че́рез океа́н?

....

3. Как они́ попа́ли на «Тита́ник»?

....

4. Каки́м кла́ссом они́ е́хали? Каку́ю роль э́то игра́ло?

....

5. Как они́ спасли́сь? (спасти́сь –to be rescued)

....

6. Когда́ умерла́ мать Бе́атрис?

....

7. Что мо́жно уви́деть на вы́ставке «Титаника»?

....

ПЕРЕЖИТЬ ТРАГЕДИЮ «ТИТАНИКА»

Когда в Морском историческом музее Стокгольма была открыта выставка предметов, поднятых с затонувшего «Титаника», ваш корреспондент побывал на ней, но не думал рассказывать об увиденном, так как эпопея поднятия этих предметов со дна и их описание уже давно были сделаны моими коллегами, работающими в Великобритании и во Франции. Но вот из Стокгольма выставка переехала в южный шведский город Мальмё.

И там вдруг ее посетила участница (!) того °рокового — первого и последнего — рейса «непотопляемого» гиганта «Титаника». Возможно ли такое? Судно-то затонуло в далёком 1912 году!

fatal

Доподлинно известно, что вместе с «Титаником», который столкнулся с айсбергом неподалёку от канадского Ньюфаундлленда, погибли более 1.500 пассажиров и членов экипажа. 704 человека удалось спасти. Из них до сих пор ещё живы 15, утверждает газета «Сюдвенска дагбладет». Одна из них — шведка Беатрис Сандстрём.

Теперь я могу рассказать о том, что на той выставке узнал: шведы были на «Титанике» третьей по численности национальной группы. В те времена немало шведов эмигрировало за океан. Отец Беатрис уже находился в Сан-Франциско, и мать Агнес вместе с двумя дочерьми — четырёхлетней Маргит и годовалой Беатрис — ехала к нему.

strike
coal miners

У них были билеты на совсем другой пароход, но из-за °забастовки °шахтеров его рейс был отменен, а «Титаник» уходил по расписанию. И семья Сандстрёмов, как и другие пассажиры, взошла на борт супергиганта в английском порту Саутгемптон.

Поскольку Беатрис был всего год, она, разумеется, сама ничего не помнила, что с ними произошло, но мать потом, тоже спасшаяся, много рассказывала ей о °жутких часах того страшного дня 14 апреля 1912 года.

ужáсный

—В Англии нам говорили, — пересказывает теперь Беатрис слова матери, — что нам повезло, мы должны были радоваться, что попали на «Титаник», который никак не может затонуть. Когда же судно столкнулось с айсбергом, °члены экипажа бегали по °палубам и успокаивали пассажиров, говоря им, что «ничего страшного не произошло». Но они закрыли на ключ двери многих кают третьего класса, чтобы не было паники на палубах...

members
decks

Да, этот факт и на выставке был особо зафиксирован: когда началась посадка, сначала в °шлюпки сажали пассажиров первого класса, потом второго.

lifeboats

— Моя мать рассказывала, что команда кричала: «Сначала посадка женщин и детей!», но нам пришлось долго ждать, прежде чем очередь дошла до третьего класса. Когда мама вместе с нами добралась, наконец, до верхней палубы, у нее уже не было сил, но вдруг к нам подбежал матрос и помог сесть в одну из последних шлюпок.

— Я была, — говорит далее Беатрис Сандстрём, — на руках у матери целых шесть часов, пока на месте катастрофы не появилось судно «Карпатия», которое шло курсом на Италию. Нас взяли на борт, и судно вернулось в Нью-Йорк. Там собрались все, кто выжил. Многие женщины потеряли мужей, которые утонули вместе с «Титаником». Только там моя мать по-настоящему осознала, чтó произошло и сколько людей погибло...

Мать Беатрис — Агнес Сандстрём умерла сравнительно недавно. Дочь вспоминает, что в последние годы ее жизни «Титаник» снился матери практически каждую ночь. Это понятно, ведь то была одна из самых грандиозных катастроф в истории человечества.

«Память человека не °сдается», говорит Беатрис, посетившая выставку предметов, поднятых с затонувшего «Титаника». Там, помимо посуды и других °«нелеющих» предметов, есть поразительные вещи: письма, сохранившиеся меж страниц книг, кремы в парфюмерных коробочках и даже оттиск газеты (с трудом, но читающийся) за 1912 год.

surrender,
give up

imperishable

М. ЗУБКО,
соб. корр. «Известий».
Стокгольм. 1991 год

8–19. После чтения. Отве́тьте на отде́льном листе́ бума́ги.

A. Write out 10-12 words you need when talking about the tragedy of the *Titanic*.

Б. Напиши́те в шести́–восьми́ предложе́ниях, о чём говори́тся в статье́.

•Чте́ние для удово́льствия

8-19 «А́нна Каре́нина»

1. How can we tell that Dolly and Stiva (Степа́н Арка́дьевич) are fully reconciled?

....

2. How does Anna feel about her role in this reconciliation?

....

3. What does Anna's comment about how she sleeps (line 11) indicate about her character?

....

4. How does Stiva behave for the remainder of the evening?

....

1	К ча́ю °больши́х До́лли вы́шла из свое́й ко́мнаты. Степа́н	*grownups*
2	Арка́дьич не выходи́л. Он, °должно́ быть, вы́шел из ко́мнаты жены́	*must have*
3	°за́дним хо́дом.	*back door*
4	—Я бою́сь, что тебе́ хо́лодно бу́дет °наверху́, — °заме́тила	*upstairs; remarked*
5	До́лли, °обраща́ясь к А́нне, — мне хо́чется перевести́ тебя́ вниз, и	*<обраща́ться - to address*
6	мы °бли́же бу́дем.	*closer*
7	—Ах, уж, пожа́луйста, обо мне́ не °забо́тьтесь, — отвеча́ла	*worry*
8	А́нна, °вгля́дываясь в лицо́ До́лли и стара́ясь поня́ть, бы́ло или не	*<вгля́дываться - смотре́ть*
9	бы́ло примире́ния.	*reconciliation*
10	— Тебе́ °светло́ бу́дет здесь, — отвеча́ла °неве́стка.	*too much light; sister-in-law*
11	— Я тебе́ говорю́, что я сплю везде́ и всегда́, как °суро́к.	*woodchuck*
12	— О чём э́то? — спроси́л Степа́н Арка́дьич, °выходя́ из	*<выходи́ть*
13	кабине́та и обраща́ясь к жене́.	
14	По то́ну его́ и Ки́ти и А́нна сейча́с по́няли, что примире́ние	
15	°состоя́лось.	*had taken place*
16	— Я А́нну хочу́ перевести́ вниз, но на́до °гарди́ны °переве́сить.	*curtains; (re)hang*
17	Никто́ не суме́ет сде́лать, на́до °само́й, — отвеча́ла До́лли,	*myself*
18	обраща́ясь к нему́.	
19	«Бог зна́ет, °вполне́ ли °примири́лись?» — поду́мала Анна,	*completely; reconciled*
20	услы́шав её тон, холо́дный и споко́йный.	
21	— Ах, °по́лно, До́лли, всё де́лать тру́дности, — сказа́л муж.	*enough*
22	— Ну, хо́чешь, я всё сде́лаю...	
23	«Да, должно́ быть, помири́лись», — поду́мала А́нна.	
24	— Зна́ю, как ты всё де́лаешь, — отвеча́ла До́лли, — ска́жешь	
25	Матве́ю сде́лать то, чего́ нельзя́ сде́лать, а сам уе́дешь, а он всё	
26	°перепу́тает, — и °привы́чная °насме́шливая улы́бка °мо́рщила	*mix up; habitual; sarcastic; wrinkled*
27	концы́ губ До́лли, когда́ она́ говори́ла э́то.	
28	«По́лное, по́лное примире́нье, по́лное, — поду́мала А́нна, —	
29	°сла́ва Бо́гу!» — и, °ра́дуясь тому́, что она́ была́ °причи́ной э́того,	*thank God; <ра́доваться - to rejoice;*
30	она́ подошла́ к До́лли и поцелова́ла её.	*reason*

Чте́ние для информа́ции

31 — Совсе́м нет, °отчего́ ты так °презира́ешь нас с Матве́ем? —	*почему́; despise*
32 сказа́л Степа́н Арка́дьич, улыба́ясь °чуть заме́тно и обраща́ясь к	*slightly*
33 жене́.	
34 Весь ве́чер, как всегда́, До́лли была́ слегка́ °насме́шлива °по	*mocking; in regard to*
35 отноше́нию к му́жу, а Степа́н Арка́дьич дово́лен и °ве́сел, но	*cheerful*
36 °насто́лько, что́бы не показа́ть, что он, °бу́дучи °прощён, забы́л	*only enough; <быть; <прости́ть - to*
37 свою́ °вину́.	*forgive; guilt*

5. Why does Anna leave the table to go to her room?

....

6. Why is she feeling sad?

....

7. What is the strange incident that interrupts the evening?

....

8. What does Anna feel when she sees Vronsky? What type of expression does he have on his face?

....

38 В полови́не деся́того осо́бенно °ра́достная и прия́тная	*joyful*
39 вече́рняя семе́йная °бесе́да за ча́йным столо́м у Обло́нских была́	*discussion*
40 °нару́шена са́мым, °по-ви́димому, просты́м °собы́тием, но э́то	*interrupted; seemingly; event*
41 просто́е собы́тие почему́-то всем показа́лось °стра́нным.	*strange*
42 °Разговори́вшись об о́бщих петербу́ргских знако́мых, А́нна бы́стро	*<разговори́ться - to begin to talk*
43 вста́ла.	
44 — Она́ у меня́ есть в альбо́ме, — сказа́ла она́, — да и °кста́ти	
45 я покажу́ моего́ Серёжу, — °приба́вила она́ с °го́рдою	*by the way; added; proud*
46 матери́нскою улы́бкой.	
47 К десяти́ часа́м, когда́ она́ °обыкнове́нно °проща́лась с сы́ном	*usually; said goodnight to*
48 и ча́сто сама́, пред тем как е́хать на бал, °укла́дывала его́, ей	*put to bed*
49 ста́ло гру́стно, что она́ так далеко́ от него́; и °о чём бы ни	*she became sad ; no matter what they*
50 говори́ли, она́ °нет-нет и возвраща́лась °мы́слью к своему́	*spoke about, anyhow; thoughts*
51 °кудря́вому Серёже. Ей захоте́лось посмотре́ть на его́ °ка́рточку и	*curly haired; photograph*
52 поговори́ть с ним. °Воспо́льзовавшись пе́рвым °предло́гом, она́	*<воспо́льзоваться-to make use of; excuse*
53 вста́ла и свое́ю лёгкою, °реши́тельной °похо́дкой пошла́ за	*resolute; gait, step*
54 альбо́мом. °Ле́стница наве́рх, в её ко́мнату, выходи́ла на	*staircase*
55 °площа́дку большо́й °входно́й °тёплой ле́стницы.	*landing; main; warm*
56 °В то вре́мя, как она́ выходи́ла из °гости́ной, в °пере́дней	*while, as; parlor; entryway, foyer*
57 послы́шался °звоно́к.	*bell*
58 — Кто э́то мо́жет быть? — сказа́ла До́лли.	
59 — За мной ра́но, а °ещё кому́-нибудь по́здно, — заме́тила	*for someone else*
60 Ки́ти.	
61 — °Ве́рно, с бума́гами, — приба́вил Степа́н Арка́дьич, и,	*probably*
62 когда́ А́нна проходи́ла ми́мо ле́стницы, °слуга́ °взбега́л наве́рх,	*servant; ran upstairs*
63 что́бы °доложи́ть о °прие́хавшем, а сам прие́хавший стоя́л у	*announce; arivee*
64 ла́мпы. А́нна взгляну́ла вниз, узна́ла тотча́с же Вро́нского, и	
65 стра́нное чу́вство удово́льствия и °вме́сте °стра́ха чего́-то вдруг	*together; fear*

66 °шевельну́лось у неё в °се́рдце. Он стоя́л, не °снима́я пальто́, и	*stirred; heart; <снима́ть - to take off*
67 что́-то °достава́л из °карма́на. В ту мину́ту как она́ °поравня́лась с	*was getting; pocket; was reaching*
68 °середи́ной ле́стницы, он по́днял глаза́, °увида́л её, и в выраже́нии	*middle; увидел*
69 его́ лица́ сде́лалось что́-то °присты́женное и °испу́ганное. Она́,	*shamed*
70 °слегка́ °наклони́в го́лову, прошла́, а °вслед за не́й послы́шался	*frightened; slightly; <наклони́ть - to bend right after her; <звать (here: to invite)*
71 гро́мкий го́лос Степа́на Арка́дьича, °зва́вшего его́ войти́, и	
72 негро́мкий, °мя́гкий и °споко́йный го́лос °отка́зывавшегося	*soft; calm*
73 Вро́нского.	*<отка́зываться - to refuse*

9. What is Kitty's reaction to Vronsky's brief visit?

....

10. What is Anna's reaction to Vronsky's visit? Why?

....

....

74 Когда́ А́нна верну́лась с альбо́мом, его́ уже́ не́ было, и Степа́н	
75 Арка́дьич расска́зывал, что он °заезжа́л узна́ть об обе́де, кото́рый	*had stopped by*
76 они́ за́втра дава́ли °прие́зжей °знамени́тости.	*visiting; celebrity*
77 — И °ни за что́ не хоте́л войти́. Како́й-то он стра́нный, —	*not for anything*
78 приба́вил Степа́н Арка́дьич.	
79 Ки́ти покрасне́ла. Она́ ду́мала, что она́ одна́ поняла́, заче́м он	
80 приезжа́л и отчего́ он не вошёл. «Он был у нас, — ду́мала она́, —	
81 и не °заста́л и поду́мал, я здесь; но не вошёл, °оттого́ что ду́мал	*find at home; потому́ что*
82 — по́здно, и А́нна здесь».	
83 Все °перегляну́лись, ничего́ не сказа́в, и ста́ли смотре́ть	*exchanged glances*
84 альбо́м А́нны.	
85 Ничего́ не́ было необыкнове́нного, ни стра́нного °в том, что	*in the fact that*
86 челове́к зае́хал к прия́телю в полови́не деся́того узна́ть	
87 °подро́бности °затева́емого обе́да и не вошёл; но всем э́то	*details; to be organized*
88 показа́лось стра́нно. °Бо́лее всех стра́нно и нехорошо́ э́то	*more than anyone else*
89 показа́лось А́нне.	

8–20 Свои́ми слова́ми. In five sentences describe what happened that evening.

....

....

....

....

....

....

....

....

....

•Как вы́учить слова́.

Step 1. Build clusters around these words. Think of synonyms, antonyms, expressions, anything that you can associate with these words.

1. путеше́ствие
2. теплохо́д
3. наня́ть маши́ну
4. гости́ница
5. посо́льство
6. за грани́цей
7. куро́рт
8. де́тский ла́герь
9. доброво́лец
10. отдыха́ть/отдохну́ть
11. стажёр

Step 2. Check yourself to see if you know how to say that

1. You want to travel around the world, in Europe, in Russia, etc.;
2. You want to go hiking and need to buy a sleeping bag and a tent;
3. You have no plans for the weekend;
4. You are preparing to go on a trip;
5. You want to go fishing;
6. You will be staying at inexpensive hotels;
7. You prefer travelling (by plane, by train, by boat) and why;
8. You are going to make plane and hotel reservations;
9. You'll try to go with your friends;
10. You will work as a volunteer or an intern without getting paid;
11. You haven't decided yet what you will do over the summer vacation.

Step 3. Be sure you can describe

1. what you usually do during the summer;
2. what you did last summer;
3. a trip you took;
4. a trip you are planning.

Глава́ IX «Городска́я жизнь»

•Фоне́тика

9–1 Произноше́ние. Pronunciation of individual words.

Simplification of consonant clusters. Listen to the speaker, and note how the following words are pronounced.

чу́вство	чу́вство
чу́вствовать	чу́вствовать
здра́вствуй	здра́вствуй
здра́вствуйте	здра́вствуйте
со́лнце	со́лнце
се́рдце	се́рдце
изве́стный	изве́стный
че́стный	че́стный
гру́стный	гру́стный
по́здно	по́здно
пра́здник	пра́здник

Pronunciation of numbers. Listen to the speaker and note how numbers are pronounced in rapid speech.

ты́сяча

два́дцать

три́дцать

пятьдеся́т

шестьдеся́т

се́мьдесят

во́семьдесят

•Listening Comprehension

9-2 Дикта́нт. Write down the following numbers.

1..

2..

3..

4. ....

5..

6..

7..

8..

9..

10. ....

9-3 Стихотворе́ние. Listen to the following poem by Daniil Kharms and put in the accents, then record yourself reading or reciting the poem.

Из дома вышел человек
С дубинкой и мешком
   И в дальний путь,
   И в дальний путь
Отправился пешком.

Он шел все прямо и вперед
И все вперед глядел.
   Не спал, не пил,
   Не пил, не спал,
Не спал, не пил, не ел.

И вот однажды на заре
Вошел он в темный лес.
   И с той поры,
   И с той поры,
И с той поры исчез.

Но если как-нибудь его
Случится встретить вам,
   Тогда скорей,
   Тогда скорей,
Скорей скажите нам.
        1937

9–4 Подслу́шанные разгово́ры.

Разгово́р 1.

А. Почему́ Ка́тю мо́жно поздра́вить?

....

Б. Отку́да Тим э́то зна́ет?

....

Разгово́р 2.

Ско́лько этаже́й в зда́нии библиоте́ки?

....

Разгово́р 3.

А. Бы́ло легко́ поста́вить маши́ну?

....

Б. Что де́лал полице́йский?

....

Разгово́р 4.

    А. Почему́ он в хоро́шем настрое́нии?

....

    Б. У него́ есть маши́на?

....

Разгово́р 5.

    А. Почему́ маши́на слома́лась?

....

    Б. Како́е сло́во пока́зывает, что она́ лома́лась и ра́ньше?

....

Разгово́р 6.

    А. Куда́ тури́ст хо́чет е́хать?

....

    Б. Как туда́ дое́хать?

....

Разгово́р 7.

    А. Куда́ Ле́нин друг хо́чет е́хать?

....

    Б. Почему́ Ле́на не пое́дет?

....

Разгово́р 8.

    А. Почему́ они́ прое́хали зоопа́рк?

....

    Б. Куда́ на́до бы́ло поверну́ть?

....

9–5 Разгово́ры по телефо́ну. Take down the directions and time of the appointment.

    А...

....

....

....

....

Б ....

....

....

....

....

9–6 Радиорепортаж: По страни́цам сего́дняшних газе́т. Listen to the following news item and answer the question.

Поле́зные слова́:

беспла́тный — *free*

основа́ние — *reason*

тало́н — *ticket*

продаве́ц — *seller*

контролёр — *ticket-collector*

Why is the city transportation in the city of Taganrog free for passengers?

....

....

....

....

9–7 Ле́кция. Бу́дьте ве́жливыми! Так говоря́т ру́сские.

Listen to the lecture and write down ways to express regret.

Сего́дня мы поговори́м о том, как ве́жливо вы́разить сожале́ние и́ли отка́з. Э́то ну́жно сде́лать так, что́бы не оби́деть собесе́дника, но в то же вре́мя показа́ть, что вы действи́тельно не мо́жете что-то сде́лать.

Мо́жно сказа́ть:

— Ты не мо́жешь сего́дня сходи́ть за хле́бом?

— ....

— Мо́жно мне сейча́с зайти́ к вам поговори́ть?

— ....

— Вы не могли́ бы прочита́ть мой докла́д?

— ....

И́ли вы мо́жете употреби́ть «бы»: Я ...., но, к сожале́нию, не могу́.

Ча́сто, когда нам неудо́бно отка́зываться, мы объясня́ем причи́ны, и тогда́ мо́жет быть тако́й разгово́р:

— Не хоти́те сего́дня пойти́ на конце́рт?

— ....

•Лекси́ческие упражне́ния

9—8 К разгово́ру «**У меня́ хоро́шее настрое́ние**». Give a Russian version of the following narrative:

We ran into Katya today after our American history class. She was in a wonderful mood, and none of us could guess why. I thought she had gotten a letter from her parents, and Mark thought she had finally gotten her history term paper written. It turned out that [**Оказа́лось, что...**] she had passed her exam and gotten her driver's license. That's why [**Вот почему́**] she was so delighted. We, of course, congratulated her and told her we would help her look for a used [**поде́ржанная**] car.

....

....

....

....

....

....

....

....

....

....

....

....

9—9 К разгово́рам «**Как прое́хать в центр**» и «**Мы заблуди́лись.**»

On a separate sheet of paper, write a note to your friend who will be coming to see you on Saturday explaining how to get to your place. Think in real terms: make sure you know where your friends will be coming from. Draw a map on the bottom of the next page.

9-10 К разгово́ру «**Час пик**». On a separate sheet of paper, use the following words to write a story:.

тормози́ть / затормози́ть; ава́рия; остана́вливаться / останови́ться; ста́лкиваться / столкну́ться; застрева́ть / застря́ть; движе́ние; час пик

9–11 **Ко всем разговóрам.**   Use the correct forms of the words in brackets.

1. — Кáтя [*passed*] .... экзáмен по вождéнию машúны и

[*received her driver's license*] ....

— Ты её [*congratulated*] .... ?

2. [*Turn*] .... напрáво на [*third*] ....

светофóре и [*go*] .... прямо.

3. Вы не знáете, [*how I can get downtown*] .... ?

4. Там óчень легкó [*park*] .... машúну.

5. —Большóе спасúбо.

— [*Don't mention it*] ....

6. Извинúте, что мы так [*long*] .... éхали, но мы [*got lost*] ....

7. Вы не скáжете, как пройтú [*the Museum of Modern Art*] ....
.... ?

8. Там былá длúнная óчередь [*for gas*] .... и мне

пришлóсь [*wait for a long time*] ....

9. Поверúте налéво [*at the next crossing*] ....

10. Когдá мы [*were driving*]... к тебé, мы вúдели [*a horrible accident*]
....

11. — Мы мéдленно éхали, потомý что бы́ло [*a lot of traffic*] ....

— [*During rush hours*] .... так всегдá бывáет.

12. — Почемý ты [*stopped*]... ?

— Не знáю, [*which way to go*] ....

9–12 Ко всем разговорам. Give Russian equivalents for the following sentences:

1. I was late for school this morning because there was an accident on the road: two cars crashed when one of them was making a left turn.

....

....

2. Kolya took his driver's license exam three times and finally passed it yesterday. He is in a great mood today. Now, of course, he'll have to buy a car and insurance [страхо́вка]

....

....

....

3. "How can I get to the gas station?" "Drive straight for a mile, then turn left at the light and it will be on the right hand corner next to the drugstore."

....

....

4. "Who's going to drive?" "I don't have my driver's license with me. I can't drive." "And I don't know how to drive yet." "Really? You must be kidding."

....

....

....

5. Last night Sasha was going to visit his friends. He took a bus, then got off and walked to the corner. After walking for 15 minutes he realized that he had lost his way. He started looking for a pay phone but could't find one. He knew that his friends would worry about him.

....

....

....

....

....

Лекси́ческие упражне́ния   **189**

6. "How do I get to your house?" "If you're driving from school, turn left, go past the courthouse and the church, and turn right. My house is the second house from the corner; it's a three story house."

....

....

....

....

....

7. One of my friends invited me to visit her parents. They live in a small town in the mountains. There is a monument in the square to a dog who saved [спасла] its master from death [от смéрти].

....

....

....

8. Congratulations! I heard that you did well on your exam.

....

9. During spring break I'm going to spend a few days with my parents. I'm going to sleep, eat a lot, and read. I really need to take it easy: this has been a really hard semester.

....

....

....

10. "Do you know any Russian proverbs?" " Yes, I know one: it means 'Slow and steady wins the race.' Russians say (give the proverb .)"

....

....

....

....

•Грамма́тика

9–13   **Глаго́лы**: Give the missing forms for the verbs:

боя́ться   Aspect:

Я бою́сь ....

Ты ....

Они́ ....

Past:

  Он ....

  Она́ ....

Conj. ....

тормози́ть   Aspect:

Я ....

Ты ....

Они́ тормозя́т ....

Past:

  Он ....

  Она́ ....

Conj. ....

сдава́ть   Aspect:

Я сдаю́ ....

Ты ....

Они́ ....

Past:

  Он ....

  Она́ ....

Conj. ....

сдать   Aspect:

Я ....

Ты ....

Они́ ....

Past:

  Он ....

  Она́ ....

Conj. ....

остана́вливать   Aspect:

Я ....

Ты остана́вливаешь ....

Они́ ....

Past:

  Он ....

  Она́ ....

Conj. ....

останови́ть   Aspect:

Я ....

Ты остано́вишь ....

Они́ ....

Past:

  Он ....

  Она́ ....

Conj. ....

поворáчивать   Aspect:

Я поворáчиваю . . . .

Ты . . . .

Они́ . . . .

Past:

   Он . . . .

   Онá . . . .

Conj. . . . .

поверну́ть   Aspect:

Я поверну́ . . . .

Ты . . . .

Они́ . . . .

Past:

   Он . . . .

   Онá . . . .

Conj. . . . .

иска́ть   Aspect:

Я . . . .

Ты и́щешь . . . .

Они́ . . . .

Past:

   Он . . . .

   Онá . . . .

Conj. . . . .

9–14. On a separate sheet of paper, write 8 — 10 sentences with the previous words.

9–15 Глаго́лы движе́ния.

вы́йти   Aspect:

Я вы́йду . . . .

Ты . . . .

Они́ . . . .

Past:

   Он . . . .

   Онá . . . .

Conj. . . . .

выходи́ть   Aspect:

Я выхожу́ . . . .

Ты . . . .

Они́ . . . .

Past:

   Он . . . .

   Онá . . . .

Conj. . . . .

подъе́хать Aspect:		**подъезжа́ть** Aspect:

Я подъе́ду ....

Ты ....

Они́ ....

Past:

  Он ....

  Она́ ....

Conj. ....

Я подъезжа́ю ....

Ты ....

Они́ ....

Past:

  Он ....

  Она́ ....

Conj. ....

принести́ Aspect:		**отвезти́** Aspect:

Я ....

Ты принесёшь ....

Они́ ....

Past:

  Он ....

  Она́ ....

Conj. ....

Я ....

Ты отвезёшь ....

Они́ ....

Past:

  Он ....

  Она́ ....

Conj. ....

9–16 Повтори́м падежи́. Form special possessive adjectives.

Образе́ц: мама   Э́то **ма́мин** кот.

                        Э́то **ма́мина** кварти́ра.

                        Э́то **ма́мины** де́ньги.

1. Та́ня   Э́то _____ подру́га, а не моя́.

             Э́то _____ друзья́, а не мои́.

             Э́то _____ ме́сто. Не сади́сь сюда́.

2. Ко́ля   Э́то _____ дру́г.

             Э́то _____ бра́тья.

             Э́то _____ письмо́ .

3. Ни́на   Познако́мьтесь, э́то _____ роди́тели,

             а э́то _____ соба́ка.

4. Сла́ва   — Вы _____ сосе́ди по ко́мнате?

             — А вы _____ де́вушка?

Грамма́тика   **193**

N	ма́шин[1] оте́ц	ма́шин-**о** письмо́	ма́шин-**а** маши́на	ма́шин-**ы** де́ти
A	ма́шин-**ого** отца́	ма́шин-**о** письмо́	ма́шин-**у** маши́ну	ма́шин-**ых** дете́й
G	ма́шин-**ого** отца́ / письма́		ма́шин-**ой** маши́ны	ма́шин-**ых** дете́й
P	о ма́шин-**ом** отце́ / письме́		о ма́шин-**ой** маши́не	о ма́шин-**ых** де́тях
D	ма́шин-**ому** отцу́ / письму́		ма́шин-**ой** маши́не	ма́шин-**ым** де́тям
I	ма́шин-**ым** отцо́м / письмо́м		ма́шин-**ой** маши́ной	ма́шин-**ыми** детьми́

9–17 **А. Ле́нина но́вая кварти́ра**

1. В .... о́чень просто́рно.

2. Вы уже́ ви́дели ....?

3. О́ля расска́зывала про ....

4. Пе́ред .... мно́го цвето́в и дере́вьев.

5. На балко́не .... расту́т цветы́.

Б. Са́шин экза́мен

1. Пе́ред .... вся семья́ волнова́лась.

2. Они́ то́лько и говори́ли о ....

3. По́сле .... они́ бы́ли сча́стливы, что Са́ша

хорошо́ сдал экза́мен и поступи́л в университе́т.

В. ма́мины ста́рые друзья́

1. Я с де́тства зна́ю ....

2. Ба́бушка мне мно́го расска́зывала о ....

3. К нам в го́сти ско́ро прие́дут ....

4. У нас уже́ нет ...., они́ уе́хали.

Г. с ... до

Образе́ц: (8- 5) Я бу́ду на рабо́те **с восьми́ до пяти́**.

1. (1-2) Магази́н закры́т на обе́д ....

2. (3-4) Позвони́ мне ....

---

[1]Possessive adjectives formed from proper names may or may not be capitalized: Я хорошо́ зна́ю **ма́шиных** (**Ма́шиных**) роди́телей.

3. (6-9) Я бу́ду до́ма с ....

4. (11-12.30) Уро́к продолжа́ется ....

5. (5.30-7.30) Мы бу́дем вас ждать ....

Глаго́лы движе́ния

9–18 Помоги́те своему нача́льнику! You are working for a company that does business with a Russian company. What will you say on the phone if your boss:

1. has stepped out for a few minutes;

....

2. has left for the day;

....

3. hasn't arrived yet;

....

4. comes to work at 8:30;

....

5. is on his/her way to a business meeting (делова́я встре́ча);

....

6. will be out of town for a few days

....

7. wants the caller to come by and see him/her tomorrow morning.

....

9–19 Unscramble the paragraph. Don't forget about the prepositions.   Use a separate sheet of paper.

Пе́тя / вы́расти / ма́ленький / го́род / се́вер / Росси́я. Он / то́лько / оди́н / гла́вный / у́лица/ и / оди́н / но́вый / кинотеа́тр. Коне́ц / у́лица / пло́щадь. Пло́щадь / зда́ние / суд / и / ста́рый / це́рковь. У́лицы / и / дома́ / чи́стый / и / ую́тный.

Де́тство / Пе́тя / быть / го́род/ мно́го / друг. Но / оконча́ние / шко́ла/ друзья́ / поступи́ть / университе́т / и / уе́хать. Пе́тя / оста́ться / оди́н. Тогда́ / он / стать / ску́чно/ и / он / реши́ть / перее́хать / большо́й / го́род.

9-20 Fill in the missing words in the Russian rendition of the narrative in the left column

This story was told to me by my grandfather. It happened a long time ago during the so-called "cold war" between the USA and the former Soviet Union.

We used to have some very nice neighbors who sold their house and moved to California. Their house was bought by a mysterious man named John Smith. Soon after he moved into the house, Mr. Smith came over and introduced himself to us. I asked him to come in, and I introduced him to my wife. He stayed for a little while and then went home. He said that he was English, but he spoke with a very thick Russian accent.

At that time I would get home from work around four o'clock and read the evening paper which would be delivered around five o'clock. One day when I went out to get the paper,

Эту историю _____ мне

дедушка. Она _____ давно,

во время так называемой _____ войны

между США и _____ Союзом.

У нас были очень _____

_____, которые продали дом и

_____ в Калифорнию. Их дом

_____ загадочный

человек, которого _____ Джон Смит.

Вскоре после того как он въехал в дом, мистер Смит

_____ и представился нам.

Я попросил его _____ и

познакомил его с _____

_____. Он немного посидел, а потом

_____ домой. Он сказал, что он

_____, но он говорил с

очень _____ русским

акцентом.

В то время я обычно _____ домой

_____ часа _____ и

_____ вечернюю газету, которую

_____ часов _____.

Однажды, когда я _____ за

_____,

196   Глава IX «Городская жизнь»

I saw that a long black car had driven up to Mr. Smith's house. Two men in dark blue uniforms got out of the car, went up to the house, and knocked on the door. Mr. Smith opened the door for them, and they went into the house. A few minutes later they all came out. One of the men was leading Mr. Smith by the hand, and the other was carrying two suitcases. They all got into the car and drove away. "Where are they taking him," I thought, "and why?" I went back into the house and told my wife that Mr. Smith had been taken away by two men in dark blue uniforms. "He's probably a Soviet spy, They've probably taken him off to jail," she said.

я уви́дел, как _____ ми́стера

Сми́та _____ дли́нная чёрная

маши́на. Из маши́ны _____

дво́е мужчи́н в си́них фо́рмах, _____

_____к до́му, и постуча́ли в дверь. Ми́стер Смит

откры́л им дверь, и они́ _____ в

дом. Че́рез не́сколько мину́т они все _____.

Оди́н мужчи́на _____ ми́стера

Сми́та за́ руку, _____ друго́й _____

два чемода́на. Они все _____ в

маши́ну и _____. «Куда

они́ его _____»? — поду́мал я — «и

почему́»? Я опя́ть _____до́м и

сказа́л жене́, что ми́стера Сми́та _____

дво́е мужчи́н в си́них фо́рмах. — «Он, наве́рное,

сове́тский шпио́н. Его́, наве́рное, _____ в

тюрьму́» сказа́ла она́.

9–21 Скажи́те по-ру́сски. Перево́д для повторе́ния. Да́йте ру́сский эквивале́нт. Don't translate every word but give the meaning of every sentence. Use a separate sheet of paper.

I spent last summer traveling around Russia and Eastern Europe with my best friend. We left New York on June 15 and arrived in St. Petersburg on the 16th. In St. Petersburg we stayed at an inexpensive hotel that we liked very much. We spent three days in St. Petersburg and then left for Moscow on the evening train. In Moscow we met our Russian friends Tanya and Misha and stayed with them for a few days. They drove us all around Moscow and showed us a lot of museums and old churches. And of course we went to see the Kremlin. Every summer our friends go to Sochi, a resort city on the Black sea, and this year they invited us to go with them.

We ordered plane tickets and left for Sochi on June 30. When we got to Sochi we started to look for rooms. We found a room in a youth hostel, and our friends found a room in a private home. I really liked Sochi.

We went to the beach every day and lay in the sun and swam in the ocean. All of us got really good tans. After Sochi my Moscow friends returned to Moscow, and my friend and I left for Warsaw and from there we went to Riga and Tallinn. I had never been to Estonia before, and I really liked Tallinn. It's such a beautiful, clean, old city. In Tallin we had to speak English, because Estonians don't like to speak Russian, even with foreigners.

(The beginning of the first sentence is done for you. Note the Russian equivalent for *"to spend time traveling."*)

Про́шлым ле́том я <u>***путеше́ствовал/а***</u> ***по Росси́и и***

Expecting a marriage proposal from Count Vronsky, Kitty goes to the ball, she described to Anna in the previous chapter. The following excerpts are from the description of this ball.

9-22   The first two descriptions of Kitty and Anna at the ball (lines 1— 43) are based on the contrast of their physical appearance.

1. How does Kitty feel about herself? Is she satisfied with the way she looks?

....

....

2. What color is Anna's dress, and what does this color suggest?

....

....

3. How do these two descriptions differ?

....

....

....

1	Бал то́лько что начался́, когда́ Ки́ти с ма́терью входи́ла на	
2	большу́ю, °залиту́ю све́том °ле́стницу. Из °зал °несся́ °шо́рох	*flooded with light; staircase; halls; was*
3	°движе́нья, и, пока́ они́ на °площа́дке ме́жду дере́вьями	*heard; rustle; movement; landing*
4	°оправля́ли пе́ред °зе́ркалом °причёски и пла́тья, из за́лы	*adjusted; mirror; hairdoes*
5	послы́шались °зву́ки °скри́пок орке́стра, °начáвшего пе́рвый вальс.	*sounds; violins;* *<начáть*
6	Ки́ти была́ в одно́м из свои́х °счастли́вых дней. °Густы́е	
7	°ба́ндо белоку́рых воло́с держа́лись как свои́ на ма́ленькой	*happy, fortunate, good; thick*
8	голо́вке. Чёрная °ба́рхатка °медальо́на осо́бенно не́жно °окружи́ла	*hairpiece*
9	°ше́ю. Ба́рхатка э́та была́ °пре́лесть, и до́ма, °гля́дя в зе́ркало на	*velvet ribbon ; locket*
10	свою́ ше́ю, Ки́ти чу́вствовала, что э́та ба́рхатка говори́ла. Во всём	*surrounded; neck ; lovely; <гля́дéть*
11	°друго́м могло́ ещё быть °сомне́нье, но ба́рхатка была́ пре́лесть.	*else; doubt*
12	Ки́ти улыбну́лась и здесь на ба́ле, взгляну́в на неё в зе́ркало. В	
13	°обнажённых плеча́х и на рука́х Ки́ти чу́вствовала холо́дную	*bared*
14	°мра́морность, чу́вство, кото́рое она́ осо́бенно люби́ла. Глаза́	
15	°блесте́ли, и °румя́ные гу́бы не могли́ не улыба́ться от °созна́ния	*<мра́мор - marble*
16	свое́й °привлека́тельности.	*sparkled; red*
17	А́нна была́ не в лило́вом, как того́ непреме́нно хоте́ла	*awareness; attractiveness*
18	Ки́ти, а в чёрном, ни́зко •сре́занном •ба́рхатном пла́тье,	
19	•открыва́вшем её •точёные, как ста́рой °слоно́вой ко́сти, по́лные	*cut; velvet;*
20	пле́чи и грудь и •окру́глые ру́ки с то́нкой •кро́шечной •ки́стью.	*<открыва́ть; chiselled; ivory*
21	На голове́ у неё, в чёрных волоса́х, <u>свои́х без •при́меси</u>, была́	*rounded; tiny; hand*
22	ма́ленькая •гирля́нда •анютиных гла́зок. •Причёска её была́	*all her own*
23	•незаме́тна. Заме́тны бы́ли то́лько, украша́я её, э́ти	*garland; pansies; hairdo;*
24	•своево́льные коро́ткие •коле́чки •курча́вых воло́с, всегда́	*unnoticeable*
25	•выбива́вшиеся на •заты́лке и •виска́х. На точёной •кре́пкой ше́е	*self-willed; ringlets; curly*
26	была́ •ни́тка •жемчугу.	*<выбива́ться; back of her neck; temples;*
		strong; string; pearls

4. How do Kitty's feelings about Anna change when she sees her in black?

....

....

5. What does Kitty now understand about Anna?

....

....

27 Ки́ти ви́дела ка́ждый день А́нну, была́ влюблена́ в неё и	
28 °представля́ла себе́ её непреме́нно в лило́вом. Но тепе́рь,	*imagined*
29 увида́в её в чёрном, она́ почу́вствовала, что не понима́ла всей	
30 её °пре́лести. Она́ тепе́рь увида́ла её соверше́нно но́вою и	*charm*
31 °неожи́данною для себя́. Тепе́рь она́ поняла́, что А́нна не могла́	*unexpected*
32 быть в лило́вом и что её пре́лесть °состоя́ла °и́менно °в том, что	*consisted; namely; in the fact that*
33 она́ всегда́ выступа́ла из своего́ °туале́та, что туале́т никогда́ не	*attire (clothing)*
34 мог быть ви́ден на ней. И чёрное пла́тье с °пы́шными	*fluffy, light; lace*
35 °кружева́ми не́ было ви́дно на ней; э́то была́ то́лько °ра́мка, и	*frame*
36 была́ видна́ то́лько она́, проста́я, °есте́ственная, °изя́щная и	*natural, elegant*
37 вме́сте весёлая и °оживлённая.	*animated, lively*
38 Она́ стоя́ла, как и всегда́, °чрезвыча́йно °пря́мо	*extremely; straight, erect*
39 °держа́сь, и, когда́ Ки́ти подошла́ к э́той °ку́чке, говори́ла с	*<держа́ться -to hold oneself ; group*
40 °хозя́ином до́ма, °слегка́ °повороти́в к нему́ го́лову.	*owner; slightly; <поворотить- to turn*

6. What do you think Anna is referring to when she says "Я не бро́шу ка́мня"?

....

7. How does Anna compliment Kitty?

....

8. How does Anna answer, when Korsunsky invites her to dance?

....

9. Why do you think she changes her mind and agrees to dance?

....

41 — Нет, я не •бро́шу •ка́мня, — отвеча́ла она́ ему́ на что́-то,	*will not cast; stone*
42 — •хотя́ я не понима́ю, — продолжа́ла она́, •пожа́в плеча́ми, и	*although; <пожа́ть-to shrug, squeeze*
43 то́тчас же с не́жною улы́бкой •покрови́тельства обрати́лась к	*protection, patronage*
44 Ки́ти. — Вы и в за́лу вхо́дите •танцу́я, — •приба́вила она́.	*<танцева́ть; added*
45 — Э́то одна́ из мои́х •верне́йших •помо́щниц, — сказа́л	*most faithful; helpers*
46 Корсу́нский, •кла́няясь А́нне Арка́дьевне, кото́рой он не вида́л	*<кла́няться- to bow, greet*
47 ещё. —•Княжна́ помога́ет сде́лать бал весёлым и прекра́сным.	*the princess*
48 А́нна Арка́дьевна, •тур ва́льса, — сказа́л он, •нагиба́ясь.	*round, turn; <нагиба́ться-to stoop, bow down*

49	—А вы знако́мы? — спроси́л хозя́ин.
50	— •С кем мы не знако́мы? Мы с жено́й как бе́лые во́лки,	*Нас все знают*
51	нас все́ зна́ют, — отвеча́л Корсу́нский. —Тур ва́льса, А́нна
52	Арка́дьевна.
53	—Я не танцу́ю, когда́ мо́жно не танцева́ть, — сказа́ла
54	она́.
55	— Но •ны́нче нельзя́, — отвеча́л Корсу́нский.	*сегóдня*
56	В э́то вре́мя подходи́л Вро́нский.
57	— Ну, е́сли ны́нче нельзя́ не танцева́ть, так пойдёмте, —
58	сказа́ла она́, не •замеча́я •покло́на Вро́нского, и бы́стро подняла́	*<замечáть-to notice; bow*
59	ру́ку на плечо́ Корсу́нского.

10. Why is Kitty surprised at Anna's behavior?

....

11. Why does Vronsky blush while he is talking to Kitty?

....

12. Why is Kitty so shocked and embarrassed when her waltz with Vronsky ends?

....

60	«За что́ она́ недово́льна им?» — поду́мала Ки́ти,
61	заме́тив, что А́нна умы́шленно не отве́тила на покло́н
62	Вро́нского. Вро́нский подошёл к Ки́ти, •напомина́я ей о пе́рвой	*<напоминáть- to remind*
63	•кадри́ли и •сожале́я, что всё э́то вре́мя не име́л удово́льствия её	*quadrille; <сожалéть-to regret*
64	ви́деть. Ки́ти смотре́ла, •любу́ясь, на •вальси́ровавшую А́нну и	*<любовáться- to admire;*
65	слу́шала его́. Она́ ждала́, что он пригласи́т её на вальс, но он не	*<вальсировáть*
66	пригласи́л, и она́ удивлённо взгляну́ла на него́. Он покрасне́л и
67	•поспе́шно пригласи́л вальси́ровать, но то́лько он •обня́л её	*quickly; embraced*
68	то́нкую •та́лию и сде́лал пе́рвый •шаг, как вдруг му́зыка	*waist; step*
69	останови́лась. Ки́ти посмотре́ла на его́ лицо́, кото́рое бы́ло на
70	тако́м •бли́зком от неё •расстоя́нии, и до́лго пото́м, чрез	*near; distance*
71	не́сколько лет, э́тот взгляд, •по́лный любви́, кото́рым она́ тогда́	*full of*
72	взгляну́ла на него́ и на кото́рый он не отве́тил ей, •мучи́тельным	*tormenting*
73	•стыдо́м •ре́зал её се́рдце.	*shame; cut at*

13. What do Kitty and Vronsky talk about as they are dancing?

....

14. What does Kitty think will happen during the mazurka (the final grand dance)?

....

15. Does Vronsky invite Kitty to dance the mazurka? What is Kitty's reaction?

....

16. With whom does Kitty dance the last quadrille?

....

17. Why is she horrified when she sees Vronsky dancing with Anna? What kind of expression does he have on his face? What does it seem to say?

....

....

74 Вро́нский с Ки́ти прошёл не́сколько ту́ров ва́льса.	
75 По́сле ва́льса Ки́ти подошла́ к ма́тери и •едва́ успе́ла сказа́ть	*barely*
76 не́сколько слов с Но́рдстон, как Вро́нский уже́ пришёл за ней	
77 для пе́рвой кадри́ли. Во вре́мя кадри́ли ничего́ •значи́тельного	*significant, important*
78 не́ было ска́зано. Она́ ждала́ с •замира́нием се́рдца мазу́рки.	*with her heart all excited*
79 Ей каза́лось, что в мазу́рке всё должно́ реши́ться. •То, что он	*the fact that*
80 во вре́мя кадри́ли не пригласи́л её на мазу́рку, не •трево́жило	*alarm*
81 её. Она́ была́ уве́рена, что она́ танцу́ет мазу́рку с ним, как и на	
82 •пре́жних бала́х, и •пятеры́м •отказа́ла мазу́рку, говоря́, что	*former; five (men); refused*
83 танцу́ет. Весь бал до после́дней кадри́ли был для Ки́ти	
84 •волше́бным •сновиде́нием •ра́достных •цвето́в, •зву́ков, и	*magical; dream; delightful; colors; sounds*
85 •движе́ний. Она́ не танцева́ла, то́лько когда́ чу́вствовала себя́	*movements*
86 сли́шком уста́лою и проси́ла о́тдыха. Но, танцу́я после́днюю	
87 кадри́ль с одни́м из ску́чных •ю́ношей, ей •случи́лось быть vis-a-	*young men; happened*
88 vis с Вро́нским и А́нной. Она́ не •сходи́лась с А́нной с •са́мого	*come close to; very*
89 •прие́зда и тут вдруг увида́ла её опя́ть соверше́нно но́вою и	*arrival*
90 •неожи́данною. Она́ увида́ла в ней •столь •знако́мую ей •само́й	*unexpected; so; familiar; herself*
91 •черту́ •возбужде́ния от успе́ха. Она́ ви́дела, что А́нна •пьяна́	*feature; excitement; drunk*
92 вино́м •возбужда́емого е́ю •восхище́ния. Она́ зна́ла э́то чу́вство	*aroused, delight*
93 и зна́ла его́ •при́знаки и ви́дела их на А́нне — ви́дела	*signs*
94 •дрожа́щий, •вспы́хивающий блеск в глаза́х и улы́бку сча́стья и	*trembling; <вспы́хивать- to flare up;*
95 возбужде́ния, •нево́льно •изгиба́ющую гу́бы, и •отчётливую	*unwillingly; <изгиба́ть- to twist; precise*
96 гра́цию, •ве́рность и лёгкость движе́ний....	*accuracy*
97 «Но •что он?» Ки́ти посмотре́ла на него́ и •ужасну́лась. То,	*What about him? was horrified*
98 что Ки́ти так •я́сно представля́лось в •зе́ркале лица́ А́нны, она́	*clearly, mirror*
99 увиде́ла на нём. Куда́ •де́лась его́ всегда́ споко́йная, •твёрдая	*disappear; resolute*
100 мане́ра и •беспе́чно споко́йное выраже́ние лица́? Нет, он	*carefree*
101 тепе́рь ка́ждый раз, как обраща́лся к ней, немно́го •сгиба́л	*bend*
102 го́лову, как бы жела́я •пасть пред ней, и во взгля́де его́ бы́ло	*to fall*
103 •одно́ выраже́ние •поко́рности и •стра́ха. «Я не •оскорби́ть	*only; submission; fear; to offend, insult*
104 хочу́, — ка́ждый раз •как бу́дто говори́л его́ взгляд, — но	*seemed to*
105 •спасти́ себя́ хочу́, и не зна́ю как». На лице́ его́ бы́ло тако́е	*to save*
106 выраже́ние, кото́рого она́ никогда́ не вида́ла •пре́жде.	*before*

Not having been invited by Vronsky to dance the mazurka, Kitty observes Anna and Vronsky as they are dancing:

18. What does Kitty feel when she sees Anna and Vronsky dancing the mazurka?

....

19. How do Anna and Vronsky act?

....

20. What kind of expression does Vronsky now have on his face?

....

21. How does Kitty feel about Anna?

....

22. Why doesn't Vronsky recognize Kitty when he sees her?

....

23. Why doesn't Anna talk to Kitty when they are together during the dance?

....

24. What is Kitty's final conclusion about Anna?

....

107	Она́ ви́дела их свои́ми •дальнозо́ркими глаза́ми, ви́дела их и	*far-sighted*
108	•вблизи́, когда́ они́ ста́лкивались в па́рах, и •чем бо́льше она́	*close up; the more....*
109	ви́дела их, •тем бо́льше •убежда́лась, что •несча́стье её	*the more; became convinced; misfortune*
110	•соверши́лось. Она́ ви́дела, что они́ чу́вствовали себя́ •наедине́ в	*had taken place; alone*
111	э́той по́лной за́ле. И на лице́ Вро́нского, всегда́ •столь •твёрдом	*so; firm*
112	и •незави́симом, она́ ви́дела то́ •порази́вшее её выраже́ние	*independent; <поразить -to defeat*
113	•поте́рянности и •поко́рности, похо́жее на выраже́ние у́мной	*bewilderment; submission*
114	соба́ки, когда́ она́ •винова́та.	*guilty (has done something bad)*
115	А́нна улыба́лась, и улы́бка э́та •передава́лась ему́. Она́	*would be transmitted*
116	•заду́мывалась, и он станови́лся серьёзен. Кака́я-то	*would become pensive*
117	•сверхъесте́ственная •си́ла •притя́гивала глаза́ Ки́ти к лицу́	*supernatural; strength; attracted*
118	А́нны. Она́ была́ •преле́стна в своём просто́м чёрном пла́тье,	*charming*
119	преле́стны бы́ли её •по́лные ру́ки с брасле́тами, преле́стна	*plump*
120	твёрдая ше́я с ни́ткой же́мчуга, преле́стны вью́щиеся во́лосы	
121	•расстро́ившейся причёски, преле́стны грацио́зные лёгкие	*<расстроиться-to become undone*
122	•движе́ния ма́леньких ног и рук, преле́стно э́то краси́вое лицо́ в	*movements*
123	своём •оживле́нии; но бы́ло что́-то ужа́сное и •жесто́кое в её	*animation; cruel*
124	пре́лести.	
125	Ки́ти •любова́лась е́ю ещё бо́лее, чем пре́жде, и всё бо́льше	*admired*
126	и бо́льше •страда́ла. Ки́ти чу́вствовала себя́ •разда́вленною, и	*suffered; crushed*
127	лицо́ её выража́ло э́то. Когда́ Вро́нский увида́л её,	
128	столкну́вшись с ней в мазу́рке, он •не вдруг узна́л её, так она́	*<столкнуться; not right away*
129	•измени́лась.	*changed*

130 —Прекра́сный бал! — сказа́л он ей, что́бы сказа́ть что-	
131 нибудь.	
132 — Да, — отвеча́ла она́.	
133 В •середи́не мазу́рки, •повторя́я •сло́жную фигу́ру, вновь	*middle; <повторять; complicated*
134 •вы́думанную Корсу́нским, А́нна вы́шла на середи́ну •кру́га,	*<выдумать- to think up; circle*
135 взяла́ двух •кавале́ров и •подозвала́ к себе́ одну́ да́му и Ки́ти.	*men; called; <подходить*
136 Ки́ти испу́ганно смотре́ла на неё •подходя́. А́нна	
137 •прищу́рившись, смотре́ла на неё и улыбну́лась, пожа́в её ру́ку.	*<прищу́риться-to squint*
138 Но •заме́тив, что лицо́ Ки́ти то́лько выраже́нием отча́яния и	*< заметить- to notice*
139 удивле́ния отве́тило на её улы́бку, она́ •отверну́лась от неё и	*turned away*
140 ве́село заговори́ла с друго́ю да́мой.	
141 «Да, что́-то •чу́ждое, •бесо́вское и преле́стное есть в ней»,	*uncanny; diabolical, satanic*
142 — сказа́ла себе́ Ки́ти.	

25. Why does Anna not wish to remain at the ball?

....

26. How do she and Vronsky part? What sort of impression is left on Vronsky?

....

143 А́нна не хоте́ла остава́ться у́жинать, но хозя́ин •стал проси́ть	*начал*
144 её.	
145 — Нет, я не оста́нусь, — отве́тила А́нна, улыба́ясь; но,	
146 •несмотря́ на улы́бку, и Корсу́нский и хозя́ин по́няли по	*in spite of*
147 реши́тельному то́ну, с каки́м она́ отвеча́ла, что она́ не	
148 оста́нется.	
149 — Нет, я •и так в Москве́ танцева́ла бо́льше на ва́шем одно́м	*as it is*
150 ба́ле, чем всю зи́му в Петербу́рге, — сказа́ла А́нна, •огля́дываясь	*<оглядываться - to look around*
151 на по́дле нее стоя́вшего Вро́нского. — На́до отдохну́ть пе́ред	
152 •доро́гой.	*trip, journey, road*
153 — А вы •реши́тельно е́дете за́втра? — спроси́л Вро́нский.	*definitely*
154 —Да, я ду́маю, — отвеча́ла А́нна, •как бы удивля́ясь	*as if*
155 •сме́лости его́ вопро́са; но •неудержи́мый •дрожа́щий •блеск	*audacity; unrestrainable; trembling*
156 глаз и улы́бки •обжёг его́, когда́ она́ говори́ла э́то.	*sparkle; burnt, seared*
157 А́нна Арка́дьевна не оста́лась у́жинать и уе́хала.	

•Как вы́учить слова́.

Step 1.

Build clusters around these words

1. води́тельские права́
2. штраф
3. го́род
4. поздра́вить
5. пройти́
6. направле́ние
7. руль
8. приглаше́ние в го́сти
9. бензи́н
10. боя́ться

Step 2.

A. Be sure you know how to say that

1. you got a parking ticket;
2. you are being late;
3. you need gas;
4. you don't have a map;
5. you feel frustrated;
6. you car broke down and has to be repaired;
7. you were late because you had a slight accident;
8. there is no place to park downtown/on campus;
9. one has to turn right and then left;
10. "haste makes waste" (Do you remember the proverb?)

B. What would you say or write to congratulate a person?

C. Think of all the occasions when you can say «Поздравля́ю».

D. Do you remember how to start a letter
   a. to a friend your age;
   b. to an older person?

E. Think of driving during a rush hour. What words do you need to describe the road and your feelings, in addition to the ones that are already in the table.

Доро́га	Поли́ция	Маши́ны	Мои́ чу́вства
шоссе́	штраф	ава́рия	серди́т/а

F. Can you list in Russian all the things that you carry in your wallet? If you forgot some words, see Lesson 1.

G. If you are lost on a street in a Russian city, what questions will you ask a passerby? What if you are driving?

Step 3. Think of a city or a neighborhood where you would like to live. Describe it in Russian.

Фоне́тика и интона́ция.

10–1 Интона́ция. Вопро́сы с вопроси́тельном сло́вом [Questions with a question word].

Listen to the intonation of questions with question words. In both English and Russian, questions with question words are pronounced with a falling intonation that is not as sharp as that of declarative sentences.

→→ → → →   →→ →→ →   →   → →→   → → → → → → → →→
Куда́ ты идёшь?   Куда́ ты идёшь ве́чером?   Где живу́т ва́ши роди́тели?

→ → →→ → →→ → →   →→→ →   → → → → → →→
Кто тебе́ сказа́л об э́том?   Отку́да вы?   Во ско́лько ты позвони́шь?

The answer to a question with a question word will answer the question word regardless of the word that is stressed in the question.

→ → → → →→ → → →→ → →   → →→→ → → → → → → →→
— Куда́ ты идёшь сего́дня ве́чером?   — Куда́ ты идёшь сего́дня ве́чером?
— В кино́.   — В кино́.

10–2 Listen to the following questions. Mark the intonational center (the syllable on which the intonation falls) for each question.

1. Кака́я у вас пого́да?

2. Что с тобо́й? Что ты так дрожи́шь?

3. Как ты себя́ чу́вствуешь?

4. Что у вас боли́т?

5. Чем вы боле́ете?

6. На чём мы пое́дем?

7. В чём де́ло?

8. Что вы и́щете?

9. Почему́ все остана́вливаются?

10. Как вам понра́вился но́вый фильм?

10-3 Read the following questions. Compare your intonation with the intonation of the speaker.

1. Что э́то тако́е?

2. Кто они́ таки́е?

3. Что э́то за кни́га?

4. Кто бы́ли э́ти лю́ди?

5. Кто была́ э́та же́нщина?

6. Ско́лько вре́мени вы там жи́ли?

7. Где вы вы́росли?

8. Где вы родили́сь?

9. Где родили́сь ва́ши роди́тели?

10. Отку́да вы?

11. Отку́да ва́ши друзья́?

12. Кто твои роди́тели?

13. Куда́ ты идёшь сего́дня ве́чером по́сле конце́рта?

14. Ско́лько вре́мени ты бу́дешь у нас учи́ться?

•Listening Comprehension

10-4 Дикта́нт. Transcribe the following narrative.

....

....

....

....

....

....

....

....

....

10–5 Подслу́шанные разгово́ры

Разгово́р №1.

1. Почему́ Ма́ша пло́хо вы́глядит? ....

....

2. Почему́ Ма́ше сейча́с "нельзя́ боле́ть"? ....

....

3. Почему́ Ма́ша не хо́чет, что́бы Лю́ба к не́й заходи́ла? ....

....

Разгово́р №2

1.Как Ко́ля себя́ чу́вствует? ....

....

2. Почему́ он не хо́чет идти́ в кино́? ....

....

Разгово́р №3

1. Are the speakers discussing a) a flood, b) an earthquake, c) a snowstorm?

....

2. When might it occur?

....

Разгово́р №4

List all the reasons mentioned in the conversation that explain why one of the speakers is so cold.

a) ....

b) ....

c) ....

Разгово́р №5. Supply the missing words.

— Ну что ты стои́шь о́коло шка́фа? Опя́ть тебе́ ....?

— Коне́чно, не́чего. Во-пе́рвых, я уже́ давно́ ....

— А во-вторы́х, у тебя́ уже́ ...., что тебе́ никогда́ в жи́зни

....

— Да? Сейча́с но́сят .... ю́бки, а у меня́ то́лько

.... Сви́тер у меня́ то́лько оди́н, а в э́том году́

....

— Ну хорошо́, ... у тебя́ есть.

— Э́то не пальто́, а дли́нная ....

—Ну, купи́ пальто́.

—Я .... пальто́.

—Ну купи́ ....ку́ртку и сви́тер.

—И мне нужны́..

—Ла́дно, купи́ .... Но я уве́рена, что у тебя́ их пять пар ....

—Спаси́бо, ма́мочка. Я зна́ла, что ты ...., что мне ....

10–6 Но́вости. Listen to the news and jot down the most important information.

1. ....

....

....

2. ....

....

....

Упражне́ния на понима́ние

10–7 Радиорепортаж. По страни́цам сего́дняшних газе́т. Listen to the following news item (*Грипп: вспы́шка бу́дет, но эпиде́мии не ждём*) and answer the questions.

Поле́зные слова́: минздра́в — министе́рство здравоохране́ния — Health Department
взро́слый — adult
самочу́вствие — how one feels
жаропонижа́ющее — fever-curing (medication)
уху́дшиться — to get worse
ограни́чить конта́кты — limit socializing
пожило́й — older person

1. What percentage of the population generally gets sick during an epidemic?

   ....

2. Is the flu dangerous for adults?

   ....

3. What course of treatment is recommended?

   ....

4. What recommendations are given for children and older people?

   ....

•Лексические упражнения

10–8 К письму Катиной мамы и ответу Кати.

A. Give a Russian interpretation of the following letter. Make sure you convey the meaning of each sentence. Use a separate sheet of paper.

> Dear Nina,
> I've gotten my Russian visa from the Russian embassy and will arrive in Moscow in December during my winter break. Is it very cold? What temperature is it there? Is it windy? I hate it when it gets cold and damp. I've never seen snow so I don't know how cold it can be. What clothes do I need to bring? I have a raincoat and a warm jacket. I also have a pair of high boots but they are not very warm. What do you think? What else should I bring? What can I bring for your parents?
>
> > Love, Melissa

Б. Напишите ответ на письмо.

10–9 К странице 261. Дайте русские эквиваленты. Употребите глаголы **надевать/надеть**; **снимать/снять**:

1. He took off his hat and said hello.

....

2. Why are you wearing a fur coat? It's not that cold today.

....

....

3. It's so cold today. I'll wear my overcoat.

....

4. She put on her glasses and started reading today's paper.

....

5. I don't have anything to wear.

....

10–10 Скажи́те по-ру́сски. Fill in the blanks in the Russian interpretation of the following narrative.

People say it never rains in southern California. I was in southern California last December and I had to carry my umbrella with me all the time, because it rained every day. Sometimes it really poured. I would listen to the weather forecast every day, and every day they would say, "Rain, rain, rain." I was afraid there would be a flood. I don't know where all that water went. I don't understand why people want to live in California. They have earthquakes there, and in the winter it's cold and it rains a lot.

Last year I visited my aunt and uncle in Florida. While I was there, there was a big hurricaine and the roof flew off their house. I don't understand why people want to live in Florida either. I was born and grew up in Hawaii. Here it's never cold and never hot. We have no snow or slush in the winter time. It's nice the year round here. You can go swimming every day. Therefore, I thought it over and decided to apply to go to school in Hawaii.

Говоря́т, что в Ю́жной Калифо́рнии _____

_____ Я был/а́ в Ю́жной Калифо́рнии

_____ про́шлого го́да, и мне приходи́лось

всё вре́мя _____ _____,

потому́ что ка́ждый день _____ дождь.

Иногда́ ли́ло _____. Ка́ждый

день я слу́шал/а _____ и

ка́ждый день говори́ли: «Дождь, дождь, дождь». Я боя́лся/

боя́лась, что бу́дет _____. Не зна́ю, куда́

_____ вся э́та вода́. Не понима́ю, почему́ лю́ди

хотя́т жить в Ю́жной Калифо́рнии. Там _____

_____, и зимо́й хо́лодно, и

_____.

   В про́шлом году́ _____

во Флори́ду. В э́то вре́мя там был ужа́сный _____,

и с их до́ма _____ кры́ша. Не понима́ю, почему́

лю́ди хотя́т жить во Флори́де. Я роди́лся/родила́сь и

_____. Там никогда́

не быва́ет ни _____, ни _____.

У нас _____и зимо́й нет _____.

Весь год (кру́глый год) хоро́шая пого́да. Ка́ждый день

_____. Поэ́тому я

поду́мал/а, поду́мал/а и реши́л/а поступа́ть в _____

_____.

10–11 К разгово́ру «**Как я замёрз/ла**». **Скажи́те по-ру́сски.** Give a Russian interpretation of the following narrative. Use a separate sheet of paper.

When Lena left home at 6:30 this morning it was rather cold. She put on a sweater, warm pants, and a warm jacket. When she went to have lunch at 12:15 it was so hot that she had to take off her jacket and the sweater. "Why did you dress so warmly?" her friends asked. In the evening when she was going home she was glad she had her jacket on because it began to rain and it got cold again. Her friend Nina had a summer dress on and she was shivering. "I am so cold," she kept saying as they were waiting for their bus.

10-12 К разгово́ру «**Ка́тя заболе́ла**». **Запо́лните про́пуски.** Give Russian equivalents for the words in brackets.

A.   Вчера́ Ка́тя [*didn't feel well*] _____, и реши́ла

[*to go*] _____ в поликли́нику [*to see a doctor*] _____ .

Врача́ зову́т до́ктор Джонс.

        — Что с ва́ми, [*what's bothering you*] _____? — спроси́л/а врач.

        — [*My stomach and my throat*] _____, —отве́тила она́, — и

тру́дно [*to breath*] _____ и бо́льно [*to swallow*] _____

        —Зна́чит и [*you have a sore throat*] _____ ?

— спроси́л/а врач.

        —Да, стра́шно — отве́тила Ка́тя, — и я всё вре́мя и [*cough and sneeze*] _____

_____ .

        Врач изме́рил/а ей [*temperature*] _____ и сказа́л/а: — У вас

повы́шенная температу́ра. Зна́чит вы и́ли си́льно простуди́лись или [*have caught the flu*]

_____ . Ведь сейча́с мно́гие [*are sick*] _____

гри́ппом. Вам на́до лечь в посте́ль, пить со́ки и [*take*] _____

аспири́н ка́ждые четы́ре часа́. Че́рез 3—4 дня всё э́то [*will pass*] _____, и

вы [*will feel*] _____ гора́здо лу́чше.

Б. **Скажи́те по-ру́сски.**

"You don't look very well."

"I don't feel well. I think I am getting a cold."

"You must have caught the flu. There is an epidemic going around."

"I have a head cold, that's all."

"That's how it starts. Go to bed. I'll get you some cold medicine and a few oranges."

"Don't worry about me. I'll be all right (will recover) tomorrow."

"I don't think so. It takes a week to get over a cold."

....

....

....

....

....

....

....

....

....

....

10-13 Ко всем те́кстам и разгово́рам. **Заполни́те про́пуски.** Give Russian equivalents for the words in brackets.

1. Ка́тина ма́ма [*is coming*] _____ из Москвы́ в [*February*] _____ .

2. Ма́ма спра́шивает Ка́тю, [*what their weather is like*] _____ .

3. Ка́тя о́чень [*happy*] _____ , что ма́ма [*soon*] _____ прилети́т.

4. Ка́тя пи́шет ма́ме, что у них [*it's not as cold as in Moscow*] _____

_____ .

5. Ка́тя пи́шет ма́ме, что ка́ждый де́нь [*it rains*] _____ и [*it's

windy*] _____ .

6. Ка́тя обы́чно [*wears*] _____ брю́ки, [*sneakers*] _____ и

[*warm jacket*] _____ .

7. Ка́тя о́чень ра́да, что они́ с ма́мой [*will see each other soon*] _____

_____ .

Глава X «Приро́да и мы»

8. На Среднем Западе бывают страшные [*tornadoes*] _____, [*and*] _____ в

Калифорнии бывают [*earthquakes*] _____.

9. Я совершённо [*frozen*] _____.

10. Катя [*caught the flu*] _____ и пошла в

университетскую поликлинику [*to see a doctor*] _____. Она

сказала, что она всё время [*coughs*] _____ [*and*] _____ что ей

трудно [*to breathe*] _____ [*and*] _____ [*painful*] _____

глотать. Врач ей посоветовал/а [*to go to bed and take some aspirin*] _____

_____

11. Ты ужé [*had your flu shot*] _____?

12. Катина подруга похудéла, и [*everything's too big for her*] _____

_____.

13. Танин брат [*lost a few pounds*] _____, [*and*] ____

её сестра [*gained a lot of weight*] _____.

10–14 Прогно́з пого́ды. Read the following weather forecasts. On a separate sheet of paper, write a similar forecast for tomorrow for the place where you live.

В Москве́ 16 января́ днём о́коло нуля́ гра́дусов, мо́крый снег, ве́тер се́веро-за́падный, с перехо́дом на юго-за́падный, на доро́гах гололе́дица.

В Москве́ бу́дет со́лнечно, температу́ра 10–15 гра́дусов тепла́, ве́тер юго-восто́чный. Ве́чером возмо́жен небольшо́й дождь.

10–15 Скажи́те дру́гу

1. It's been raining for three days.

....

2. It's a nice summer day.

....

3. It's night and there's no moon.

....

4. It's a cloudy morning.

....

5. It's a bright afternoon.

....

6. It's snowing, and you can't leave the house.

....

7. It's going to rain.

....

8. It's going to snow.

....

9. There are clouds in the sky, it's going to rain.

....

10. There was a thunderstorm last week.

....

11. There was a blizzard last week.

....

•Грамма́тика

10–16 **Глаго́лы**. Give the missing forms for the verbs:

вы́глядеть Aspect:
Я вы́гляжу
Ты
Они́
Past:
Он
Она́
Conj.

худе́ть Aspect:
Я
Ты худе́ешь
Они́
Past:
Он
Она́
Conj.

поправля́ться Aspect:
Я
Ты
Они́ поправля́ются
Past:
Он
Она́
Conj.

попра́виться Aspect:
Я попра́влюсь
Ты
Они́
Past:
Он
Она́
Conj.

надева́ть Aspect:
Я надева́ю
Ты
Они́
Past:
Он
Она́
Conj.

наде́ть Aspect:
Я наде́ну
Ты
Они́
Past:
Он
Она́
Conj.

Лекси́ческие упражне́ния

одева́ться

Aspect:

Я ....

Ты ....

Они́ одева́ются ....

Past:

  Он ....

  Она́ ....

Conj. ....

оде́ться

Aspect:

Я ....

Ты ....

Они́ оде́нутся ....

Past:

  Он ....

  Она́ ....

Conj. ....

снима́ть

Aspect:

Я снима́ю ....

Ты ....

Они́ ....

Past:

  Он ....

  Она́ ....

Conj. ....

снять

Aspect:

Я сниму́ ....

Ты ....

Они́ ....

Past:

  Он ....

  Она́ ....

Conj. ....

привыка́ть

Aspect:

Я ....

Ты привыка́ешь ....

Они́ ....

Past:

  Он ....

  Она́ ....

Conj. ....

привы́кнуть

Aspect:

Я ....

Ты привы́кнешь ....

Они́ ....

Past:

  Он ....

  Она́ ....

Conj. ....

дрожа́ть	Aspect:
Я дрожу́	
Ты	
Они́	
Past:	
Он	
Она́	
Conj.	

мёрзнуть	Aspect:
Я	
Ты	
Они́ мёрзнут	
Past:	
Он	
Она́	
Conj.	

принима́ть	Aspect:
Я	
Ты принима́ешь	
Они́	
Past:	
Он	
Она́	
Conj.	

приня́ть	Aspect:
Я	
Ты при́мешь	
Они́	
Past:	
Он	
Она́	
Conj.	

дыша́ть	Aspect:
Я	
Ты	
Они́ ды́шат	
Past:	
Он	
Она́	
Conj.	

10–17 Compose 8-10 sentences with the previous verbs. Use a separate sheet of paper.

10–18 Ассоциации. Напишите на отдельном листе бумаги, о чём вы думаете, когда слышите следующие слова. **льёт как из ведра, гроза, метель, тучи на небе, солнце, луна**

10–19 Повторим глаголы «стараться» и «пробовать»

А.

стараться	Aspect:
Я стараюсь	
Ты	
Они	
Past:	
Он	
Она	
Conj.	

пробовать	Aspect:
Я	
Ты пробуешь	
Они	
Past:	
Он	
Она	
Conj.	

Б. Say that you will attempt to do something.

1. Я хочу найти работу на лето.

2. Я хочу сегодня дописать курсовую, но не уверен/а, что успею.

3. Я хочу найти время, чтобы поехать с вами за город.

4. Я знаю, что мне надо с ними поговорить.

5. Я думаю, что смогу выучить стихотворение, но не уверен/а.

6. Я хочу заработать летом немного денег.

В. Say that you will try hard to to something.

1. Я очень хочу поехать в Россию на весенние каникулы, хотя это трудно — у меня нет денег.

2. Моя подруга сказала, что очень хочет помочь мне говорить по-русски лучше.

3. Вы должны сделать всё, чтобы закончить доклад ко вторнику.

4. Я совсем не хочу думать об этом.

5. Я хочу́ вы́учить ру́сский язы́к как мо́жно лу́чше, потому́ что на сле́дующий год я пое́ду в Москву́.

....

6. Мне о́чень на́до за кани́кулы зарабо́тать мно́го де́нег!

....

10– 20 Ситуа́ции. On a separate sheet of paper, write what you would say in the following situations.

1. You know that your friend is always late. You want to be sure that he/she shows up on time for your birthday party. What will you say?
2. You have to talk to your boss, but he/she is hard to talk to.
3. You wanted to learn Chinese last year, but you didn't have much time.
4. You tried calling someone once, but the line was busy and you had no time to try again.
5. You spent all day calling a travel agency, but the line was busy.
6. You are promising a friend who doesn't speak English to find out about trips to Asia.
7. You tried to cook a Japanese dish once, but it was too hard.
8. You know what your friends like to eat. You fixed all their favorite dishes when they were coming to dinner.
9. You tried to bake bread once in your life, but you didn't have any luck.

10-21 Повтори́м падежи́.

А. дублёнка (a sheepskin coat)

1. Пе́ред тем как пое́хать в Новосиби́рск, я купи́л/а ....

2. Э́то бы́ло нелегко́. Уже́ начала́сь весна́, и в магази́нах не́ было ....

3. Я уже́ реши́л/а взять пла́щ, но все говори́ли, что нельзя́ е́хать без ....

4. Наконе́ц, мне повезло́: я нашёл/нашла́ магази́н, где была́ распрода́жа ....

    и я мог/ла́ купи́ть недорогу́ю ....

Б. тёплая ку́ртка и кроссо́вки

1. Мне ну́жно взять с собо́й ....

2. Он был в ....

3. Когда́ я лете́л/а в Росси́ю, я потеря́л/а чемода́н с ....

....

4. У меня́ нет ....

В. мои́ ста́рые сосе́ди

1. Мы до́лго говори́ли с ....

2. Я ду́мал/а о ....

3. Мы пое́дем в го́сти к ....

4. Мы неда́вно бы́ли у ....

5. Мы неда́вно верну́лись от ....

6. Я хочу́ вам рассказа́ть про .... :

7. Я о́чень люблю́ ....

Г. Повтори́м вре́мя. В кото́ром часу́ они́ прие́дут?

Образе́ц: 5:20 p.m. → в полови́не шесто́го ве́чера

1. 8:30 a.m. ....

2. 10:15 p.m. ....

3. 12:50 a.m. ....

4. 9:25 p.m ....

5. 3:30 p.m ....

6. 2:40 a.m ....

7. 1:30 p.m ....

И́мя прилага́тельное К страни́цам 267-268

10-22 Complete the sentences with adjectives that make sense according to context. Use each adjective only once.

1. Ле́кция была́ о́чень	*интере́сный*
2. Конце́рт был	*дли́нный*
3. О́чередь была́ о́чень	*ску́чный*
4. Обе́д был	*вку́сный*
5. Э́то упражне́ние	*тру́дный*
6. Наш университе́т	*лёгкий*
7. Их кварти́ра така́я	*высо́кий*
8. Его́ друзья́ о́чень	*чи́стый*
9. Её брат тако́й	*симпати́чный*
10. Его́ сестра́ така́я	*у́мный*
11. Моя́ маши́на совсе́м	*ста́рый*
	бе́дный
	бога́тый

10-23 Заполните пропуски. Give Russian equivalents for the words in brackets.

Be sure you are familiar with adjectives whose short form is commonly used (pp.267-270)

1. Она была [*sick*] _____ неде́лю, а тепе́рь она́ совсе́м [*well*] _____

2. Я не совсе́м [*sure*] _____ , что ты [*right*] _____ .

3. Я [*sure*] _____ , что ты [*wrong*] _____ .

4. Мы все [*happy*] _____ вас ви́деть.

5. Они́ [*happy*] _____ ?

6. Éсли ты [*hungry*] _____ , пойди́ в столо́вую.

7. Вчера́ Марк не зае́хал за Ка́тей, и тепе́рь она́ [*angry*] _____ на него.

8. — Что тебе́ [*need*] _____ ?

   — Мне ничего́ не [*need*] _____ .

9. Тебе́ [*necessary*] _____ э́ти кни́ги?

10. Говоря́т, что я о́чень [*resemble, look like*] _____ на де́душку. Ты [*agree*]

    _____ ?

11. Всё бы́ло о́чень [*tasty*] _____

12. Спаси́бо за по́мощь. Мы вам о́чень [*grateful*] _____ .

13. Ва́ши ба́бушка и де́душка ещё [*alive*] _____ ?

14. Ты [*free*] _____ сего́дня ве́чером? Хо́чешь сходи́ть на но́вый

    фильм?

    — К сожале́нию, я [*busy*] _____ . За́втра у меня́ контро́льная по

    вы́сшей матема́тике и я [*have to*] _____ гото́виться к ней.

15. Спаси́бо, но я бо́льше есть не могу́. Я уже́ [*full*] _____

16. Ма́ша неда́вно е́здила в Росси́ю. Она́ оста́лась о́чень [*happy*] _____ свое́й пое́здкой.

17. Э́то о́чень [*interesting*] _____ .

К страни́цам 271-272.

10-24 Како́й отве́т вы дади́те? [Indicate stress in short form adjectives]

Образе́ц: — Тебе́ не ка́жется, что э́то ша́пка сли́шком больша́я? →

— Да, она́ тебе́ бу́дет велика́.

1. — Тебе́ не ка́жется, что э́ти сапоги́ ма́ленькие?

— ....

2. — Тебе́ не ка́жется, что э́та ю́бка коро́ткая?

— ....

3. — Тебе́ не ка́жется, что э́та ку́ртка широ́кая?

— ....

4. — Тебе́ не ка́жется, что э́то пальто́ дли́нное?

— ....

5. — Тебе́ не ка́жется, что э́ти брю́ки у́зкие?

— ....

6. — Тебе́ не ка́жется, что э́та руба́шка больша́я?

— ....

7. — Тебе́ не ка́жется, что э́ти брю́ки дли́нные?

— ....

8. — Тебе́ не ка́жется, что э́ти кроссо́вки у́зкие?

— ....

10-25 Расскажи́те, как вы покупа́ли оде́жду.

Образе́ц: Я хоте́л/а купи́ть ша́пку. → **Пе́рвая, кото́рую я наде́л/а была́ велика́, втора́я была́**

мала́, а тре́тья была́ как раз.

1. Я хоте́л/а купи́ть ку́ртку. Пе́рвая, кото́рую я наде́л/а, была́ _____ , втора́я

была́ _____ , а _____ .

2. Я хоте́л/а купи́ть пальто́. Пе́рвое, кото́рое я наде́л/а, бы́ло _____, второ́е бы́ло

_____, а _____ .

3. Я хоте́л/а купи́ть сви́тер. Пе́рвый, кото́рый я наде́л/а, был _____, второ́й был

_____, а _____ .

Глава X «Приро́да и мы»

4. Я хотéла купи́ть ю́бку. Пéрвая, котóрую я надéла, была́ _____, втора́я была́

_____, а _____

_____

Сравни́тельная стéпень   К страни́цам 273-275.

10–26 Сравни́те. Complete the sentences.

Образéц: Мой дом высóкий, **а их дом ещё вы́ше.**

1. Сегóдняшний фильм интерéсный, а вчера́шний фильм был ....

2. Сегóдня хóлодно, а за́втра бу́дет ....

3. Мы живём бли́зко от университéта, а они́ живу́т ....

4. Макси́м хорошó рабóтает, а Ната́ша рабóтает ....

5. Вчера́ был си́льный вéтер, а сегóдня вéтер ....

6. Моя́ кварти́ра дорога́я, а Лéнина кварти́ра ....

7. Егó рабóта тру́дная, а ваша рабóта ....

8. Я вожу́ маши́ну осторóжно, а он вóдит маши́ну ....

9. Я плóхо говорю́ по-кита́йски, а она́ говори́т ....

10. В этом магази́не всё дёшево, а в том магази́не всё ....

К страни́цам 273-279.

10–27 Запóлните прóпуски. Give the comparative forms of the adjectives in brackets. Be sure to put them into the correct case.

1. Меня́ интересу́ют [*more important*] .... вопрóсы.

2. В их кóлледже у́чатся [*less serious*] .... студéнты.

3. Я люблю́ [*warmer*] .... погóду.

4. Мы поéдем на [*earlier*] .... пóезде.

5. Почему́ наш преподава́тель всегда́ задаёт мне [*harder*] ....

.... вопрóсы, чем тебé?

6. Они́ привы́кли обéдать в [*more expensive*] .... рестора́нах.

7. Этот гид не óпытный. Надéюсь, что в слéдующий раз нам даду́т [*more experienced*] ....

.... ги́да.

8. Почему́ нам не даю́т [*simpler*] .... упражнéния?

9. Я привы́к/ла есть в [*less expensive*] .... рестора́нах.

10. Ка́тина ма́ма наде́ется, что Ка́тя познако́мится с [*more serious*] ....

.... па́рнем, чем Марк.

11. Я проси́л/а продавца́ показа́ть мне [*longer*] .... пальто́.

12. Нельзя́ найти́ [*kinder*] .... челове́ка.

13. У Воло́ди [*louder*] .... го́лос, чем у Ма́рка.

15. 5 часо́в для меня́ [*more convenient*] .... вре́мя.

10–28 Скажи́те по-ру́сски. Да́йте русские эква́ленты. Испо́льзуйте выраже́ния: *так же, как; тако́й же, как; не так, как; не тако́й, как*.

Не забу́дьте	**just as** тако́й (тако́е, така́я, таки́е) же, как так же, как	**not as** не тако́й (не тако́е, не така́я, не таки́е), как не так, как

1. Здесь не хо́лодно. It's not as cold here as we expected.

....

2. Пого́да не тёплая. The weather is not as warm as we expected.

....

3. Сего́дня ве́тер си́льный. The wind is (just) as strong today as it was yesterday.

....

4. Э́та рабо́та тру́дная. This job is (just) as difficult as yours.

....

5. Она́ осторо́жно во́дит маши́ну. She drives (just) as carefully as you do.

....

6. Она́ не больна́. She is not as sick as she was last year.

....

7. Э́то пла́тье дорого́е. This dress is (just) as expensive as the blue one.

....

Глава X «Приро́да и мы»

10–29 Гора́здо бо́льше. Сравни́те. Make sure you use all the words.

| Instrumental | | Instrumental |
1. Я гора́здо бо́льше интересу́юсь *поли́тикой* , чем *исто́рией*. Чем вы бо́льше интересу́етесь?

иску́сство, литерату́ра, кино́, теа́тр, футбо́л, междунаро́дная поли́тика, живо́тные

....

....

....

....

....

| Prepositional | | Prepositional |
2. Я гора́здо бо́льше говорю́ **о кни́гах**, чем о **рабо́те** . О чём вы бо́льше говори́те?

иску́сство, литерату́ра, кино́, теа́тр, футбо́л, междунаро́дная поли́тика, живо́тные

....

....

....

....

....

| Accusative | Accusative |
4. Она́ гора́здо бо́льше лю́бит **сестру́**, чем **бра́та**. Кого́ (Что) вы бо́льше лю́бите?

ко́шки, соба́ки, цветы́, кни́ги, исто́рия, литерату́ра, Ка́тя, Ни́на, Бори́с, Серге́й

....

....

....

....

Превосхо́дная сте́пень

10–30 Зако́нчите предложе́ния.

1. Са́мая интере́сная кни́га, кото́рую я чита́л/а, — э́то ....

....

Грамма́тика 225

2. Са́мый интере́сный фи́льм, кото́рый я смотре́л/а, — э́то ....

....

3. Моя́ са́мая люби́мая еда́ — ....

4. Мой са́мый люби́мый цвет — ....

5. Свои́ са́мые интере́сные кани́кулы я провёл/а́ ....

....

•Чте́ние для удово́льствия. Толсто́й «Анна Каренина»

Read the excerpts from «А́нна Каре́нина» and answer the questions that precede each part:

1. Why do you think Anna is so eager to leave on the following day? What reasons does she give Dolly?

....

2. What is the real reason that Kitty doesn't come to say goodbye to Anna? What reason did she give?

....

3. How do the children act toward Anna? How did they act toward her previously?

....

4. What kind of feeling does Dolly have about Anna?

....

....

1	По́сле ба́ла, ра́но у́тром, А́нна Арка́дьевна посла́ла му́жу	
2	телегра́мму о своём •вы́езде из Москвы́ в •тот же день.	*departure; the same day*
3	— Нет, мне на́до, на́до е́хать, объясня́ла она́ •неве́стке	*sister-in-law*
4	•переме́ну своего́ •наме́рения таки́м то́ном, •как бу́дто она́	*change; intentions; as if*
5	вспо́мнила сто́лько дел, что не •перечтёшь, — нет, уж лу́чше	*count them all;*
6	•ны́нче!	*[here]: сего́дня*
7	Степа́н Арка́дьич не обе́дал до́ма, но обеща́л прие́хать	
8	•проводи́ть сестру́ в семь часо́в.	*to see off*

9	Ки́ти то́же не прие́хала, •присла́в запи́ску, что у неё	< прислать- to send
10	голова́ боли́т. До́лли и А́нна обе́дали одни́ с детьми́ и	
11	англича́нкой. Потому́ ли, что де́ти •непостоя́нны или о́чень	fickle, changeable
12	•чу́тки и почу́вствовали, что А́нна в э́тот день совсе́м не така́я,	sensitive
13	как •в тот, когда́ они́ так полюби́ли её, что она́ уже́ не •занята́	on that day; occupied
14	и́ми, — но то́лько они́ вдруг •прекрати́ли свою́ игру́ с тётей и	ceased
15	любо́вь к ней, и их •соверше́нно не занима́ло •то, что она́	completely; the fact that
16	уезжа́ет. А́нна всё у́тро была́ занята́ •приготовле́ниями к	preparations
17	•отъе́зду. Она́ писа́ла запи́ски моско́вским знако́мым,	departure
18	•запи́сывала свои́ •счёты и •укла́дывалась. •Вообще́ До́лли	recorded; expenses; packed; in general
19	каза́лось, что •она́ не в споко́йном ду́хе. По́сле обе́да А́нна	something was bothering her
20	пошла́ одева́ться в свою́ ко́мнату и До́лли пошла́ за ней.	

5. What does Dolly think about Anna?

....

....

6. What kind of "skeletons" does Anna have in her closet? Why do you think Anna gives Dolly a sly, ironical smile?

....

7. Why does Anna begin to blush (lines 44–45)?

....

....

21	— Кака́я ты ны́нче стра́нная! — сказа́ла ей До́лли.	
22	— Я? Ты нахо́дишь? Я не стра́нная, но я •дурна́я. Э́то быва́ет	foolish;
23	со мно́й. Мне •всё хо́чется •пла́кать. Э́то о́чень глу́по, но э́то	constantly, all the time; cry
24	прохо́дит, — сказа́ла бы́стро А́нна и •нагну́ла покрасне́вшее	bent
25	лицо́. Глаза́ её осо́бенно •блесте́ли и •беспреста́нно	glistened; constantly
26	•подёргивались •слеза́ми. — Так мне из Петербу́рга не хоте́лось	to jerk; tears
27	уезжа́ть, а тепе́рь отсю́да не хо́чется.	
28	— Ты прие́хала сюда́ и сде́лала до́брое де́ло, — сказа́ла	
29	До́лли, внима́тельно •высма́тривая её.	<высма́тривать - to scrutinize
30	— А́нна посмотре́ла на неё •мо́крыми от слёз глаза́ми.	wet
31	— Не говори́ э́того, До́лли. Я ничего́ не сде́лала и не могла́	
32	сде́лать. Что я сде́лала и что могла́ сде́лать? У тебя́ в •се́рдце	heart
33	нашло́сь сто́лько любви́, что́бы прости́ть...	
34	— Без тебя́ Бог зна́ет что бы бы́ло! Кака́я ты •счастли́вая,	lucky, fortunate
35	А́нна! — сказа́ла До́лли. — У тебя́ всё в •душе́ •я́сно и хорошо́.	soul; clear
36	— У ка́ждого есть в душе́ свои́ skeletons, как говоря́т	
37	англича́не.	

38 — Какие у тебя skeletons? У тебя всё ясно.	
39 — •Есть! — вдруг сказала Анна, и неожиданно после слёз	*I do have (skeletons)*
40 •хитрая, •смешливая улыбка •сморщила её губы.	*sly; ironical; curved*
41 — Ну, они •смешные, твои skeletons, а не •мрачные, —	*ridiculous, funny; gloomy*
42 улыбаясь, сказала Долли.	
43 — Нет, мрачные. Ты знаешь, отчего я еду нынче, а не завтра?	
44 И к удивлению своему, Долли увидала, что Анна покраснела	
45 до ушей, до •вьющихся чёрных •колец волос на •шее.	*curly; ringlets; neck*
46 — Да, — продолжала Анна. — Ты знаешь, отчего Кити не	
47 приехала обедать? Она •ревнует ко мне. Я •испортила... я была	*jealous of; ruined, spoiled*
48 •причиной того, что бал этот был для неё •мученьем, а не	*reason ; tortment*
49 •радостью. Но •право, право, я не •виновата, или виновата	*joy; really; guilty*
50 немножко, — сказала она, •тонким голосом •протянув слово	*thin; <протянуть - to draw out*
51 «немножко».	
52 — О, как ты это •похоже сказала на Стиву! — •смеясь,	*similar; <смеяться - to laugh*
53 сказала Долли.	

8. Why does Anna get upset when Dolly compares her to Stiva (lines 53–54)?

....

....

9. Is Anna telling the truth when she says «я ни на минуту даже не позволяю себе сомневаться в себе»?

....

10. What is the real reason that Anna wants to leave Moscow?

....

....

11. Why do you think Anna begins to blush (line 67) while she is telling Dolly about the ball.

....

....

12. Does Anna seem very concerned about Kitty?

....

....

13. What is the thought that is occupying Anna (line 77), and how does she react to Dolly's words?

....

....

14. Why doesn't Dolly care about Anna's dancing with Vronsky?

....

....

15. Why do you think Anna is so emotional with Dolly?

....

....

16. Has Anna been completely truthful with Dolly in this entire scene with her?

....

....

#		
54	Áнна •оскорби́лась.	*took offense, got insulted*
55	— О нет, о нет! Я не Сти́ва, — сказа́ла она́, •хму́рясь. — Я	*<хму́риться - to frown*
56	оттого́ говорю́ тебе́, что я ни на мину́ту да́же не •позволя́ю себе́	*permit; to doubt, to question*
57	•сомнева́ться в себе́, — сказа́ла Анна.	
58	Но в ту мину́ту, когда́ она́ •выгова́ривала э́ти слова́, она́	*pronounced*
59	чу́вствовала, что они́ •несправедли́вы; она́ не то́лько	*not the truth*
60	сомнева́лась в себе́, она́ чу́вствовала •волне́ние •при мы́сли о	*excitement; at,the thought*
61	Вро́нском и уезжа́ла скоре́е, чем хоте́ла, то́лько для того́, чтобы	
62	бо́льше не встреча́ться с ним.	
63	— Да, Сти́ва мне говори́л, что ты с ним танцева́ла мазу́рку	
64	и что он...	
65	—Ты не мо́жешь •себе́ предста́вить, как это •смешно́	*imagine; ridiculous*
66	вы́шло. Я то́лько ду́мала •сва́тать, и вдруг совсе́м друго́е. Мо́жет	*make a match*
67	быть, я про́тив во́ли...	
68	Она́ покрасне́ла и останови́лась.	
69	— О, они́ это сейча́с чу́вствуют! — сказа́ла До́лли.	
70	— Но я была́ бы в отча́янии, е́сли бы тут бы́ло что́-нибудь	
71	серьёзное с его́ •стороны́, — •переби́ла её Áнна. — И я уве́рена,	*side, [here: part]; interrupted;*
72	что это всё забу́дется и Ки́ти •переста́нет меня́ ненави́деть.	*will cease*
73	— •Впро́чем, Áнна, по пра́вде тебе́ сказа́ть, я не о́чень •жела́ю	*By the way; хочу́*
74	для Ки́ти э́того •бра́ка. И лу́чше, чтоб это •разошло́сь, е́сли он,	*marriage; come to nothing*
75	Вро́нский, мог влюби́ться в тебя́ в оди́н день.	
76	— Ах, Бо́же мой, это бы́ло бы так •глу́по! сказа́ла Áнна, и опя́ть	*stupid, silly*
77	•густа́я •кра́ска удово́льствия вы́ступила на её лице́, когда́ она́	*dark, thick; shade*
78	•услыха́ла •занима́вшую её мы́сль, •вы́говоренную слова́ми. — Так	*услы́шала; <занима́ть; spoken*
79	вот, я уезжа́ю, сде́лав себе́ •врага́ в Ки́ти, кото́рую я так полюби́ла.	*enemy*
80	Ах, кака́я она́ ми́лая! Но ты •попра́вишь это, До́лли? Да?	*make it right*
81	До́лли едва́ могла́ •уде́рживать улы́бку. Она́ люби́ла Áнну,	*keep back*
82	но ей прия́тно бы́ло ви́деть, что и у ней есть •сла́бости.	*weaknesses*
83	— Врага́? Э́то не мо́жет быть.	
84	— Я так бы жела́ла, что́бы все меня́ люби́ли, как я вас люблю́; а	
85	тепе́рь я ещё бо́льше полюби́ла вас, — сказа́ла она́ со слеза́ми на	
86	глаза́х. — Ах, как я ны́нче глупа́!	
87	— Она́ •провела́ •платко́м по лицу́ и ста́ла одева́ться.	*wiped; handkerchief;*
88	Уже́ •пе́ред са́мым отъе́здом прие́хал опозда́вший Степа́н	*right before;*
89	Арка́дьич, с кра́сным, весёлым лицо́м и •за́пахом вина́ и сига́ры.	*smell*
90	•Чувстви́тельность Áнны •сообщи́лась и До́лли, и, когда́ она́	*emotionalism; had passed*
91	в после́дний раз •обняла́ •золо́вку, она́ •прошепта́ла:	*embraced; sister-in-law; whispered*
92	— •По́мни, Áнна: что́ ты для меня́ сде́лала, я никогда́ не	*Remember*
93	забу́ду. И по́мни, что я люби́ла и всегда́ бу́ду люби́ть тебя́, как	
94	лу́чшего дру́га!	
95	— Я не понима́ю, за что, — проговори́ла Áнна, целу́я её и	
96	•скрыва́я слёзы.	*<скрыва́ть - to hold, keep back*
97	—Ты меня́ поняла́ и понима́ешь. Проща́й, моя́ пре́лесть!	

Чте́ние для удово́льствия

•Как вы́учить слова́

STEP 1.

    A. Which word comes to your mind first if you think about the weather where you live (or where you grew up)?

    B. Build clusters around these words.
        1. хо́лодно
        2. землетрясе́ние
        3. ве́тер
        4. Мне не́чего наде́ть.
        5. замёрзнуть
        6. попра́виться
        7. кроссо́вки
        8. ю́бка
        9. зо́нтик
        10.урага́н

STEP 2. Check yourself to see that you can say in Russian that

       1. You have a headache;
       2. You have a sore throat;
       3. It's hard for you to breathe;
       4. You have a fever;
       5. You must have caught a cold;
       6. You have a cold in the head;
       7. You are completely sick;
       8. You have to see a doctor;
       9. You have to take medications;
       10. You have to go to the drugstore;
       11. You feel much better;
       12. You have recovered;
       13. Your cold/cough/headache is gone;
       14. You are used to the climate here;
       15. You have gained weight;
       16. You have lost weight;
       17. Your friend doesn't look well.

STEP 3. Can you complain in Russian?

       1. Could you complain about the weather for one minute?
       2. Could you complain about how sick you feel?
       3. Could you complain that you have nothing to wear?

Глава́ XI «Прия́тного аппети́та»

•Фоне́тика и интона́ция

11-1 Интона́ция. Императи́в. Обраще́ние (Addressing people.)

Listen to the intonation pattern used in imperative forms and when addressing someone. This intonation pattern is similar to that of questions with questions words (Chapter 10).

→ → → → → ➡ →
Говори́те по-ру́сски!

→ → → → → ➡ →
Скажи́те, пожа́луйста.

→ → → → → ➡ → →
Дава́йте познако́мимся!

→ → → → ➡ → → →
Любо́вь Серге́евна!

→ → → ➡ →
Ива́н Ива́нович!

→ → → → → ➡ →
Пусть они́ уезжа́ют.

11-2 Listen to the following statements. Mark the intonational center (the syllable on which the intonation falls.)

1. Бу́дьте как до́ма!
2. Не уходи́те!
3. Закро́йте дверь!
4. Пое́дем вме́сте!
5. Возвраща́йтесь скоре́й!
6. Дай, я тебе́ помогу́!
7. Пошли́!
8. Приходи́те к нам в пя́тницу!
9. Поезжа́йте пря́мо!
10. Поверни́ нале́во!

11-3 Read the following statements. Compare your intonation with the intonation of the speaker.

1. Бо́льше не повора́чивайте!
2. Сади́тесь за стол!
3. Приходи́те ещё!
4. Ива́н Васи́льевич!
5. Переда́йте соль, пожа́луйста!
6. Смотри́, не опозда́й!
7. Ка́тя!
8. Бу́дьте добры́!
9. Разреши́те предста́виться!

•Listening Comprehension

11-4 Дикта́нт. Transcribe the following narrative.

....

....

....

....

....

....

....

....

11-5 Блины́. Listen to the recipe for Russian pancakes, and supply the missing words.

Как вы зна́ете, блины́ традицио́нное ру́сское блю́до. Сего́дня мы вас нау́чим их гото́вить.

Нагре́йте 200 гра́ммов .... и́ли ...., доба́вьте 20 гра́ммов

...., 250 гра́ммов ...., сде́лайте густо́е те́сто. Те́сто

должно́ постоя́ть два-три часа́ в тёплом ме́сте. Пото́м доба́вьте 40 гра́ммов ....,

ча́йную ло́жку ...., столо́вую ло́жку ...., ..., 250 гра́ммов

.... и всё смеша́йте. По́сле того́ как те́сто подни́мется два ра́за, мо́жно печь блины́.

С чём едя́т блины́? К блина́м мо́жно пода́ть кра́сную и́ли чёрную .... или

солёную ...., наприме́р, сёмгу. Мо́жно та́кже пода́ть ....,

...., ... и́ли ....

Прия́тного аппети́та!

11-6 Радиорепорта́ж: У́чимся гото́вить

Поле́зные слова́: **испо́льзовать** — to use
кру́глый год — the year round
ежедне́вно — ка́ждый день
улучша́ть — to improve
ухудша́ться — to turn worse, turn bad

1. What is the topic of today's program?

....

2. List Russian words that describe why salads are good for you?

....

3. What advice is given regarding the temperature of vegetables?

....

4. What recipes will be offered during the program? List their names and ingredients.

....

....

....

....

....

....

•Лекси́ческие упражне́ния

11-7   К те́ксту «**Ка́тина запи́ска**».

Write a note to your friends inviting them to come to dinner. Indicate the occasion (birthday, moving into a new apartment, etc.) and the time. Tell your friends not to bring any gifts.

....

....

....

....

....

....

....

....

....

....

....

....

....

....

11-8 К разговору «**В гостях**».

А. Чем здесь пахнет? Choose an appropriate word for each sentence.

свежий хлеб, бензин, сырость, сыр, китайская еда, грибы, капуста, что-то неприятное

1. Мама печёт хлеб. ....

2. — Я только что была на бензозаправке, и в машине ужасно ....

— Да, я чувствую, что ....

3. Нина приготовила грибной суп, и в кухне ....

4. Уже неделю идёт дождь, и в доме ....

5. Здесь где-то рядом китайский ресторан, ...

6. Когда бабушка варит щи, во всей квартире ....

Б. Дайте русские эквиваленты:

1. Happy birthday!

....

2. It smells delicious.

....

3. "Does it smell of meat and onions?" "No, it smells of chicken and tomatoes."

....

....

4. What will you eat?

....

5. What will you have to drink?

....

6. Here's to your health!

....

7. Here's to our host!   Here's to our hosts!

....

8. Here's to you!

....

11-9 Тосты. Compose three toasts of your own.

....

....

....

«Приятного аппетита»

11-10 Стол накры́т. На отде́льном листе́ бума́ги, опиши́те стол на стр. 294 в уче́бнике. Употреби́те глаго́лы «**лежа́ть; стоя́ть**». Употреби́те выраже́ния: «**посереди́не стола́; сле́ва / спра́ва от таре́лки; пе́ред таре́лкой**». Чего́ нет на столе́? Remember word order; remember to put new information at the end of a sentence.

11-11 Скажи́те по-ру́сски. К разгово́рам «**В гостя́х**» и «**В конце́ обе́да**». Да́йте ру́сские эквивале́нты:

"Nina, are you hungry?" ....

"No, I'm full." ....

" Eat some more." ....

"Please don't make me eat any more. I've eaten more today than I have all week. I can't eat any more, but everything was delicious." ....

"Tea is ready. Will you have a cup of tea and a piece of cake?" ....

"Thank you, I'll have some tea but no cake." ....

....

11-12 Напиши́те по-ру́сски. On a separate sheet of paper, give a Russian interpretation of the following narrative.

It was Lena's birthday last week. We baked a big chocolate cake and lighted the candles, and everyone had a huge piece of cake because there were only three of us. We ate the whole cake. The cake was delicious, but afterwards we didn't feel well; we all came down with terrible stomach aches.

11-13. К разгово́ру «**В како́й рестора́н пойти́?**». On a separate sheet of paper explain what kind of ethnic restaurants you prefer and why.

11-14 После всех разгово́ров. Fill in the blanks.

1. Ка́тя [*wrote a note*] .... Ма́рку.

2. В суббо́ту Ка́тя приглаша́ет Ма́рка на [*housewarming party*] ....

3. В суббо́ту Марк бу́дет у Ка́ти и [*her*] .... ма́мы [*visiting*] ....

4. Ско́ро у [*Katya's*] .... ма́мы бу́дет день рожде́ния, и [*they are having*

   a dinner party] ....

5. Вы не зна́ете, как зову́т [*Katya's mother*] .... ?

6. Что вы [*cooking*] .... ? Здесь [*it smells so*

   good] .... !

7. Кто́ бу́дет [*set the table*] .... ?

8. Обе́д уже́ гото́в. [*Take your seats*] .... !

9. —Хоти́те [*some more*] .... ?

   —Я [*any more*] .... не хочу́. Я уже́ [*full*] ....

10. Кто [*baked*] .... э́тот вку́сный то́рт?

11. Ты ещё не [*tried*] .... [*mama's*] .... пирожки́.

12. Ка́тя [*left the table*] .... и пошла́ в ку́хню помога́ть ма́тери.

13. На́до [*put on*] .... ча́йник.

14. —Ка́тя, ты уже́ [*put on*] .... ча́йник?

    — Да́, ма́ма, он сейча́с [*about to boil*] ....

15. Ка́тя [*lighted*] .... све́чи на то́рте, а ма́ма их

    [*blew them out*] ....

16. [*Give*] .... мне́, пожа́луйста, большо́й кусо́к то́рта.

17. —Ты ешь [*shrimp*] .... и [*scallops*] .... ?

    —Я ем [*shrimp*] .... но [*I'm allergic to scallops*] ....

    ....

18. —Ты лю́бишь [*hot and spicy*] .... еду́?

19. Хоти́те [*some more cake*] .... ?

20. Ле́том я бу́ду рабо́тать [*as a cook*] .... в ма́леньком рестора́не.

«Прия́тного аппети́та»

11-15 Что вы скажете, если: (Если ну́жно, посмотри́те стр. 296)

1. в пироге́ о́чень мно́го са́хара. ....

2. в су́пе о́чень мно́го со́ли. ....

3. в еде́ о́чень мно́го пе́рца. ....

4. мя́со не совсе́м гото́во. ....

5. вы́ съе́ли кусо́к лимо́на. ....

6. ва́м о́чень нра́вится еда́. ....

7. ва́м о́чень не нра́вится еда́. ....

11-16   Use adjectives or adverbs: **тако́й, так**.

1. Чай [*sweet*] ....

2. Вино́ [*sour*] ....

3. Кита́йская еда́ [*tasty*] ....

4. Э́то мя́со [*spicy*] ....

5. Помидо́ры [*tasty*] ....

6. Почему́ бу́лочки [*sweet*] ....

7. У вас всегда́ [*delicious*] ....

8. В рестора́не мы е́ли [*spicy*] .... еду.

9. Почему́ всё [*spicy*] ....

11-17   Из кулина́рной кни́ги.

   1. Read the recipe.
   2. On a separate sheet of paper, make a list of ingredients you'll need to buy.
   3. Write out the "cooking" verbs and give their English equivalents.

Грибы́ с ри́сом

   1 стака́н ри́са, 300 г све́жих грибо́в, 3 кра́сных помидо́ра, 100 г сли́вочного ма́сла, 300 г голла́ндского сы́ра.

   Рис отвари́ть. Грибы́ очи́стить, промы́ть, наре́зать и отвари́ть в небольшо́м коли́честве воды́. Помидо́ры •ме́лко наре́зать, обжа́рить на ма́сле, *finely* по́сле чего́ •соедини́ть с гриба́ми и ри́сом. *combine*

   Всё посоли́ть, •посы́пать чёрным пе́рцем и туши́ть 10-15 мину́т. *sprinkle*

   Подава́я к столу́, посы́пать •тёртым сы́ром. *grated*

11-18   На отде́льном листе́ бума́ги, напиши́те свой люби́мый реце́пт и что на́до купи́ть, что́бы его́ пригото́вить. Be sure to use the various types of "cooking" verbs.

11-19   On a separate sheet of paper, write a thank-you note to your Russian host saying how delicious everything was. Mention what dishes you especially liked.

11-20   Глаго́лы.

пить   Aspect:

Я...

Ты...

Они́..

Past:

  Он...

  Она́..

Conj.................

вы́пить   Aspect:

Я...

Ты...

Они́..

Past:

  Он...

  Она́..

Conj.................

догова́риваться   Aspect:

Я...

Ты...

Они́..

Past:

  Он...

  Она́..

Conj.................

договори́ться   Aspect:

Я...

Ты...

Они́..

Past:

  Он...

  Она́..

Conj.................

накрыва́ть   Aspect:

Я...

Ты...

Они́..

Past:

  Он...

  Она́..

Conj.................

накры́ть   Aspect:

Я...

Ты...

Они́..

Past:

  Он...

  Она́..

Conj.................

гаси́ть Aspect:

Я ....

Ты ....

Они́ ....

Past:

  Он ....

  Она́ ....

Conj. ....

есть Aspect:

Я ....

Ты ....

Они́ ....

Past:

  Он ....

  Она́ ....

Conj. ....

гото́вить Aspect:

Я ....

Ты ....

Они́ ....

Past:

  Он ....

  Она́ ....

Conj. ....

доба́вить Aspect:

Я ....

Ты ....

Они́ ....

Past:

  Он ....

  Она́ ....

Conj. ....

про́бовать Aspect:

Я ....

Ты ....

Они́ ....

Past:

  Он ....

  Она́ ....

Conj. ....

чи́стить Aspect:

Я ....

Ты ....

Они́ ....

Past:

  Он ....

  Она́ ....

Conj. ....

печь Aspect: _____

Я ....

Ты ....

Они́ ....

Past:

  Он ....

  Она́ ....

Conj. ....

нали́ть Aspect: _____

Я ....

Ты ....

Они́ ....

Past:

  Он ....

  Она́ ....

Conj. ....

ре́зать Aspect: _____

Я ....

Ты ....

Они́ ....

Past:

  Он ....

  Она́ ....

Conj. ....

жа́рить Aspect: _____

Я ....

Ты ....

Они́ ....

Past:

  Он ....

  Она́ ....

Conj. ....

вари́ть Aspect: _____

Я ....

Ты ....

Они́ ....

Past:

  Он ....

  Она́ ....

Conj. ....

11–21. On a separate sheet of paper write 8-10 sentences with the preceding verbs.

«Прия́тного аппети́та»

Повтори́м падежи́

11-22   мно́го, ма́ло; немно́го, не́сколько

> **Remember :**   Use **немно́го** (some) with uncountable things.
> Use **не́сколько** (several) with countable things.

Мне ну́жно купи́ть	НЕМНО́ГО	НЕ́СКОЛЬКО
1. мука́		
2. са́хар		
3. я́блоки		
4. буты́лки пи́во		
5. ви́лка и ло́жка		
6. морко́вь		
7. нож		
8. мя́со		
9. о́вощи		
10. вино́		
11. таре́лки		
12. ча́шки		
13. минера́льная вода́		
14. апельси́ны		

11-23   Чем мы еди́м, ре́жем, меша́ем ?

но́ж; фрукто́вый нож; ры́бный нож; ви́лка; ча́йная ло́жка; супова́я ло́жка; дессе́ртная ло́жка; ру́ки; па́лочки (chopsticks)

1. Мы еди́м су́п ....

2. Мы еди́м мя́со ....

3. Мы ре́жем фру́кты ....

4. Кита́йскую еду́ едя́т ....

5. Бутербро́ды едя́т ....

6. Мы еди́м моро́женое ....

7. Когда́ мы гото́вим сала́т; мы меша́ем его́ ....

8. Е́сли мы кладём са́хар в ча́й или ко́фе; мы разме́шиваем его́ ....

Повелительное наклонение (Императив)

11-24 Сделай(те) это. Какой вид глагола вы употребите?

Образец:. Надо поставить чайник. → **Поставь/те чайник.**

1. Надо купить хлеб и сыр. ....

2. Надо повесить картину. ....

3 Надо пойти в магазин. ....

4. Надо выпить вина. ....

5. Надо приготовить обед. ....

6. Надо испечь пирог к ужину. ....

7. Надо убрать квартиру. ....

8. Надо помыть посуду. ....

9. Надо подстричь траву. ....

10. Надо отдохнуть. ....

11. Надо готовиться к экзаменам. ....

12. Я голоден / голодна. Надо поесть. ....

13. Вам надо помириться. ....

11-25 Не делай(те) этого! Какой вид глагола вы употребите?

Образец: Не надо сегодня заниматься. →   **Не занимайся сегодня!**
                                                                                         Не занимайтесь сегодня!

1. Не надо готовить завтрак. ....

2. Не надо вставать так рано. ....

3. Не надо ссориться. ....

4. Не надо ходить в гости. ....

5. Не надо думать об этом. ....

6. Не надо волноваться. ....

7. Не надо нервничать. ....

8. Не надо ничего бояться. ....

9. Не надо стирать сегодня. ....

10. Не надо слушать громкую музыку. ....

11. Не надо ему помогать. ....

12. Не надо покупать так много посуды. ....

11-26 Попроси́те кого́-то что́-то сде́лать.

Образе́ц: . Я бу́ду занима́ться, (обе́д) → **а ты́ приготóвь обе́д.**

1. Я наде́ну сви́тер, (пла́щ) ....

2. Я спрошу́ об э́том Со́фью Петро́вну, (её муж) ....

3. Я ей подарю́ конфе́ты, (цветы́) ....

4. Я пое́ду туда́ сего́дня, (за́втра) ....

5. Я куплю́ проду́кты, (за́втрак) ....

6. Я позвоню́ Та́не, (Воло́дя) ....

7. Я помо́ю посу́ду, (убра́ть до́м) ....

8. Я бу́ду стри́чь траву́, (поли́ть цветы́) ....

11-27 **Дава́й**: suggest to a friend that you do something together.

Образе́ц: You want to play basketball. →
Дава́йте сыгра́ем в баскетбо́л.

1. You want to see a movie.

....

2. You want to prepare for a final.

....

3. You want to go jogging.

....

4. You want to swim in the swimming poool.

....

5. You want to cook dinner.

....

6. You want to talk about your vacation.

....

7. You want to decide what you'll do tonight.

....

8. You want to have a drink.

....

9. You want to have a bite to eat.

....

11-29 You are expecting guests. On a separate sheet of paper, write a note to your roommate asking him/her to do a few things — buy something or clean the apartment, etc.

11-30 **Уме́ете ли вы?** Give instructions how to do things you know how to do. Use a separate sheet of paper.
1. boil an egg;
2. make a cup of tea or coffee;
3. make a salad/fruit salad

Грамма́тика 243

11-31 When giving advice we frequently use imperatives. Write three "do's" and three "don'ts" in response to the following request. Use a separate sheet of paper.

    A. Give advice to a freshman how to do well at school.

    B. Give advice to a friend how to get a good job.

    C. Give advice to someone who is planning a trip abroad.

•Чте́ние для удово́льствия   Толсто́й «А́нна Каре́нина»

1. What are Anna's thoughts as she is leaving Moscow? Why does she feel this way?

....

....

2. Why does Anna go out into the raging snowstorm when the train stops? Does she like this kind of weather?

....

....

1	«Ну, всё ко́нчено, и сла́ва Бо́гу!» — была́ пе́рвая мысль,	
2	•прише́дшая А́нне Арка́дьевне, когда́ она́ •прости́лась в	
3	после́дний раз с бра́том, кото́рый до тре́тьего •звонка́	*bell*
4	•загора́живал собо́ю доро́гу в ваго́не. Она́ се́ла на свой	*blocked*
5	дива́нчик, ря́дом с А́ннушкой, и •огляде́лась в •полусве́те	*looked around; dim light*
6	спа́льного ваго́на. «Сла́ва Бо́гу, за́втра уви́жу Серёжу и Алексе́я	
7	Алекса́ндровича, и пойдёт моя́ жизнь, хоро́шая и привы́чная, по-	
8	ста́рому».	

On the way back to St.Petersburg, the train stops for a few minutes at a station. Anna has just awakened from a strange dream and, during a raging snowstorm, she goes out of the train for a few minutes to breathe some fresh air.

9	— Выходи́ть •изво́лите? — спроси́ла А́ннушка.	*хоти́те (deign)*
10	—Да, мне •подыша́ть хо́чется. Тут о́чень жа́рко.	*подыша́ть све́жим во́здухом*
11	И она́ •отвори́ла две́рь •Мете́ль и ве́тер •рвану́лись ей	*откры́ла, бу́ря; спеши́ли*
12	навстре́чу и •заспо́рили с ней о две́ри. И э́то ей •показа́лось	*vied; seemed like fun*
13	ве́село. Она́ отвори́ла две́рь и вы́шла. Ве́тер как бу́дто то́лько	
14	ждал её, ра́достно •засвиста́л и хоте́л •подхвати́ть и •унести́ её,	*began to whistle; grab; carry away*
15	но она́ руко́й взяла́сь за холо́дный •сто́лбик и, •приде́рживая	*post; holding onto*
16	пла́тье, •спусти́лась на платфо́рму и •зашла́ за ваго́н. Ве́тер был	*stepped down; went behind*
17	•силён на •кры́лечке, но на платфо́рме за ваго́нами бы́ло	*си́льный,ь (train) steps*
18	•зати́шье. С •наслажде́нием, по́лною •гру́дью, она́ •вдыха́ла в	*a lull; enjoyment, delight; chest; inhaled*
19	себя́ сне́жный, •моро́зный во́здух и, сто́я по́дле ваго́на,	*freezing*
20	огля́дывала платфо́рму и •освещённую ста́нцию.	*illuminated*

3. What does Vronsky do when Anna meets him outside the train?

....

4. What kind of look does Vronsky have on his face?

....

5. What has Anna been thinking about Vronsky recently?

....

....

6. What kind of feeling does Anna have the moment she sees Vronsky again? Why does she think that she need not ask him why he is on the train?

....

....

21	•Стра́шная бу́ря •рвала́сь и свисте́ла ме́жду •колёсами	*terrifying; tore at; whistled; wheels*
22	ваго́нов по •столба́м из-за ста́нции. Ваго́ны, столбы́, лю́ди, всё,	*posts*
23	что бы́ло ви́дно, — бы́ло •занесено́ •с одно́й стороны́ сне́гом и	*covered (with snow); on one side*
24	•заноси́лось •всё бо́льше и бо́льше. На мгнове́нье бу́ря •зати́хла,	*became covered; more and more*
25	но пото́м опя́ть •налета́ла таки́ми •поры́вами, что, каза́лось,	*fell quiet; would spring up; gusts*
26	нельзя́ бы́ло •противостоя́ть ей. ... Она́ •вздохну́ла ещё раз,	*resist; breathed*
27	чтобы •надыша́ться, и уже́ •вы́нула ру́ку из •му́фты, чтобы	*get a good breath; removed; muff*
28	•взя́ться за сто́лбик и войти́ в ваго́н, как ещё челове́к в •вое́нном	*grab*
29	пальто́ по́дле неё само́й •заслони́л ей •коле́блющийся свет	*military; blocked; flickering*
30	•фонаря́. Она́ огляну́лась и в ту же мину́ту узна́ла лицо́	*lantern*
31	Вро́нского. •Приложи́в ру́ку к •козырьку́, он •наклони́лся пред	*saluting her; bowed*
32	ней и спроси́л, не ну́жно ли ей чего́-нибудь, не мо́жет ли он	
33	•служи́ть ей? Она́ дово́льно до́лго, ничего́ не отвеча́я,	*serve*
34	вгля́дывалась в него́ и, несмотря́ на •тень, в кото́рой он стоя́л,	*shadow*
35	ви́дела, и́ли ей каза́лось, что ви́дела и выраже́ние его́ лица́ и	
36	глаз. Э́то бы́ло опя́ть то выраже́ние •почти́тельного	*respectful*
37	•восхище́ния, кото́рое так •поде́йствовало на неё вчера́. •Не раз	*delight, rapture; had an effect; more than once*
38	говори́ла она́ себе́ э́ти после́дние дни и сейча́с то́лько, что	
39	Вро́нский для неё оди́н из •со́тен •ве́чно •одни́х и тех же,	*hundreds; eternally; one and the same*
40	•повсю́ду встреча́емых молоды́х люде́й, что она́ никогда́ не	*everywhere*
41	•позво́лит себе́ и ду́мать о нём; но тепе́рь, в пе́рвое мгнове́нье	*permit;*
42	встре́чи с ним, её •охвати́ло чу́вство ра́достной •го́рдости. Ей не	*overcame; pride*
43	ну́жно бы́ло спра́шивать, заче́м он тут. Она́ зна́ла э́то так же	
44	•ве́рно, как е́сли бы он сказа́л ей, что он тут для того́, чтобы	*with the same certitude*
45	быть там, где она́.	

7. What answer did Vronsky give to Anna's question, and what were Anna's thoughts about this answer?

....

8. How did Anna reply to Vronsky's question?

....

9. What did Anna think about their conversation after she boarded the train again?

....

10. Why couldn't Anna sleep any more that night?

....

11. What was Anna thinking about as the train approached St. Petersburg?

....

....

46 — Я не зна́ла, что вы е́дете. Заче́м вы е́дете? — сказа́ла	
47 она́, •опусти́в ру́ку, кото́рою •взяла́сь бы́ло за сто́лбик. И	*lowering; she was about to grasp*
48 •неудержи́мая •ра́дость и •оживле́ние •сия́ли на её лице́.	*irrepressible; joy; animation; shone*
49 —Заче́м я еду? — повтори́л он, •гля́дя ей •пря́мо в глаза́.	*looking; directly*
50 — Вы зна́ете, я е́ду для того́, что́бы быть там, где вы, — сказа́л	
51 он, — я не могу́ •ина́че.	*otherwise*
52 И в это вре́мя, как бы •одоле́в •препя́тствие, ве́тер	*overcoming; impediment, hindrance*
53 •посы́пал снег с кры́ши ваго́нов, •затрепа́л каки́м-то •желе́зным	*scattered; started to bang; metal*
54 •ото́рванным •листо́м, и •впереди́ •плаче́вно и •мра́чно •зареве́л	*torn off, sheet in the front; mournfully*
55 •гу́стой •свисто́к •парово́за. Весь у́жас мете́ли •показа́лся ей	*somberly; deep; whistle, locomotive*
56 ещё бо́лее прекра́сен тепе́рь. Он сказа́л •то са́мое, чего́ жела́ла	*seemed; the very thing*
57 её •душа́, но чего́ она́ боя́лась •рассу́дком. Она́ ничего́ не	*soul; reason, common sense*
58 отвеча́ла, и на лице́ её он ви́дел •борьбу́.	*struggle*
59 — Прости́те меня́, е́сли вам неприя́тно то́, что я сказа́л, —	
60 •заговори́л он •поко́рно.	*начал говорить; sumbissively*
61 Он говори́л •учти́во, •почти́тельно, но так •твёрдо и	*politely; deferentially; firmly;*
62 •упо́рно; что она́ до́лго не могла́ ничего́ отве́тить.	*persistently*
63 —Это •ду́рно, что́ вы говори́те, и я прошу́ вас, е́сли вы	*плохо*
64 хоро́ший челове́к, забу́дьте, что́ вы сказа́ли, как и я забу́ду, —	
65 сказа́ла она́ наконе́ц.	
66 — Ни одного́ сло́ва ва́шего, ни одного́ •движе́ния ва́шего я	*movement*
67 не забу́ду никогда́ и не могу́ ...	
68 — •Дово́льно, дово́льно! — •вскри́кнула она́, •тще́тно	*Enough; shouted; in vain*
69 стара́ясь •прида́ть •стро́гое выра́жение своему́ лицу́, в кото́рое	*to impart; stern*
70 он •жа́дно •всма́тривался. И, взя́вшись руко́й за холо́дный	*greedily; scrutinized*
71 сто́лбик, она́ подняла́сь на •ступе́ньки и бы́стро вошла́ в •се́ни	*steps, entrance platform*
72 ваго́на. Но в э́тих ма́леньких сеня́х она́ останови́лась,	
73 •обду́мывая в своём •воображе́нии то, что бы́ло. Не вспомина́я	*thinking about; imagination*
74 ни свои́х, ни его́ слов, она́ чу́вством поняла́, что э́тот мину́тный	
75 разгово́р стра́шно •сбли́зил их; и она́ была́ испу́гана и	*brought together;*
76 сча́стлива э́тим. Постоя́в не́сколько секу́нд, она́ вошла́ в ваго́н и	
77 се́ла на своё ме́сто. Она́ не спала́ всю ночь. Но в том	
78 •напряже́нии и тех •грёзах, кото́рые •наполня́ли её	*tension; day-dreams; filled*
79 воображе́ние, не́ было ничего́ неприя́тного и •мра́чного;	*gloomy*
80 напро́тив бы́ло что́-то ра́достное, •жгу́чее и •возбужда́ющее. К	*burning; arousing,*
81 утру́ А́нна •задрема́ла, си́дя в кре́сле, и когда́ просну́лась, то	*dozed off*
82 уже́ бы́ло бело́, светло́ и по́езд подходи́л к Петербу́ргу. •То́тчас	*white (from snow); Immediately*
83 же мы́сли о до́ме, о му́же, о сы́не и забо́ты •предстоя́щего дня и	*impending*
84 •сле́дующих •обступи́ли её.	*following; surrounded*

«Прия́тного аппети́та»

•Как вы́учить слова́

Step 1.

Build clusters around these words:

1. обе́д
2. кастрю́ля
3. день рожде́ния
4. бока́л
5. кулина́рная кни́га
6. кита́йская еда́
7. поста́вить ча́йник
8. пригласи́ть
9. встать из-за стола́
10. Я сыт / сыта́.

Step 2.

Be sure you know how to say that:

1. It smells good (it smells of certain foods);
2. you can't eat any more;
3. dinner is ready;
4. your favorite type food (cuisine) is ....;
5. you need to boil water for tea;
6. you've been invited to a birthday party;
7. you need to set the table;
8. you want to give a party;
9. you're going to make soup and have a meat stew for dinner;
10. you're going to slice the vegetables and toss the salad;
11. you don't want anything for dessert.

Step 3.

A. Try to give all the ingredients for several dishes and explain how to cook them.
B. Explain how to fix your favorite recipe.

«Прия́тного аппети́та»

•Listening Comprehension

12-1 Дикта́нт. Transcribe the following poem.

....
....
....
....
....
....
....
....

12-2 Ле́кция о ру́сской му́зыке.

Listen for the following information:

1. The composers who wrote

  a) "Жизнь за царя́" ....

  b) «Бори́с Годуно́в» ....

  c) «Садко́» ....

2. When was Glínka born and when did he die? ....

  ....

3. What music did Glínka like in his childhood? ....

  ....

  ....

4. What were Rímsky-Kórsakov's operas based on? ....

  ....

  ....

5. According to the lecture, how does Tchaikóvsky's music differ from the music of other Russian composers?

  ....

  ....

Упражне́ния на понима́ние   249

12-3 Лекция о русском театре.

Listen to the lecture and answer the questions.

1. What foreign "theater" words are used in Russian?

    ....

2. When and where was the first Russian theater established? What was it called?

    ....

    ....

3. When did the Bolshoy Theater open in Moscow?

    ....

4. What Russian authors who wrote for the theater are mentioned in the lecture?

    ....

5. What was Stanislávsky's concept of theater?

    ....

    ....

    ....

•Лекси́ческие упражне́ния

12–4 К разгово́рам о спо́рте, о литерату́ре. Да́йте ру́сские эквивале́нты.

1. She asked me what sports I participate in. I told her I run twice a week and swim every other day.

....

....

....

2. "Do you like to go ice-skating in the winter?" "I do go ice-skating sometimes, but I like to ski in the mountains much better."

....

....

....

3. "Why don't you run any more?" "I got bored with it all and quit.."

....

....

....

4. Katya was surprised that [*удиви́лась тому́, что*] a lot of people fence in America.

....

....

....

5. I want to buy a horse so I can go horseback riding.

....

....

6. We played volleyball for two hours this afternoon.

....

....

7. "Mark, how about a game of chess?" "I'm too tired right now, maybe tomorrow night."

....

....

8. I never go to football games because I'm not a football fan. Besides, our university team is not very good. It usually loses.

....

....

....

Лекси́ческие упражне́ния   251

9. This year our football team has a new coach who says we're going to win every game.

....

....

10. "What do you like better, football or basketball?" "I love basketball. I go to every game and cheer for our university team."

....

....

11. Last night we went to a basketball game. Our team won again with a score of 91 to 86.

....

....

12. When I was little, I used to read a lot. During the summers I would go to the town library and check out books every week. But that was a long time ago, and now I don't read much at all.

....

....

....

13. We Americans are always surprised at how much Russians read, and Russians, I am sure, are always surprised at how little we Americans read. All of my Russian friends know American literature better than I do.

....

....

....

....

14. Katya really likes sports. She would love to take up swimming or play volleyball on the school team, but she has a lot of classes and can't find the time to practice every day. Instead of joining a team, she decided to do morning exercises and bike every Saturday. After she biked for two hours the first time, she could see that she was not in good shape. Now she runs every morning and swims three times a week in the afternoon.

....

....

....

....

....

....

15. My friend Yura would love to study literature, but he's a physics major and it's hard for him to take a lot of literature classes. He loves reading Tolstoy, Chekhov, and Dostoevsky. Before going to sleep, he always reads a few pages, but he's usually too tired to read a lot. Maybe instead of majoring in physics, he should major in literature.

....

....

....

....

....

....

....

....

12-5 Напишите на отдельном листе бумаги о книге, которую вы недавно читали (see. p. 325).

12-6 Напишите на отдельном листе бумаги о фильме, который вы недавно смотрели (see. p. 327).

•ГРАММА́ТИКА

12–7 Say what someone would like to do and why it is impossible.

Образе́ц: Я хочу́ ве́чером пойти́ на конце́рт. →

                Я **хоте́л/а бы** ве́чером пойти́ на конце́рт, но я не могу́ — мне на́до рабо́тать.

1. Мы хоти́м путеше́ствовать по Австра́лии во вре́мя ле́тних кани́кул.

....

2. Я хочу́ сего́дня поката́ться на велосипе́де.

....

3. А́ня хо́чет останови́ться в гости́нице в це́нтре го́рода.

....

4. Мари́я Алекса́ндровна хо́чет поговори́ть с тобо́й по́сле заня́тий.

....

5. Э́тот режиссёр хо́чет снять карти́ну о Росси́и.

....

6. Воло́дя хо́чет почита́ть америка́нскую нау́чную фанта́стику.

....

7. Ми́ша и Ве́ра хотя́т пойти́ в похо́д в го́ры.

....

8. Моя́ семья́ хо́чет пое́хать на теплохо́де по Средизе́мному мо́рю.

....

....

12-8 Indefinite and negative constructions. Дáйте рýсские эквивалéнты.

1. Somebody came by to see you when you were out.

....

....

2. I want to tell you something about what happened yesterday.

....

....

3. Are you going anywhere for the weekend?

....

4. "Have you bought any new clothes yet?" "Not a thing."

....

....

5. They bought some Russian books and other things when they were in Russia, but no one has seen anything yet.

....

....

....

6. She's mad at me for some reason or other.

....

7. "Come and see us some time." "I'd love to, but you know I don't have the time."

....

8. I met her once many years ago, but she doesn't remember anything about our meeting.

....

....

9. "Did you go anywhere this morning?" "No I didn't go anywhere. I stayed home.

....

....

10. When I called you this morning you were off somewhere and no one could find you.

....

....

11. I haven't been anywhere for the past two weeks.

....

....

12. "Does anyone know anything about what happened on the highway last night?" "No, no one has heard anything and no one has told us anything."

....

....

....

13. I won't tell anyone about it.

....

14. Nobody knows anything about that film director. She's very young and not very well known.

....

....

....

15. "Do you go in for sports of any kind?" "No, I don't do (go in for) anything."

....

•Чте́ние для информа́ции

12-9 Сконча́лся Айзек Азимов.

А. Зада́ние пе́ред чте́нием

1. Вы зна́ете, кто тако́й Айзек Ази́мов?

....

2. Вспо́мните, что́ вы о нём зна́ете.

....

3. Тепе́рь, прочита́йте заме́тку из газе́ты «Изве́стия» и найди́те но́вую для себя́ информа́цию.

....

Б. Зада́ние во вре́мя чте́ния. Отве́тьте на вопро́сы.

1. Ско́лько лет бы́ло Ази́мову, когда́ он у́мер? От чего́ он у́мер?

....

2. Ско́лько кни́г он написа́л?

....

3. Что он преподава́л в Бо́стонском университе́те?

....

4. Ско́лько лет бы́ло Ази́мову, когда́ его́ роди́тели перее́хали в Аме́рику? Чем они́ занима́лись?

....

5. Бы́ли ли его́ пе́рвые кни́ги популя́рны?

....

6. Что он предсказывал[1] в своих книгах?

....

7. Почему он много времени проводил в своей квартире?

....

Скончался Айзек Азимов, фантаст и мыслитель

Игорь КОВАЛЕВ, «Известия»

В минувший понедельник от сердечного приступа в больнице Нью-Йоркского университета скончался Айзек Азимов. Ему было 72 года. Даже в последние годы жизни, несмотря на перенесённую в 1983 году операцию на сердце, он был неутомим. Последнюю точку Айзек Азимов поставил в своей 467-й книге. Сотни рассказов и статей — не только фантастических, но и научно-популярных и строго научных эссе. Лекции по биохимии в Бостонском университете. В справочнике «Кто есть кто» приведён список 249 титулов писателя.

Айзек Азимов родился в России в 1920 году. Когда Айзеку было три года, семья переехала в нью-йоркский Бруклин, где обзавелась кондитерской лавкой. Писать Айзек Азимов начал с 1938 года. На литературную арену он пробивался с большим трудом, но талант взял своё.

Теперь в золотом фонде мировой литературы его научно-фантастическая трилогия «Фонд», его работы «Камень в небе», «Я робот», «Конец вечности» и многие другие. Не раз случалось, что фантастические идеи автора становились затем реальностью. Он предсказал, к примеру, работу роботов на производственном конвейере, появление карманных компьютеров, выход человека в открытый космос. Очень беспокоился, что не доживёт до создания на Луне постоянной станции с космонавтами на ней.

Да, это его предсказание пока не сбылось. Как пока не реализована на практике и его концепция робототехники. Три закона: роботы не должны причинять вред человеку и не должны допускать, чтобы такой вред был причинён; робот должен подчиняться командам человека, если это не входит в противоречие с правилом первым; роботы должны защищать самих себя, если это не входит в противоречие с двумя первыми правилами.

В своей нью-йоркской квартире — писатель терпеть не мог выходить из нее, не любил путешествовать — Айзек Азимов мысленно уносился — и уносил с собой читателя — на столетия вперед, в еще не открытые галактики. Грустно сознавать, что этот полет прерван.

«Известия» 7.IV.92

_____

[1]**предсказа́ть** — **пред** — зна́чит *before*, и́ли *in advance*. Как вы ду́маете, что́ зна́чит **предсказа́ть**?

B. Зада́ние по́сле чте́ния. На отде́льном листе́ бума́ге напиши́те пять-шесть предложений об Айзеке Азимове.

12–10 Ви́ктор Цой.

A. The article below is about the death of a popular Russian rock star.

1. When did he die? ....

2. What was he doing when this happened? ....

3. How did this happen? ....

Известия» 16. VIII.9 0

Виктор Цой погиб[1] в автокатастрофе

МОСКВА, 16 августа. (Корр. ТАСС И. Васильков, Д. Копилов). Вчера, в первой половине дня, в автомобильной катастрофе по-гиб Виктор Цой. Об этом сообщил менеджер популярной рок-группы «Кино» Ю. Айзеншпис. Трагедия произошла, когда известный певец возвращался на автомобиле с рыбалки в районе Юрмалы, где проводил свой отпуск. Согласно утверждениям сотрудников Гос-автоинспекции, Цой заснул за рулем[2] и врезался в автобус.

Кумир[3] советской молодежи, известный в мире рок-исполни-тель недавно участвовал в се-рии концертов в Москве, прошедших с большим успехом. Он собирался выпустить новый альбом, готовился к съемкам художественного фильма, в котором должен был исполнить главную роль. Осенью группе «Кино» предстояли гастрольные турне в Южной Корее и Японии.

---

[1]*died, perished*   [2]*steering wheel*   [3]*idol*

12-11 Прочита́йте интервью́ с отцо́м Ви́ктора Цо́я и отве́тьте на сле́дующие вопро́сы:

1. Он хорошо́ учи́лся? ....

2. Чем он увлека́лся? ....

3. Кто научи́л его́ игра́ть на гита́ре? ....

4. Ча́сто ли он ви́дел роди́телей? ....

5. Что́ говори́т его́ оте́ц, о то́м ка́к он поги́б? ....

....

6. Что́ тако́е «фо́нд и́мени Цо́я»? ....

—Роберт Максимович, рок-н-ролл и хорошие отметки в школе редко бывают вместе. Как Витя учился в школе, чем увлекался?

—Сначала он учился неплохо, а потом так — средне. Наверное, неинтересно было. Но ещё маленьким он хорошо рисовал. Поэтому с четвёртого класса мы отдали его в художественную школу. А после окончания средней школы он поступил в Серовское художественное училище. Правда, года через полтора его оттуда •выгнали. *(expelled)*

— И гитара была причиной?

— Конечно. Он вдруг увлёкся музыкой. Играть на гитаре я его сам научил, но он сам начал •сочинять. Помню уйдёт в ванную, чтобы мы не слышали, и играет.

— Были ли у него увлечения, кроме гитары?

— Любил читать книги. Особенно много Витя прочёл из серии «Жизнь замечательных людей» — может, они как-то сформировали его как •личность. *(personality)*

— Когда он начал курить, у вас в семье не было скандалов?

— Нет, Витя •закурил, когда был уже достаточно взрослым, и мы не •запрещали ему это делать. *(начал курить / forbid)*

— А бывало ли, что он приходил домой •пьяным? *(drunk)*

— Он другим был занят, и вино его совершенно не интересовало. Конечно, иногда с друзьями посидит, выпьет, но немного. *(compose, write)*

— Вам нравились его песни?

— Когда он начинал, я не думал, что это серьёзно. Думал, это — так, мальчишество какое-то. Потом он стал целыми днями •пропадать в рок-клубе, и мы стали видеться •реже и реже. *(disappear / редко)*

— Он •навещал вас, когда стал популярным? *(visit)*

— Иногда забегал к нам, но лишь на минутку. •Всё у него времени не было. Мы с матерью из газет о нём узнавали. Да по телевизору смотрели. *(всегда)*

— Как он погиб? Говорят, что он заснул за рулём...

— Не думаю. Я знаю, что он сочинял песни •везде. Может быть, сочинял и забыл про •поворот. *(everywhere / curve, turn (in a road))*

— В Москве •создан фонд имени В. Цоя. Он помогает вам? *(created)*

— Нам ничего не нужно. Вите •памятник поставили на деньги фонда и будет выставка его картин. А мы помогаем тем ребятам, которые уже год живут возле Витиной •могилы на Богословском •кладбище. Так и живём, •поддерживая друг друга. *(tombstone, memorial / grave / cemetery; helping, supporting)*

газета ...Аргуме́нты и фа́кты
№ 24, 1991

12–12 На отде́льном листе́ бума́ге напиши́те пять-шесть предложе́ний о Ви́кторе Цо́е.

Кста́ти:

Both the present tense and future perfective tense are sometimes used in Russian to denote repeated or habitual actions that occured in the past. You saw two examples of this usage in the above article about Victor Tsoi:

Пóмню, **уйдёт** в ва́нную, что́бы мы не слы́шали и **игра́ет**.

Коне́чно, иногда́ с друзья́ми **посиди́т**, **вы́пьет**, но немно́го.

You also saw an example of this usage in «До́ктор Айболи́т»:

Éсли како́й-нибу́дь дереве́нский мальчи́шка **ушибёт** себе́ ру́ку или **поца́рапает** нóс, он сейча́с же **бежи́т** к Айболи́ту — и, **смо́тришь**, че́рез де́сять мину́т óн ... **игра́ет** в пятна́шки с попуга́ем Кару́до, а сова́ Бу́мба **угоща́ет** его́ леденца́ми и я́блоками.

This type of usage adds greater emphasis to past-tense narration.

Чте́ние для информа́ции

12–13 Read the following passage about the Olympic games and answer the questions:

1. What types of contests were popular in ancient Greece?

....

2. Where in Greece did they take place?

....

3. Why did the games in Olympia become prominent?

....

4. What types of legends are associated with the origin of the Olympic games.

....

....

4. When were the Olympic games first mentioned by historians. When do people think they actually originated?

....

....

I

В дре́вней Гре́ции большо́й популя́рностью по́льзовались состяза́ния атле́тов в си́ле, •ло́вкости, быстроте́. Состяза́ния э́ти •устра́ивались в •разли́чных ме́стностях •Элла́ды — Де́льфах (дельфи́йские и́гры), на Кори́нфском •перешéйке (истми́йские и́гры), в го́роде Оли́мпия (олимпи́йские и́гры). Са́мыми •кру́пными и знамени́тыми бы́ли олимпи́йские и́гры.

С •возникнове́нием олимпи́йских игр •свя́зано нема́ло леге́нд и ми́фов. •Одни́ называ́ли •основа́телем игр бо́га •Зе́вса Олимпи́йского, други́е — анти́чного геро́я •Гера́кла.

По •доше́дшим до нас докуме́нтам невозмо́жно •определи́ть, когда́ •возни́кли анти́чные олимпи́йские и́гры. Пе́рвое •упомина́ние о ни́х, •относя́щееся к 776 г. •до н. э., мы нахо́дим у гре́ческого исто́рика Тиме́я, но, •очеви́дно, они́ возни́кли •задо́лго до этого.

•adroitness
•were arranged •various •Greece
•isthmus

•jkmijq
•origin •connected
•some (people) •founder
•Zeus •Heracles
•<'jqnb – to reach
•determine •originate
•mention •relating to •BC
•evidently
•a long time before

5. How often did the Olympic games take place?

....

6. How did the word "Olympiada" originate?

....

7. How did life change in Greece during the period of the games?

....

8. What sports were played during the games?

....

9. Where were these sports played?

....

10. How did the word "stadium" originate?

....

....

II

Олимпи́йские и́гры бы́ли •общегре́ческим пра́здником, кото́рый •проводи́лся че́рез ка́ждые 1417 дней, т.е., оди́н раз в 4 го́да. Э́тот •промежу́ток вре́мени и •составля́л *олимпиа́ду*. На вре́мя игр на всей террито́рии Гре́ции •прекраща́лись во́йны, и вчера́шние враги́, •сложи́в ору́жие, состяза́лись в бе́ге, •прыжка́х, •кула́чном бою́.

Внача́ле спор анти́чных атле́тов •происходи́л •лишь на •бегово́й доро́жке. •Расстоя́ние от ста́рта до фи́ниша, по •преда́нию, бы́ло •отме́рено сами́м Гера́клом. 600 •ступне́й его́ ног •соста́вили оди́н ста́дий — 192,27 м (отсю́да •произошло́ сло́во «стадио́н»).

•*panhellenic*
•*was conducted*
•*interval, period* •*made up*

•*ceased, stopped* •*laying down arms*
•*jumping* •*(primitive) boxing*
•*took place* •*merely*
•*(running) track* •*distance*
•*legend* •*measured off* •*steps*
•*made up*
•*originated*

11. How many winners were there in each Olympic game?

....

12. How did each game receive its name?

....

13. Who was Pythagoras? How was he connected with the Olympic Games?

....

14. When did the original Olympic games cease? Who made this decision? Why?

....

....

15. For how many centuries were the original Olympic games played?

....

III

В разли́чных состяза́ниях •превосхо́дства •добива́лись ра́зные атле́ты, одна́ко ка́ждая олимпиа́да могла́ име́ть •лишь одного́ •победи́теля, и́мя кото́рого она́ и получа́ла. Поэ́ты чита́ли стихи́ и ги́мны, •сло́женные •в честь игр и их победи́телей, ора́торы •прославля́ли их в •реча́х. На олимпи́йских и́грах выступа́ли исто́рик Геродо́т, фило́соф Сокра́т, ора́тор Демосфе́н, писа́тель Лукиа́н, матема́тик Пифаго́р. •После́дний был отли́чным атле́том и выходи́л победи́телем из бпоеди́нков кула́чных бойцо́в.

Олимпи́йские и́гры проходи́ли и по́сле бпаде́ния могу́щества Элла́ды, когда́ гре́ческие зе́мли подчини́л себе́ Рим. И то́лько в 394 г. •н. э. ри́мский импера́тор Феодо́сий I, •наси́льственно •насажда́вший христиа́нство, усмотре́л в олимпи́йских пра́здниках •язы́ческий •обря́д и специа́льным •ука́зом •запрети́л их проведе́ние.

•*superiority*
•*attained*
•*only* •*victor*
•*composed,* •*in honor of*
•*praised* •*speeches*

•*the latter (Pythagoras)*
•*combat*
•*fall*

•*AD*
•*forcefully* •*implanted*
pagan •*ritual*
•*order, "ukase"* •*forbad*

12. When did the "modern" Olympic games originate?

....

13. How are today's Olympic games numbered?

....

14. When does each group of games take place?

....

15. What Olympic games did not take place in the 20th Century. Why?

....

IV

В конце́ XIX в. францу́зский •обще́ственный де́ятель Пьер де Куберте́н •вы́ступил с предложе́нием • возроди́ть олимпи́йские и́гры. Он мечта́л, что иде́и анти́чных олимпи́йских игр, бу́дут •спосо́бствовать •возрожде́нию •ду́ха свобо́ды, ми́рного •соревнова́ния и фи́зического •соверше́нствования. Инициати́ва де Куберте́на была́ •подде́ржана •обще́ственностью, и в 1896 г. олимпи́йские и́гры ста́ли проводи́ться вновь.

    Как и у дре́вних гре́ков, олимпиа́дой ста́ли •счита́ть пери́од четырёх •после́довательных лет. Счёт Олимпиа́дам ведётся с 1896 г. (1896-1899 гг. — I Олимпиа́да, 1900-1903 гг. — II Олимпиа́да и т.д.), и в пе́рвом году́ ка́ждой Олимпиа́ды, прово́дятся Олимпи́йские и́гры. Олимпиа́ды получа́ют свой но́мер •и в тех слу́чаях, е́сли И́гры не •состоя́лись (И́гры VI Олимпиа́ды, •проведе́нию кото́рых •помеша́ла пе́рвая мирова́я война́; И́гры XII и XIII Олимпиа́д, не проводи́вшиеся из-за второ́й мирово́й войны́).

•*public figure*
•*proposed* •*to revive*

•*help* •*rebirth* •*spirit*
•*competition*
•*perfection*
•*supported* •*society*

•*to count*
•*consecutive*

•*even* •*take place*
•*performance*
•*hindered*

16. Approximately how many countries participate in the Olympics today?

....

17. How are today's Olympic games different from the ancient games?

....

18. What marks the beginning of each series of games?

....

19. What does the Olympic emblem symbolize?

....

20. What team always begins the march that opens the games?

....

V

Олимпийские игры стали в наши дни грандиознейшими праздниками спорта. На старт выходят лучшие атлеты •большинства стран. Так, •участниками Игр XX Олимпиады, проходивших в 1972 г., стали спортсмены 121 •государства Европы, Азии, Африки, Америки и Австралии. •В отличие от античных празднеств, проходивших на одном стадионе, современные Олимпийские игры не имеют •постоянной столицы и проводятся в разных городах и странах.

В •память об античных олимпиадах за несколько недель до открытия •очередных Игр стартует •факельная •эстафета. •Зажжённый от •лучей солнца факел спортсмены стран, через которые •пролегает маршрут эстафеты, несут днём и ночью к олимпийскому стадиону. Там в день открытия Игр в гигантском •светильнике зажигают олимпийский огонь. Он •озаряет белые •полотнища с пятью •переплетёнными •кольцами — олимпийской эмблемой, символизирующей объединение в одной дружной семье спортсменов пяти континентов, •независимо от •убеждений и •вероисповедания. А •торжественный марш спортсменов на открытии Игр всегда начинает •колонна Греции. Это •дань •уважения к родине Олимпиад.

Margin glosses:
- •most (majority) •participants
- •nations
- •Unlike
- •permanent
- •memory
- •succeeding, next
- •torch •relay •lighted •rays
- •lies
- •illuminator, lamp
- •illuminates •banners
- •intertwined •rings
- •irrespective of •convictions
- •faith •triumphal
- •team; •tribute
- •respect

12–14 К упражнениям 12–31, 1233 в учебнике, стр. 342.

Из истории России		Из истории Америки

←1598—1613

После смерти Ивана Грозного **наступил** период русской истории, известный под названием «**смутное время**», т.е. период, когда в стране не было твёрдой власти. Это время кончилось в 1613, когда **боярин** Михаил Романов был избран царём. Это положило начало династии Романовых.

1620 → На корабле «Мэйфлауер» из Англии прибыли пилигримы, которые основали колонию в Плимуте (Массачусетс). Там было подписано «Мейфлауерское соглашение» — первая письменная конституция колонии.

←1682–1725

Правление Петра Первого (Великого), который стал первым императором России. При Петре были проведены **многочисленные** реформы — армии, **суда**, образования. В результате **победы** в войне со Швецией Россия получила выход к Балтийскому морю, на берегу которого в 1703 году был построен Санкт-Петербург, который стал новой столицей России и оставался ею до 1917 года. Пётр был первым русским царём, который путешествовал по Европе и который старался **привлечь** европейцев в Россию.

Правле́ние Екатери́ны Второ́й (Вели́кой). Екатери́на была́ неме́цкой принце́ссой. Когда́ ей бы́ло 15 лет, она́ прие́хала в Росси́ю, что́бы вы́йти за́муж за Петра́ Тре́тьего, вну́ка Петра́ Вели́кого. В 1762 году́ произошёл дворцо́вый переворо́т, и Екатери́на захвати́ла власть. Че́рез не́сколько дней Пётр III был уби́т.
Она́ интересова́лась иде́ями францу́зских про-свети́телей, стро́ила шко́лы и поощря́ла образова́ние для же́нщин.

← 1762-1796

Брита́нский парла́мент при́нял «Са́харный би́лль», узако́нивший нало́говое обложе́ние америка́нских коло́ний в по́льзу Брита́нской коро́ны.

1764 →

1770 →

Патриоти́чески настро́енные колони́сты, перео́де́тые инде́йцами, вы́бросили в Босто́нскую га́вань груз англи́йского ча́я. Э́то собы́тие вошло́ в исто́рию под назва́нием «Босто́нское чаепи́тие».

1776 →

Континента́льный Конгре́сс при́нял Декла-ра́цию Незави́симости.

1783 →

Незави́симость Соединённых Шта́тов была́ при́знана Пари́жским догово́ром.

1787 →

В Филаде́льфии собра́лся Конституцио́нный Конгре́сс, на кото́ром бы́ли при́няты пе́рвые семь стате́й америка́нской Конститу́ции.

1789 →

Джо́рдж Вашингто́н и́збран пе́рвым прези-де́нтом Соединённых Шта́тов.

1789 →

В Нью-Йо́рке, пе́рвой столи́це страны́, был со́зван пе́рвый Конгре́сс.

1800 →

Вашингто́н, о́круг Колу́мбия, стал постоя́нной столи́цей Соединённых Шта́тов.

Правле́ние Алекса́ндра Пе́рвого, вну́ка Екатери́ны Второ́й (Вели́кой). 1812 г — война́ с Наполео́ном, захва́т Москвы́ войска́ми Наполео́на, побе́да Росси́и. Во главе́ ру́сской а́рмии стоя́л фельдма́ршал Куту́зов. Оте́чественная война́ 1812 го́да опи́сана Льво́м Толсты́м в рома́не «Война́ и мир».

← 1801–1825

1808 →

Конгре́сс запрети́л ввоз рабо́в из А́фрики в Соединённые Шта́ты.

Правле́ние Никола́я Пе́рвого, бра́та Алекса́ндра Пе́рвого. 14 декабря́ 1825 го́да — восста́ние декабри́стов в Санкт-Петербу́рге. Декабри́сты — офице́ры ру́сской а́рмии, кото́рые выступа́ли про́тив мона́рхии. Восста́ние потерпе́ло пораже́ние и пя́теро декабри́стов бы́ли казнены́, а остальны́е со́сланы в Сиби́рь.

← 1825–1855

← 1855–1881

Правле́ние Алекса́ндра Второ́го, сы́на Никола́я Пе́рвого. Са́мое ва́жное собы́тие его́ правле́ния — отме́на крепостно́го пра́ва в 1861 году́. 1 ма́рта 1881 го́да Алекса́ндр Второ́й был уби́т чле́нами террористи́ческой организа́ции «Наро́дная Во́ля».

1860 →

Республика́нец Авраа́м Линко́льн был и́збран шестна́дцатым президе́нтом США.

1861–1865 →

Гражда́нская война́ ме́жду Се́вером и Ю́гом зако́нчилась побе́дой «северя́н».

1865 →

Приня́тие трина́дцатой попра́вки к Конститу́ции, упраздня́ющей ра́бство.

14 апре́ля — президе́нт А. Линко́льн был уби́т Джо́ном У. Бу́том.

Росси́я продаёт США Аля́ску за 7.200 000 $.

← 1867 →

США покупа́ют у Росси́и Аля́ску.

Правле́ние Алекса́ндра Тре́тьего, сы́на Алекса́ндра Второ́го.

← 1881–1894

1886 →

В Нью-Йо́ркской га́вани устано́влена ста́туя Свобо́ды — дар Фра́нции.

МЕ́НА

1. In this folktale, you will enounter some new words with the root *мен-* [change]: меня́ться, обменя́ться *(to exchange, trade)*
2. As you read, pay attention to the underlined verbs of motion and determine the type of motion they indicate.

Жи́ли-бы́ли стари́к со стару́хой. Была́ у них ло́шадь, а у
сосе́да — •теле́га. Как на́до в го́род на база́р е́хать, так сосе́д у них   *cart*
ло́шадь про́сит и́ли они́ у него́ теле́гу. Та́к и жи́ли, •выруча́я друг   *helping*
дру́га по-сосе́дски.

Одна́жды ло́шадь принесла́ им •жеребёнка. Во́т стару́ха и   *colt*
говори́т му́жу:

— <u>Поезжа́й</u> на база́р, прода́й ло́шадь, купи́ теле́гу, а
жеребёнок •подрастёт — и теле́га у нас бу́дет, и ло́шадь.   *вы́растет*

<u>Повёл</u> стари́к ло́шадь на база́р продава́ть. <u>Идёт</u>, а
•навстре́чу ему́ челове́к коро́ву <u>ведёт</u> и спра́шивает старика́:   *(coming) toward*

— Ты куда́ <u>идёшь</u>?

— На база́р. Ло́шадь хочу́ прода́ть.

— Дава́й меня́ться! Ты́ мне ло́шадь, а я́ тебе́ — коро́ву.
Стари́к поду́мал и согласи́лся. Они́ обменя́лись.

<u>Идёт</u> стари́к да́льше, <u>ведёт</u> коро́ву. А навстре́чу ему́
челове́к •овцу́ <u>ведёт</u>. Поговори́ли они́, и челове́к предложи́л   *sheep*
меня́ться:

— Возьми́ у меня́ овцу́, а мне́ отда́й коро́ву.

Стари́к немно́го поду́мал и согласи́лся. Они́
обменя́лись.

<u>Пошёл</u> стари́к да́льше, <u>ведёт</u> овцу́, а навстре́чу ему́
челове́к •свинью́ ведёт. <u>Подошёл</u> он к старику́ и говори́т: *pig*

— Дава́й меня́ться! Ты́ мне овцу́, а я́ тебе́ — свинью́!

Стари́к согласи́лся. Они́ обменя́лись, и стари́к да́льше
<u>пошёл</u>, свинью́ повёл. Ви́дит — навстре́чу ему́ челове́к <u>идёт</u>,
•петуха́ <u>несёт</u>. <u>Подошёл</u> и говори́т: *rooster*

— Дава́й меня́ться! Да́й мне свинью́, а я́ тебе́ — петуха́!

Согласи́лся стари́к, и они́ обменя́лись.

<u>Пошёл</u> он да́льше, а петуха́ в рука́х <u>понёс</u>. Идёт стари́к, а
навстре́чу ему́ челове́к:

— Прода́й мне петуха́, а я́ тебе́ де́ньги заплачу́.

Стари́к поду́мал, поду́мал, о́тдал петуха́, де́ньги взя́л, <u>идёт</u>
да́льше и ра́дуется:

«Ка́к хорошо́! Стару́хе •хоть немно́го де́нег <u>принесу́</u>, а то́   *at least*
без де́нег нехорошо́ домо́й возвраща́ться».

Идёт, думает та́к, а навстре́чу ему́ челове́к. Подошёл бли́же и говори́т старику́:

— Хо́чешь я тебе́ кошелёк прода́м?

Посмотре́л стари́к — о́чень краси́вый кошелёк. О́тдал де́ньги, взя́л кошелёк и ду́мает: «Хоро́ший пода́рок бу́дет мое́й стару́хе! •А де́ньги что́? Их всегда́ зарабо́тать мо́жно».   *What do I need money for?*

Шёл, шёл и дошёл до реки́. На́до на другу́ю сто́рону реки́ переезжа́ть, а за •перево́з •плати́ть не́чем. •Доста́л стари́к   *transportation; he didn't have*
кошелёк и предлага́ет его́ •перево́зчику за перево́з...   *anything to pay; took out*
                    ferryman
В э́то вре́мя бы́ли у реки́ каки́е-то мужики́. Они́ ра́зные   *goods, merchandise*
•това́ры везли́ и то́же че́рез ре́ку перее́хать хоте́ли. Уви́дели они́
старика́ с кошелько́м и спра́шивают:

— Ка́к э́то •получи́лось, что у тебя́ тако́й краси́вый   *happen*
кошелёк, а де́нег не́т?

Рассказа́л им стари́к, ка́к он сменя́л ло́шадь на коро́ву, коро́ву на овцу́, овцу́ на свинью́, свинью́ на петуха́, как петуха́ про́дал, а на после́дние де́ньги кошелёк купи́л стару́хе в пода́рок.

•Ста́ли мужики́ над ни́м •смея́ться, а пото́м спра́шивают: *на́чали; to laugh*

— Ка́к же ты тепе́рь без ло́шади и без де́нег домо́й
верне́шься? Стару́ха тебя́ из до́ма •вы́гонит.   *chase out*

А стари́к отвеча́ет:

— Моя́ стару́ха не вы́гонит, а то́лько ска́жет: «Хорошо́, что
са́м жи́в оста́лся!»

•Удиви́лись мужики́, ста́ли •спо́рить, что не мо́жет э́того   *become surprised; argue, bet*
бы́ть, и договори́лись: е́сли стару́ха так ска́жет, отдаду́т они́
старику́ всё свои́ това́ры с теле́гами и лошадьми́, а е́сли вы́гонит
она́ старика́ и́з дому, стари́к отда́ст им всё своё •иму́щество.   *property; belongings*

Пришли́ мужики́ к стару́хе и говоря́т:

— Принесли́ мы тебе́ покло́н от му́жа да кошелёк.

— А где́ же он са́м?

— А са́м на •берегу́ реки́ оста́лся. •Не́чем ему́ за перево́з   *bank; he doesn't have anything*
заплати́ть.

— А куда́ же он де́ньги •де́л?   *[here: what did he do with the money?]*

— Да за э́тот кошелёк о́тдал. Хоте́л тебе́ пода́рок
принести́.

— А ло́шадь с ни́м?

— Не́т, о́н её на коро́ву сменя́л.

— Ну что́ ж, молоко́ бу́дет. Э́то хорошо́!

— Но коро́вы у него́ уже́ нет.

— А где́ же она́?

— Он её на овцу́ сменя́л.

— Во́т молоде́ц! Бу́дет у нас •ше́рсть. Бу́ду чулки́ •вяза́ть.   *wool; knit*

— Но сейча́с и овцы́ у него́ нет!

— А где́ же она́?

— Он её на свинью́ сменя́л.

— Ну что ж, э́то то́же хорошо́. •Са́ло у нас бу́дет.   *lard*

— Но свиньи́ у него́ уже́ нет!

— А куда́ же он её де́л?

— На петуха́ сменя́л...

И рассказа́ли они́ стару́хе, как всё бы́ло. Стару́ха слу́шала, слу́шала и говори́т:

— Ну, •сла́ва Бо́гу ! Хорошо́, что са́м жи́в оста́лся!   *Thank goodness!*

Та́к и пришло́сь мужика́м всё свои́ това́ры вме́сте с теле́гами и лошадьми́ старику́ отда́ть.

12–15 Зада́ния к ска́зке. Напиши́те на отде́льном листе́ бума́ги.

1. Make a list of everything the old man had at one time in the tale.

2. How can you tell that the old man loved his wife?

3. How can you tell that the old woman really loved her husband?